Rut
el
ROMANCE
de la
REDENCIÓN

DIANA CASTRO HAGEE

CARIBE-BETANIA

Una División de Thomas Nelson Publishers
The Spanish Division of Thomas Nelson Publishers
Since 1798 — desde 1798
www.caribebetania.com

Caribe-Betania Editores es un sello de Editorial Caribe, Inc.
© 2005 Editorial Caribe, Inc.
Una subsidiaria de Thomas Nelson, Inc.
Nashville, TN, E.U.A.
www.caribebetania.com

Titulo en Inglés: *Ruth*
©2005 Diane Hagee.
Publicado por W Publishing Group
una división de Thomas Nelson, Inc.

A menos que se especifique, las citas bíblicas usadas en este libro son de la Santa
Biblia, Versión Reina-Valera 1960
© 1960 Sociedades Bíblicas Unidas en América Latina.
Usadas con permiso.

ISBN: 0-88113-281-0

Traductora: Lesvia Esther Kelly
Tipografía: www.marysolrodriguez.org

Impreso en E.U.A.
Printed in the U.S.A.

A mi Noemí –
Vada Swick Hagee

«¡Tu Dios será mi Dios!»

RECONOCIMIENTOS

Agradezco sinceramente a mi esposo, el pastor John C. Hagee, y a nuestro querido amigo Arnold Scheinberg, ya que sus conocimientos y amor a la Palabra de Dios me ayudaron a través de esta hermosa jornada.

CONTENIDO

CONFESIONES DE UNA ESPOSA DE PASTOR

*P*or cuatro años, la Palabra de Dios me intimidaba. Temía abrir sus páginas por miedo a que no pudiese entender el mensaje. Como era la esposa del pastor de la iglesia, sabía que esperaban que yo les interpretara a otras personas las palabras de este Libro Sagrado y aquella era una carga muy pesada para mí. Me sentía abrumada. ¿Y si cometía un error? ¿Y si por mi culpa alguien se descarriaba? Era un riesgo que no podía correr. Así que no hice nada.

Lentamente, con los constantes empujoncitos que me daba pacientemente mi esposo, empecé a escudriñar las Escrituras. Busqué su sabiduría infinita para así tener una guía. Examiné minuciosamente sus páginas para encontrar consuelo. Muy pronto, la Palabra de Dios se convirtió en una gran e inseparable amiga.

El primer libro que leí completo fue Rut. Y escogí Rut por dos razones: Primero, porque era corto y sentía seguridad en eso. Segundo, porque era acerca de una mujer. Eso me asombró. ¿Por qué Dios, que creó el universo y formó al hombre con sus propias manos, le dedicaba un libro entero de su consagrada Palabra a una mujer?

Cada vez que abría el libro de Rut, mi oración era siempre la misma: *Ayúdame Padre a aprender de tu Palabra. Sé bondadoso conmigo porque sé tan poquito.* Él siempre escuchó mis oraciones y siempre me las contestó. Ahora quiero compartir algunas de las verdades tan hermosas que he encontrado en esta extraordinaria historia de amor, una de las más grandes historias de amor que se haya relatado.

La palabra *amor* aparece sugerida en cada página de este libro; sin embargo, nunca es usada dentro del texto. La sociedad de hoy usa la palabra amor tan a menudo que se nos ha olvidado lo que realmente significa. Prometemos amar hasta que la muerte nos separe, pero uno de cada dos matrimonios termina en divorcio. Decimos que amamos a nuestros hijos, pero el abuso a los niños ha alcanzado proporciones epidémicas. Deseamos tener «amor libre» y, como resultado, más de 43 millones de bebés son abortados. Por lo tanto, hago la siguiente pregunta, ¿qué es amor? Espero que cuando termine la lectura de este libro pueda tener un mejor entendimiento de esta palabra tan complicada.

El libro de Rut es una historia de tragedia que conduce al triunfo, una historia de soledad transformada en romance, una historia de dolor que estalla en júbilo, una historia sin esperanzas transformada por la redención.

Para hacer que nuestra jornada sea placentera y más fácil de comprender, he dividido el libro en dieciocho viñetas. Cada viñeta empieza con una ventana al corazón de Noemí mientras ella va relatando la historia conmigo. Quiero que en el teatro de su mente visualice esta extraordinaria historia de amor.

En cada sección, la parte que sigue será un estudio real del libro de Rut, donde analizo cada versículo minuciosamente para poder entender mejor la cultura judía y los lugares históricos de Judá y sus alrededores en la época en la cual se escribió el libro.

He usado fuentes tanto cristianas como judías. He consultado con mi esposo, el pastor John Hagee, que es un especialista en textos bíblicos por derecho propio, y con el rabino Arnold Scheinberg, un amigo muy querido y teólogo ortodoxo, para ayudarme a comunicar el mensaje fenomenal de esta historia dinámica que se encuentra alrededor de uno de los regalos extraordinarios que Dios nos da: la redención. La escritura ha sido tomada de la versión Reina Valera, revisión 1960.

De vez en cuando voy a mencionar las fuentes judías; por eso, quiero decirle qué significan los términos a los cuales me estaré refiriendo. *Torá* significa «instrucción» en hebreo, y se refiere específicamente a los cinco libros de Moisés. *Tanakh* es una sigla usada para referirse a la Biblia judía que consiste en tres partes: *Torah (Ta)*, el cual es el Pentateuco o la Ley, *Nevi'im (Na)* que se refiere a las escrituras de los profetas y *Ketuvim (Kh)*, que son las escrituras de sabiduría comenzando con los Salmos. *Midrash* significa «preguntar» y se define como la exposición de las Escrituras. *Mishnah* significa «enseñanza» y es la «ley oral» que se recomienda, la cual fue establecida por maestros rabínicos fidedignos. *Talmud* significa «estudio o aprendizaje» y es una compilación de los análisis sobre el *Midrash* hechos por eruditos rabínicos.

Es difícil concebir que Dios me haya ordenado a mí enseñarle a usted acerca del libro de Rut. A Diana, la que le tenía miedo a su Palabra. A Diana, la que se consideraba tan indigna. Esto demuestra su bondad y su misericordia hacia mí.

Una de mis metas es que usted entienda este libro tan claramente que pueda vencer cualquier sentimiento de intimidación que tenga en cuanto a estudiar la Palabra de Dios; la misma intimidación que maldijo mi vida por años. Quiero que desarrolle una pasión por la Palabra del Dios viviente. Que se entusiasme con solo leerla. Que tenga hambre de estudiarla. Que comparta la Palabra con sus seres queridos para que ellos también sean bendecidos por su poderoso mensaje. Porque una vez que usted es redimida, su obligación es ayudar a la redención de otros.

Dios también quiere que aprendamos de su Palabra porque sabe el poder que esta tiene y la destrucción que viene sobre los que no la conocen:

Mi pueblo fue destruido, porque le faltó conocimiento. Por cuanto desechaste el conocimiento, yo te echaré del sacerdocio; y porque olvidaste la ley de tu Dios, también yo me olvidaré de tus hijos (OSEAS 4.6).

Yo no quiero ser destruida por falta de conocimiento. No quiero ser rechazada por Dios y definitivamente no quiero que Él se olvide de mis hijos. En vez de eso, ¡quiero sus bendiciones! ¡Quiero que mis hijos sean bendecidos por Él! ¡Quiero saber todo acerca de Él, porque lo amo y estoy segura que usted también! Quiero que usted, como hija del rey, ponga la Palabra de Dios bien adentro de su corazón y por el resto de su vida extraiga de ella las riquezas que contiene. La parte final de cada sección se llamará Lecciones para la vida. Mi esposo cree que si no podemos aplicar la Biblia a nuestras vidas, entonces no nos va a beneficiar. La Palabra de Dios es el Pan de Vida, pero su Palabra no nos será de beneficio sino hasta que la absorbamos, no importa cuán nutriciosa sea espiritualmente.

La Palabra de Dios es el protoplasma de la vida, dinámica y en constante movimiento. La Palabra de Dios se transforma y se convierte en lo que yo necesito, cuando lo necesito. La Palabra de Dios restaura mi alma, cualquiera sea mi condición.

Cuando tengo escasez, la Palabra de Dios es mi abundancia. Cuando me siento débil, la Palabra de Dios es mi fortaleza. Cuando tengo hambre, la Palabra de Dios es mi alimento. Su Palabra es leche para los bebés y carne para los hombres. Cuando me siento confundida, la Palabra de Dios es mi brújula. Cuando estoy desanimada, la Palabra de Dios es mi alegría. Cuando me falta conocimiento, la Palabra de Dios es mi sabiduría. Cuando estoy sola, la Palabra de Dios es mi compañía; Él promete estar más unido a mí que un hermano. Cuando necesito protección, Él es mi refugio durante la tormenta. La Palabra de Dios es lo que yo necesito, cuando lo necesito. Esto es lo que yo siento acerca de la Palabra de Dios. Espero que usted también se sienta entusiasmada al estudiar el libro de Rut junto conmigo.

Este va a ser un viaje emocionante que cambiará nuestras vidas, mientras nosotras las hijas del Rey, crecemos hacia una nueva dimensión y empezamos a recibir todo lo que nuestro Padre tiene para nosotras. Hoy usted y yo estamos a punto de iniciar un viaje a través de un libro increíble sobre dos mujeres y su Redentor. Esta experiencia cambiará su vida para siempre.

Empecemos con una ventana al corazón de Noemí.

Capítulo uno

EL ROMANCE DE LA REDENCIÓN

*E*limelec, el esposo de Noemí, le dijo que hiciera algo que ella nunca pensó que tendría que hacer. Le pidió que cerrara las puertas de su casa y empacara sus pertenencias para un viaje, quizás el viaje más largo de sus vidas. Tiene que haberle sido difícil entender la lógica de su esposo, pero sabía que tenía que seguirle a Moab.

La casa de Noemí era suntuosa y durante décadas le había traído mucha alegría tanto a ella como a su familia. Muchos días llenos de risas dentro de las paredes de su precioso santuario le habían traído tranquilidad y paz. Aquí había dado a luz a los hijos que tanto adoraba. Mientras doblaba la ropa y la ponía dentro de grandes baúles lloraba extrañando los buenos tiempos. ¡Cómo los extrañaba!

Esta hermosa túnica de lino, hecha con adornos de seda roja e hilo color oro, era la que había usado cuando se comprometió con su querido esposo. Ese día, la ciudad envidiaba su belleza. ¡Qué día tan magnífico había sido aquel! Nunca había visto a Belén tan alegre. Y Elimelec estaba tan guapo. Siempre había sido un hombre de rasgos fuertes y de voluntad firme, dos cualidades que admiraba en él.

El de hoy va a ser el día más difícil de todos. Hoy Noemí quitará los últimos recuerdos de su casa. Hoy también les dirá adiós a sus amigos.

Durante años, una hambruna había plagado a Israel, pero Noemí siempre había guardado una cantidad de miel y harina para hacer sus muy conocidos bizcochos de miel. Siempre le había dado gracias a Jehová por las bendiciones de provisión y favor que habían estado continuamente con su familia.

Las lágrimas corrían por sus mejillas cuando preparaba el té para sus queridas invitadas. Las conocía desde hacía mucho tiempo. Habían compartido los tiempos buenos y los momentos de tristeza. Era el momento de decir adiós a una vida llena de recuerdos hermosos y amistades preciosas. ¿Qué les diría?

ESTUDIO BÍBLICO

Para poder entender mejor el libro de Rut, le hice unas cuantas preguntas al Señor antes de empezar a estudiar el primer versículo. Preguntas tales como: ¿Por qué el Espíritu Santo escogió este maravilloso libro de entre tantas escrituras inspiradoras para ser incluido en su biblioteca divina llamada las Sagradas Escrituras? ¿Por qué el profeta Samuel pensó que él debió ser el autor de este asombroso libro? ¿Cómo fue que una mujer gentil entró en la genealogía de Cristo? Las respuestas a estas preguntas me ayudaron a entender muchos de los misterios que están a punto de ser revelados.

Muchas interpretaciones liberales de las Escrituras enseñan que la Biblia es degradante en su descripción de las mujeres. Nada más lejos de la verdad.

Piense en esto: De los 66 libros de la Biblia, dos están dedicados completamente a las mujeres. El primero, el libro de Ester, es acerca de una doncella judía que se casa con un gentil y salva a su pueblo de ser aniquilado. A este libro se le conoce como el Romance de la Providencia.

El segundo es Rut, un libro acerca de una joven gentil que se casa con un israelita y es injertada en la raíz de David. A este libro se le conoce como el Libro de la Redención.[1]

Durante los días de fiesta, los judíos leen en la sinagoga cinco libros llamados *Megilloth*. Estas fiestas celebran los hechos pasados que han impactado grandemente al pueblo judío. El libro de Ester se lee durante la fiesta de Purim, que celebra la liberación de los judíos de la muerte por mano de Mardoqueo.

El libro de Rut se lee durante la fiesta de Pentecostés, la cual celebra la revelación de la ley de Dios en el Monte Sinaí, recordándole a su pueblo que toda buena dádiva y todo don perfecto viene de Él. Uno de estos dones es su Palabra.[2]

¿Por qué se lee el libro de Rut durante Pentecostés? Para el cristiano, Pentecostés es el día en que nació la iglesia. Pentecostés es el Belén del Espíritu Santo —su lugar de nacimiento— porque Él vino en ese día para hacerse carne.[3]

Las Escrituras dicen:

> *¿O ignoráis que vuestro cuerpo es templo del Espíritu Santo, el cual está en vosotros…?* (1 CORINTIOS 6.19)

El nacimiento del Espíritu Santo es la línea que divide la ley y la gracia. ¡Oh, cómo nosotros los hijos del Dios viviente dependemos de su misericordia y de su gracia! La gracia es el componente principal de este precioso libro. Esta es una de las razones por la cual yo lo amo tanto, porque ¿qué hubiera sido de mi vida sin mi porción de gracia?

Se dice que Samuel escribió el libro de Rut durante el reinado de David; pero la ambientación tiene lugar durante el periodo en el cual los jueces gobiernan sobre Israel, en algún punto entre 1150 y 1100 a.C. Durante este tiempo en la historia de Israel, Dios castigó a su pueblo por las relaciones adúlteras que tenía con otros dioses. Israel segó las consecuencias de su desobediencia a través de la hambruna que Dios envió a la tierra.

Sin embargo, incluso en los días más oscuros, vemos a un Dios amoroso manifestar sus propósitos en las vidas de las personas que están correctamente unidas a Él por medio del pacto. Dios, nuestro Padre, siempre está interesado en todas las cosas que hacen sus hijos. En el idioma hebreo hay dos palabras que se refieren a *pueblo* en las Escrituras. Una es *am* y la otra es *goi*. *Am* se refiere a un pueblo que comparte una cohesión de valores, un pueblo de pacto. Dios se refiere a Israel como *ami* o «Mi pueblo». La palabra *goi* o *goyim* es una palabra que se refiere a una nación en términos de política o geografía. A medida que la historia se ha ido desarrollando, *goyim* se ha conectado con esos pueblos o naciones que no son los escogidos de Dios.[4] Cuando le hablaba al rabino Scheinberg, yo me refería a mí misma como una goi porque no era judía; pero después de estudiar el idioma hebreo, me di cuenta que estaba injertada en la raíz de Isaí por la muerte de mi Salvador en la cruz. Yo soy *ami* de Dios, soy parte de su pueblo, no por nacimiento sino por adopción. ¡Aleluya!

Los eruditos judíos creen que el profeta Samuel escribió el libro de Rut en honor a David y para justificar su realeza. La corona de realeza es colocada tanto en la cabeza de David como en la familia real del Mesías por el linaje incluido en este libro histórico.[5] El libro de Rut establece «el hilo escarlata» de la genealogía.

En el primer libro de Samuel vemos la historia de un Israel desobediente que exigía que el Señor les diera un rey. Durante este tiempo, Dios era el rey de Israel. Él levantó jueces y los guió para que fueran los líderes. A través de estos jueces, Él proveyó y protegió a Israel:

> *Y cuando Jehová les levantaba jueces, Jehová estaba con el juez, y los libraba de mano de los enemigos…* (JUECES 2.18)

Para el pueblo de Dios esto no fue suficiente de modo que siguieron su propio camino. Dios los castigó al quitarles su protección y permitir que otras naciones los oprimieran:

> *Mas acontecía que al morir el juez, ellos volvían atrás, y se corrompían más que sus padres, siguiendo a dioses ajenos…* (JUECES 2.19)

Sin embargo, los israelitas no conocían el corazón de Dios y creían que la opresión era porque no tenían un rey que los guiara en la batalla. Así es que exigieron un rey rechazando, por tanto, al Señor Dios de Israel:

Y dijo Jehová a Samuel: Oye la voz del pueblo en todo lo que te digan; porque no te han desechado a ti, sino a mí me han desechado, para que no reine sobre ellos (1 SAMUEL 8.7).

Este era un tiempo de confusión espiritual en Israel, marcado por haber transigido y por la apostasía. El problema no era el deseo que tenía Israel de tener un rey sino que lo que estaba equivocado era el *motivo*. Ellos querían ser como las demás naciones; querían que otra persona los supervisara en vez de Dios. No querían ser un pueblo apartado para el único y verdadero Dios de Abraham, Isaac y Jacob:

Pero el pueblo no quiso oír la voz de Samuel, y dijo: No, sino que habrá rey sobre nosotros; y nosotros seremos también como todas las naciones, y nuestro rey nos gobernará, y saldrá delante de nosotros, y hará nuestras guerras (1 SAMUEL 8.19–20).

Aunque Samuel estaba disgustado por la desobediencia de Israel y no quería darles un rey, obedeció la voz del Señor y ungió a Saúl como líder sobre el pueblo:

Tomando entonces Samuel una redoma de aceite, la derramó sobre su cabeza, y lo besó, y le dijo: ¿No te ha ungido Jehová por príncipe sobre su pueblo Israel? (1 SAMUEL 10.1)

Samuel ungió a Saúl, lo besó en la frente y le habló delante de la nación de Israel. Al pasar el tiempo, Samuel empezó a amar a Saúl; por medio de la dirección del Señor, ayudó y enseñó a Saúl a temer al Santo de Israel.

Después de haber servido como líder sobre Israel, Saúl también empezó a ser desobediente. Pidió consejo a una bruja y obedeció la voz del pueblo en vez de obedecer a la voz de Dios, quien fue el que lo había ungido como líder. El Señor, entonces, le quitó el reino y se lo dio a otro, y esto entristeció a Samuel. Obedeciendo siempre la voz de Dios, fue a Belén en busca del nuevo rey que el Santo de Israel había seleccionado. Pero Samuel lo buscó con el espíritu acongojado:

> *Dijo Jehová a Samuel: ¿Hasta cuándo llorarás a Saúl, habiéndolo yo desechado para que no reine sobre Israel? Llena tu cuerno de aceite, y ven, te enviaré a Isaí de Belén, porque de sus hijos me he provisto de rey* (1 SAMUEL 16.1).

Samuel estaba sufriendo tanto por la pérdida de Saúl que no reconoció al ungido de Dios. El Señor lo reprendió cuando David se paró delante de él y le dio instrucciones de ungir al rey que Él había escogido:

> *Y Samuel tomó el cuerno del aceite, y lo ungió en medio de sus hermanos; y desde aquel día en adelante el Espíritu de Jehová vino sobre David. Se levantó luego Samuel, y se volvió a Ramá* (1 SAMUEL 16.13).

El Señor había instruido a Samuel para que ungiera a Saúl usando una redoma de aceite, lo cual significaba un reinado temporal, pero David fue ungido con un cuerno de aceite, y esto representaba un reino que duraría por toda la eternidad.[6] Saúl fue elegido «líder» sobre la herencia del Señor, mientras que David fue declarado «rey» sobre Israel.[7]

Saúl era un hombre común y corriente que llegó a ser líder. David era un hombre común y corriente que llegó a ser rey, profeta, poeta y un hombre según el corazón de Dios. De los lomos de David vendría un reino sin final, un reino en donde Siloé tendría dominio por siempre:

> *Él edificará casa a mi nombre, y yo afirmaré para siempre el trono de su reino* (2 SAMUEL 7.13).

Dios estaba haciendo un trabajo diferente y soberano, que afectaría el futuro de la humanidad y la eternidad.

Muchos eruditos cristianos tales como J. Vernon McGee, creen que uno de los propósitos principales del Antiguo Testamento es proporcionarle una genealogía fidedigna al Señor Jesucristo. El libro de Rut es el único libro en el Antiguo Testamento que presenta el árbol genealógico de David, demostrando que es el eslabón más importante de la cadena que va desde Abraham hasta Cristo. La tabla genealógica en Rut es un duplicado, en parte, del libro de Mateo en el Nuevo Testamento, desde Fares a David, con unos cuantos detalles que se le añadieron a la de Mateo.

En la genealogía de Cristo que se encuentra en el libro de Mateo se añaden cuatro nombres y no son nombres de hombres. Estos nombres son de cuatro mujeres, lo que de por sí es extraordinario porque de acuerdo con la costumbre de aquellos tiempos, a las mujeres no se las incluía en las tablas genealógicas.[8] Una de estas mujeres es Rut. Al ir descubriendo algunas de las hermosas lecciones que tiene la Palabra de Dios para nosotras, estaremos siguiéndoles las huellas a Rut y a las otras mujeres gentiles escogidas.

Samuel cumplió su propósito cuando escribió este libro acerca de una joven moabita describiéndola como realmente era, una mujer hermosa y humilde que buscó refugio bajo las alas de su Redentor. El libro de Rut se inspira en el amor que ella lleva muy dentro por su nieto David, y desde este libro se logra el propósito de Samuel: una corona es colocada en la casa real del Mesías.[9]

Y así empieza la historia.

Capítulo dos

LA VISITACIÓN

Mientras sus amigas se ponían cómodas, Noemí les hablaba a sus amigas diciendo: «¡Entren, entren! Es para mí un honor que vengan y me permitan despedirme de ustedes. Por favor, tomen asiento. ¿Les gustaría una taza de té?» Así les hablaba Noemí a sus queridas amigas mientras estas se ponían cómodas.

Hacía tiempo que Noemí no se ponía nerviosa. La hospitalidad le brotaba con mucha naturalidad, pero tristemente hoy era diferente. Les sirvió una taza de té y con un entusiasmo infantil anunció su extraordinaria sorpresa: «¡Tengo algo más para ustedes! ¡Guardé un poco de las raciones para poder sorprenderlas con un bizcocho de miel! Espero que puedan comer conmigo porque eso me bendeciría mucho».

A las mujeres se les abrieron los ojos y la boca se les hizo agua. ¡Bizcocho de miel! ¡Hacía mucho tiempo que no probaban ese dulce manjar! Debido a la hambruna, sólo podían usar la harina para hacer pan, y en cuanto a la miel, bueno... nadie tenía miel. Sólo Noemí podía hacer que la visita fuera tan especial. Ansiosamente tomaron la ofrenda de amor y lentamente fueron saboreando cada porción.

Después de intercambiar cumplidos y ponerse al día con todo lo que acontecía en sus familias, Noemí se dio cuenta que ya era tiempo de decirles lo que ellas habían venido a escuchar. «Cuando estaban en las puertas de la ciudad seguramente escucharon rumores de que nos íbamos de Belén, pero quiero que lo escuchen de mí misma» empezó a decirles nerviosamente.

«Bueno, es verdad. Elimelec ha decidido sacarnos de la ciudad por un tiempo... ¿A dónde iremos, se preguntarán? Bueno, nos vamos a Moab. Ya sé, ya sé que se nos ha advertido siempre que ni siquiera pasemos por Moab, pero ¿qué puedo decir? Elimelec ha decidido...»

«¿La hambruna? La hambruna ha estado en Judá por muy largo tiempo. Tenemos que irnos o perderemos todas nuestras posesiones. Mi esposo ha sido muy generoso hasta ser culpable. Le ha dado tanto a... a... bueno, a todos. Ahora dice que es tiempo de irnos mientras que todavía tengamos ganado, sirvientes y suficientes riquezas para poder empezar de nuevo».

Noemí se sentía muy incómoda porque muchas de las familias a las que habían ayudado durante la larga hambruna estaban representadas por las mujeres que ahora la escuchaban. No quería ofenderlas. Su corazón empezó a latir tan fuertemente en su pecho que casi no podía oír lo que le estaban preguntando.

«¿Qué cosa? ¿Qué quieres saber? ¿Que cuánto tiempo vamos a estar fuera?»

«No lo sé. Pienso en eso muy a menudo. Elimelec dice que sólo nos iremos por un tiempo. Para ser sincera, simplemente no sé».

Sus ojos se empezaron a llenar de lágrimas. Se había prometido que no lloraría, pero ya era muy tarde. Toda la emoción que había guardado dentro por varias semanas, fluyó rápidamente como un torrente de agua, como cuando se rompe una represa. Sus amigas la rodearon con mucha preocupación y afecto.

«He llorado tanto que mis sábanas están empapadas de lágrimas, porque sé que las voy a extrañar mucho, a ustedes y a la ciudad de Belén». Las abrazó fuertemente y pudo percibir la compasión genuina que sentían por ella. ¡Ay, cómo las amaba!

«Ya basta. Tengo que dejar de llorar. Mi esposo tomó la decisión. Salimos para Moab al amanecer».

Al recobrar la compostura, Noemí se levantó, abrazó a cada una de ellas fuertemente y les entregó un regalito de despedida. Era una mujer rica y tenía muchas cosas hermosas. Como quería que sus amigas la recordaran con mucho cariño, les dio una túnica, una bufanda o algún adorno que habían admirado por años durante su amistad. También les dio un bizcocho de miel envuelto en una tela de muselina para que se lo llevaran a sus familias, un regalo que ella sabía iban a disfrutar durante esta época de hambruna.

«Ahora les digo adiós y pido al Dios de Abraham, Isaac y Jacob que algún día pueda volver a mi casa tan hermosa y a ustedes mis amigas queridas. Pero por ahora les digo *Shalom*».

Una a una empezaron a irse. Ella cerró la puerta y se echó a llorar de nuevo.

ESTUDIO BÍBLICO

Aconteció en los días que gobernaban los jueces, que hubo hambre en la tierra. Y un varón de Belén de Judá fue a morar en los campos de Moab, él y su mujer, y dos hijos suyos.

El nombre de aquel varón era Elimelec, y el de su mujer, Noemí; y los nombres de sus hijos eran Mahlón y Quelión, efrateos de Belén de Judá. Llegaron, pues, a los campos de Moab, y se quedaron allí.

Y murió Elimelec, marido de Noemí, y quedó ella con sus dos hijos, los cuales tomaron para sí mujeres moabitas; el nombre de una era Orfa, y el nombre de la otra, Rut; y habitaron allí unos diez años.

Y murieron también los dos, Mahlón y Quelión, quedando así la mujer desamparada de sus dos hijos y de su marido (RUTH 1.1–5).

Cuando gobernaban los jueces. El tiempo de los jueces estuvo marcado por el adulterio espiritual y la decadencia moral. Este período es conocido por eruditos judíos como el tiempo en que «Dios juzgó a los jueces». En hebreo, el versículo uno del primer capítulo se traduce como «los días en que los jueces fueron juzgados».[1]

Hambruna. Muchas veces Dios trajo hambruna sobre su pueblo escogido durante los tiempos de desobediencia. La hambruna llegó a Israel durante el tiempo de Abraham (GÉNESIS 12.10), el tiempo de Isaac (GÉNESIS 26.1), y durante la vida de Elías (2 REYES 8.1). Durante el tiempo de los jueces, la hambruna vino de dos maneras: una era porque no tenían pan y la otra era hambre por la Torah, la

Palabra sagrada del Dios viviente.[2] La hambruna en Belén era consecuencia directa de la rebelión de Israel contra Dios.

Belén en Judá. ¿Por qué era necesario mencionar a Judá? La razón era doble: primero, para distinguir a este pueblo de los otros pueblos en otras provincias que tenían el mismo nombre. Segundo, porque Elimelec decidió dejar su casa tanto como su tierra natal judía.[3]

La primera vez que hemos mencionado a Belén es cuando nació Benjamín y cuando murió Raquel. Jacob nunca se olvidaría de Belén por la muerte de su amada esposa, Raquel. El mundo nunca se olvidará de esta ciudad por un nacimiento, el nacimiento de nuestro amado Salvador.[4]

La familia de Elimelec vino de Belén. Noemí y Rut regresaron a Belén. Rut conoció y se casó con Booz en Belén. Obed, el hijo de ellos, nació en Belén. Esto trajo el linaje y el nacimiento de David, hijo de Isaí, a Belén.

¡La salida de Rut de Moab hizo posible la venida de Cristo a Belén! El hermoso «hilo escarlata» de la genealogía puede seguirse a través de Belén, «casa de pan»:

> *Pero tú, Belén Efrata, pequeña para estar entre las familias de Judá, de ti me saldrá el que será Señor en Israel; y sus salidas son desde el principio, desde los días de la eternidad* (MIQUEAS 5.2).

El libro de Rut salva a la ciudad de Belén del olvido

Moab. En contraste con Belén, tenemos a Moab, una ciudad nacida del incesto. Había una consanguineidad lejana entre la tierra de Moab e Israel. Moab, el hombre por quien la ciudad recibió ese nombre, era hijo de Lot y sobrino de Abraham. Moab nació de una relación incestuosa entre Lot y su hija mayor después de la destrucción de Sodoma y Gomorra (GÉNESIS 19.37).

Después del relato de su nacimiento, Moab no vuelve a mencionarse sino hasta cuando el pueblo de Israel se encontró con sus descendientes al atravesar por el desierto en camino hacia la Tierra

Prometida. La Escritura solo muestra interés en un país cuando éste toca a la nación escogida de Israel.[5]

Para cuando los israelitas llegaron a la tierra de Moab, los amorreos habían conquistado el territorio. Cuando los israelitas ganaron la batalla contra los amorreos, Balaak, rey de Moab, le tuvo miedo a Israel. Llamó al profeta Balaam para que maldijera a los escogidos de Dios. Pero en lugar de eso, Dios con furia maldijo a Moab y a sus descendientes:

> *No entrará amonita ni moabita en la congregación de Jehová, ni hasta la décima generación de ellos; no entrarán en la congregación de Jehová para siempre, por cuanto no os salieron a recibir con pan y agua al camino, cuando salisteis de Egipto, y porque alquilaron contra ti a Balaam... para maldecirte* (DEUTERONOMIO 23.3–4).

En el primer versículo de Rut se presenta a dos ciudades: Belén, casa de pan y paz, y Moab, la nación nacida por incesto, la tierra a quien el rey David llamara su «nación perdida».[6]

Elimelec. Su nombre significa «Mi Dios es Rey», pero él no vivió de acuerdo al significado de su nombre porque sacó a su familia del lugar de pan para llevarla al lugar condenado por el Dios a quien él servía. La ley hebrea establecía que a un judío no le era permitido salir de la Tierra Prometida durante la hambruna, a menos que fuese imposible encontrar algo que vender o comprar. Elimelec se fue de todas maneras.[7]

La genealogía hebrea dice que tanto Elimelec como su esposa venían de ancestros muy distinguidos y debieron haber actuado con rectitud, ya que eran líderes destacados de su generación.[8]

La Torah enseña que la *tzedaka* o caridad empieza por el hogar. En primer lugar, tenemos la responsabilidad hacia los parientes cercanos, luego a la familia extendida, después a nuestra comunidad y por último a la humanidad.[9]

Elimelec, un hombre rico, se separó de su familia extendida y de su comunidad cuando pudo haberles ayudado durante la hambruna.

En vez de darles ánimo en los tiempos difíciles, hizo que se desanimaran. Cuando se fue, no sólo se llevó oro y plata, sino también trabajo que hubiera provisto para los de Belén.[10]

Elimelec pensó que llevaría a su familia a Moab y pasaría allí una temporada; en hebreo, la palabra sojourn es *gur* y significa «pasar una temporada como extranjero en medio de otro pueblo; tener una condición de residente temporal». El plan de Elimelec era escapar de la hambruna y conservar sus riquezas en otro país, y luego regresar a Belén cuando la situación se hubiera arreglado. En medio de la desesperación, Elimelec ideó un plan y en el proceso de ejecutarlo llevó a su familia a un país lejano, a un lugar lejos de la protección y el propósito de Dios.

Noemí. En la historia que relata la Escritura, a la esposa de Elimelec se la conoce como la «suegra». Pero hay mucho más que decir sobre esta increíble mujer. Fue una esposa sumisa porque siguió a su esposo al país lejano. Fue una buena suegra porque amó a sus hijos y la influencia que tuvo en sus nueras fue tanta, que querían seguirla, dejando madre, padre y país.

El nombre de Noemí describe su carácter con exactitud. Su nombre significa «afable, encantadora y adorable».[11] El espíritu del Dios viviente la llamó para que regresara a la Tierra Prometida. Fue perdonada, restaurada y recompensada, al hacerla parte del «hilo escarlata» que nos conduce al rey David y a nuestro amado Mesías.

Mahlón. Uno de los hijos de Elimelec y Noemí. Probablemente haya sido el mayor, ya que en el relato se le menciona primero. Su nombre significa «débil y enfermizo».[12] Se casó con Rut.

Quelión. Fue el segundo hijo de Elimelec y Noemí. Su nombre significa «destrucción o borrado».[13] Se casó con Orfa.

Y se quedaron allí. En vez de permanecer en aquel lejano país por una temporada, Elimelec y su familia se quedaron en Moab permanentemente. Al pensar en aquel «lejano país» pensamos en un «chiquero» en el que sólo querríamos quedarnos por un muy corto tiempo. Pero la familia de Elimelec es un triste ejemplo de cómo un país lejano se puede convertir en una residencia permanente.

Debido a su rebelión, Elimelec «disfrutó de las algarrobas más que del pan de la casa de pan».[14] Se le olvidó que la casa de pan es mejor aun en tiempos de hambruna que la tierra de Moab en tiempos de abundancia.

Y murió Elimelec. Cuando la familia escogió salir de Judá, también escogió salirse de bajo la protección de su Dios. Si lee la historia con detención, verá que la familia se quedó en Moab por varios años. Fuentes judías dicen que antes que Elimelec muriera, habían muerto sus caballos, sus mulas y sus camellos.[15] La familia había prosperado en Belén, pero se arruinó en Moab.

Pasaron por tiempos difíciles en una tierra donde no había hambruna. Elimelec pudo haber regresado con su familia a Belén siguiendo el camino llamado arrepentimiento, regresado a la Tierra Prometida, para estar bajo la protección del Dios de sus padres nuevamente. En vez de eso, escogió quedarse en el país lejano, y allí fue donde murió, fuera de la voluntad de Dios.

Y quedó sola. Noemí quedó sola con sus dos hijos. Ya no tenía a su querido Elimelec con quien compartir su vida. Noemí empezó a sentirse completamente desconectada del Dios a quien amaba tanto.

Es muy importante darse cuenta aquí que sus hijos pudieron haber llevado a su mamá de regreso a Belén después de la muerte del papá. ¿Qué los mantuvo en Moab? Tal vez tenían vergüenza de regresar o tal vez se habían aclimatado al país. No importa cuál haya sido la razón, pero «el padre de la mentira» les ayudó a racionalizar su decisión. Aunque siempre hay tiempo para arrepentirse en el plan espiritual de Dios, los jóvenes decidieron quedarse en el país lejano.

Mujeres moabitas. Escogiendo no regresar, Mahlón y Quelión se sintieron muy cómodos en Moab, tanto así que se casaron con mujeres moabitas, lo cual era contrario a la ley mosaica:

Y no emparentarás con ellas; no darás tu hija a su hijo, ni tomarás a su hija para tu hijo. Porque desviará a tu hijo de en pos de mí, y servirán a dioses ajenos: y el furor de Jehová se encenderá sobre vosotros, y te destruirá pronto (DEUTERONOMIO 7.3–4).

Dios no quería que los hijos de Noemí se unieran en yugo desigual. Dios no quería que sus hijos se unieran con alguien que los desviara de Él. Los hijos de Noemí no se casaron con mujeres moabitas sino hasta después de la muerte de Elimelec; algo que probablemente él les había prohibido.

Elimelec conocía los beneficios de tener como esposa a una mujer piadosa, a una mujer de pacto: Él estaba casado con Noemí. Sin embargo, o Noemí no tuvo objeción a que estos matrimonios se efectuaran por su resignación de nunca volver a su país natal, o porque el dolor de haber perdido a su esposo era tan grande que ya no le importaba nada. De todas maneras, mientras más tiempo se quedaba la familia en Moab, más se multiplicaban sus transgresiones.

Eruditos judíos piensan que los hijos adoptaron una actitud egocéntrica, que predominaba en Moab. Este espíritu de desobediencia y de egocentrismo es el mismo espíritu que hizo que Moab no proveyera pan y agua al pueblo de Dios cuando pasaron por el desierto. Esta actitud fue la que hizo que los hijos de Noemí se casaran fuera de su fe y que decidieran quedarse en el país lejano.

La ingratitud es la antítesis de la bondad. El ser bondadoso es ir más allá de los requerimientos de la ley. Ser bondadoso y compasivo es vivir por gracia y ser motivado por la misericordia, rasgos que sólo pueden ser inspirados por el Espíritu Santo del Dios viviente. Cuando Elimelec se fue de Belén para preservar las riquezas de su familia, él le quitó la protección de *Hashem* y escogió vivir bajo el juicio de su Palabra.

Permítame aclarar la palabra *Hashem*. Por reverencia, los judíos se refieren a Dios como *Hashem*, la cual se compone de dos palabras en hebreo: *Ha* que significa El, y *Shem* que significa Nombre. A menudo se refieren al Señor como «El Nombre» para no ofenderlo al usar su santo nombre en vano. Al escribir el nombre de Dios, los judíos observantes lo escriben como D-s, de nuevo, para no ofender a aquel que es Santo.[16]

La desobediencia ofende a Dios, y sin su protección, los siervos rebeldes están expuestos al juicio y a la destrucción. Piense en Elimelec, y qué fue de su vida si lee el Salmo 109.8–18.

Orfa. Una traducción del nombre es «cervatilla» o «antílope». El cervatillo o el antílope huyen apenas ven un indicio de adversidad. Otro significado de Orfa es «vacilante» o «testaruda».

Orfa era descendiente del rey de Moab.[17] Amaba a su suegra, pero cuando Noemí le hizo mención de todas las posibles consecuencias que iba a tener si la seguía a Belén, vaciló, regresando a los dioses de su país. Ella pudo haberse injertado en la raíz de Isaí, pero escogió la comodidad y la seguridad, y por su elección entró en la oscuridad escritural. Con su regreso a Moab, desapareció de las páginas de la historia bíblica.[18]

Rut. El significado hebreo de Rut es «amiga» o «belleza, como algo digno de ver».[19] En el lenguaje hebreo, los nombres son más que etiquetas para distinguir a una persona de la otra; reflejan y describen la naturaleza de un individuo.

Las palabras amiga y belleza ciertamente describen a Rut. Ella dio a Noemí la clase de amor y amistad que trasciende el significado de las palabras. Su belleza es mencionada varias veces a lo largo del libro. Rut era tan bella, que inmediatamente Booz quedó cautivado cuando la vio en el campo. Pero también poseía belleza interna, lo que la diferenciaba de otras mujeres.

Rut también era hija de un rey, el rey Eglon de Moab, y nieta de Balac, el rey moabita que pagó para que maldijeran a los israelitas que iban camino de Israel. Rut tenía un destino marcado por Dios. Su destino no empezó cuando nació. No empezó cuando se casó con Mahlón, ni tampoco cuando Mahlón murió. Su destino empezó antes de la Creación porque Hashem formó su destino en su corazón.

Mahlón y Quelión murieron también. Durante los años en que Noemí vivió en Moab, su amor estaba dividido entre su familia y su pueblo. Ahora, después de la muerte de su esposo y de sus hijos, ella se quedó sola, un remanente, un remanente unido a la futura victoria de Sion. [20] ¿Por qué habrá sobrevivido Noemí? Al morir su esposo ¿por qué no murió ella en vez de sus hijos? ¿Por qué no podían ser ellos los que quedaran y tener descendencia para mantener vivo el nombre de Elimelec? ¿Por qué? ¿Por qué? ¿Por qué?

Noemí no sabía —y difícilmente se lo habría podido imaginar— lo que su amado Hashem tenía planeado para ella:

En aquel día, dice Jehová, juntaré la que cojea, y recogeré la descarriada, y a la que afligí; y pondré a la coja como remanente, y a la descarriada como nación robusta; y Jehová reinará sobre ellos en el monte de Sion desde ahora y para siempre (MIQUEAS 4.6–7).

Ella había sido escogida por la bondad y la compasión de su Dios, el Juez Justo, para quedarse como una chispa de vida de la familia de Elimelec para así heredar un lugar en el linaje del Mesías.[21]

LECCIONES DE LA VIDA

PRIMERA LECCIÓN DE LA VIDA:
EL ARREPENTIMIENTO CONDUCE A LA MISERICORDIA DE DIOS.

Tal como en los tiempos de los jueces, así estamos hoy en América del Norte y en otros lugares alrededor del mundo, donde se ha predicado el evangelio. Somos un pueblo guiado por jueces corruptos que han secuestrado nuestra nación con sus interpretaciones liberales de la ley. Es más, muchos púlpitos en las iglesias de hoy en día son guiados por pastores, que en nombre de la inclusión, han interpretado la Palabra de Dios en una manera que «se siente bien», ignorando el poder y el propósito de la cruz del Señor Jesucristo.

En nombre del derecho a elegir, jueces federales deciden matar a niños inocentes en el vientre de sus madres. En nombre del arte, estos mismos jueces resuelven a favor de la pornografía infantil. Y en nombre del amor, estos jueces injustos se pronuncian a favor del matrimonio entre personas del mismo sexo. Entre tanto, hombres y mujeres de fe, escogen ignorar el mensaje de la Palabra de Dios y las consecuencias del pecado por temer ofender a los demás. Muchos líderes cristianos se quedan callados cuando debieran advertirles a las ovejas del rebaño de Dios del peligro:

> *Todas las bestias del campo, todas las fieras del bosque, venid a devorar. Sus atalayas son ciegos, todos ellos ignorantes; todos ellos perros mudos, no pueden ladrar; soñolientos, echados, aman el dormir... y los pastores mismos no saben entender; todos ellos siguen sus propios caminos, cada uno busca su propio provecho, cada uno por su lado* (ISAÍAS 56.9–11).

Nosotros, como Belén, sufrimos de una hambruna espiritual. Uno de cada dos matrimonios en la iglesia termina en divorcio. Nuestros hijos son guiados por las pandillas de la calle porque los papás no están en casa, y son un blanco para el mundo desviado que ha surgido como consecuencia de la pornografía. Estamos teniendo un cambio económico, no porque los ancianos estén viviendo más y estén tomando los beneficios del Seguro Social que le pertenecen a la próxima generación, sino porque la próxima generación que debería reabastecer el Seguro Social ha sido destruida por más de *¡43 millones de abortos desde 1973!*[22] Nuestras fronteras ya no están protegidas de los que quieren destruirnos; así que nuestros jóvenes, tanto hombres como mujeres, tienen que morir en el extranjero para defender nuestra libertad.

Es tiempo de dejar las cosas del mundo y concentrarnos en el Dios de nuestros ancestros, el Dios de Abraham, Isaac y Jacob. Es tiempo de arrepentirnos al pie de la cruz de Cristo y empezar de nuevo:

Si se humillare mi pueblo, sobre el cual mi nombre es invocado, y oraren, y buscaren mi rostro, y se convirtieren de sus malos caminos; entonces yo oiré desde los cielos, y perdonaré sus pecados, y sanaré su tierra (2 CRÓNICAS 7.14).

Sólo cuando nos arrepentimos es cuando estamos protegidos por el Señor Dios de Israel y nos beneficiamos de su infinita misericordia y gracia:

Espere Israel a Jehová, porque en Jehová hay misericordia, y abundante redención con él (SALMO 130.7).

SEGUNDA LECCIÓN DE LA VIDA:
JESÚS ESTÁ LLAMANDO Y ESPERANDO.

En algún momento de nuestras vidas, todos hemos decidido vivir en un país lejano. Así como decidimos ir al país lejano, podemos decidir *salir* del país lejano. Una cosa sí sé: Que mientras más tiempo decidamos quedarnos en el país lejano, más cómodos nos sentiremos con sus costumbres.

Al «país lejano» se le puede definir como cualquier lugar donde no está Dios. Usted podría vivir en su casa, pero traer al país lejano a su vida por medio de la pornografía. Usted podría vivir en su casa, y practicar la manipulación y la intimidación, al no querer hacer lo que la Palabra de Dios le dice que haga; usted está en un lugar distante, lejos de las bendiciones y la protección de Dios.

Tal vez se haya hecho un aborto y aún no le ha pedido a Dios que la perdone o no se ha perdonado a sí misma por el pecado que ha cometido. Se siente culpable e indigna. Tal vez está siendo devastada por el pecado de homosexualidad o es una esposa en rebeldía, atrapada en el pecado de adulterio. Escuche al Espíritu del Dios viviente llamándole para que regrese a casa.

Mientras más espere, más tenue será su voz. Al principio andará con el impío, pero pronto estará en el camino con ellos, y poco después se sentará con ellos. Ya no querrá las cosas de Dios.

Pero el Dios amoroso que perdona todas nuestras rebeliones y que promete dejarlas en el olvido, está esperando que usted regrese a casa:

Yo deshice como una nube tus rebeliones, y como niebla tus pecados; vuélvete a mí, porque yo te redimí (Isaías 44.22).

¡Sólo deténgase por un momento y piense sobre lo que el Señor le está diciendo!

¿Ha estado alguna vez en una niebla espesa donde no puede ver más allá de unos cuantos metros? Ponga sus pecados en esa nube espesa, escondidos para que nadie los pueda ver. Cuando el brillo de la luz del sol remueva la neblina y traiga claridad a sus ojos, sus pecados ya no estarán. Sus rebeliones se fueron para siempre, para no acordarse de ellos jamás. ¡Qué regalo nos ha dado Él! Lo único que tenemos que hacer es arrepentirnos de nuestros pecados y recibir su perdón:

…Porque perdonaré la maldad de ellos, y no me acordaré más de su pecado (Jeremías 31.34).

Le animo a que regrese a casa. Le animo a que salga del «chiquero» y que vaya a los brazos de un Padre amoroso que está esperando pacientemente su regreso. Pido que usted empiece a disfrutar su amor, porque su amor es bueno. Ahora es el tiempo.

TERCERA LECCIÓN DE LA VIDA: CONFÍE EN DIOS DURANTE LOS TIEMPOS DE ADVERSIDAD.

Nadie que no haya tenido la experiencia puede imaginarse el dolor que causa la muerte de un hijo, mucho menos dos. ¡Qué dolor y sufrimiento habrá sentido Noemí! En mi libro *La Hija del Rey*, compartí con ustedes la muerte de mi hermana Rosie, y cómo pude ver siempre en los ojos de mis padres, incluso en los tiempos de alegría, un recuerdo de su partida.

Noemí estaba convencida que su pecado era mucho más grande que el de su esposo y el de sus hijos, razón por la cual se sentía destinada a vivir con un sentimiento de culpa y sufrimiento por el resto de su vida. Ella creía que Dios la estaba tratando según los pecados e iniquidades de su familia. No consideró la bondad y la compasión que Dios sentía por ella, su escogida:

Bendice, alma mía, a Jehová, y bendiga todo mi ser su santo nombre. Bendice alma mía, a Jehová, y no olvides ninguno de sus beneficios. Él es el que perdona todas tus iniquidades, el que sana todas tus dolencias; el que rescata del hoyo tu vida, el que te corona de favores y misericordias; el que sacia de bien tu boca de modo que te rejuvenezcas como el águila (SALMO 103.1–5).

Cuando estamos sufriendo es difícil ver la mano de Dios.

Muchos años atrás, se encontró en una mina en África el diamante más espléndido en la historia del mundo. La piedra fue enviada a Amsterdam para que la cortara uno de los mejores cortadores de diamantes de la industria. El experto tomó el diamante y le puso una marca en la superficie impecable. Luego le dio un golpe fuerte con su instrumento e instantáneamente la piedra preciosa quedó en el hueco de sus manos partida en dos pedazos.

Cabe preguntarse: ¿Hizo esto el experto por temeridad, derroche o por un descuido criminal? ¡Por supuesto que no! Él había estudiado este golpe por días y semanas. Había calculado minuciosamente los dibujos y los modelos. El hombre al cual le confiaron esta piedra, era uno de los más diestros cortadores de diamantes en el mundo.

¿Fue aquel golpe un error? ¡No! En lugar de eso, fue la máxima expresión de la habilidad de un profesional. Cuando dio el golpe, hizo la única cosa que haría que la gema tuviera la forma perfecta, el resplandor y el esplendor de una joya. Ese golpe, que parecía haber dañado la piedra preciosa, fue, de hecho, ¡su redención perfecta! De esas dos mitades se sacaron dos gemas magníficas que el cortador de diamantes había visto escondidas en esta piedra en bruto, sin tallar.

Algunas veces Dios nos da algunos golpes fuertes. La sangre corre. Los nervios se estremecen. El alma llora de agonía. El dolor se hace insoportable. El golpe parece ser un terrible error o el castigo por una gran rebeldía. Pero no es así, porque para nuestro Salvador, nosotros somos las joyas más inestimables del mundo. Él es el cortador de diamantes más hábil en el universo entero. Debemos confiar en Él. No importan las circunstancias, somos suyos y Él nos guarda en el hueco de su mano, y nos cuidará y nos amará por siempre. Él tiene muchos planes maravillosos para nuestro futuro que no sabemos: [23]

Porque yo sé los pensamientos que tengo acerca de vosotros, dice Jehová, pensamientos de paz, y no de mal, para daros el fin que esperáis (JEREMÍAS 29.11).

¡Confíe en Él!

Capítulo tres

EL CAMINO AL ARREPENTIMIENTO

*N*oemí se había cansado de sufrir. Su tiempo oficial de luto había terminado, pero ella sabía que nunca se podría quitar la tela de cilicio que cubría su corazón. Al visitar las tumbas de su esposo y de sus hijos, le parecía como que su inconsolable tristeza estaría con ella por el resto de su vida. El dolor que sentía muy dentro de su alma era tan profundo que casi constituía un sedante extraño para la realidad de la vida.

A veces le parecía como si sólo hubiera sido ayer que sus dos hijos estaban parados junto a ella ante la tumba de su esposo Elimelec.

Hoy, ella estaba junto a las tumbas de Mahlón y Quelión con sus dos nueras. La pregunta espantosa que una y otra vez bombardeaba su cabeza, era: ¿Qué habré hecho para merecer tal castigo de parte del Dios a quien yo amo tanto?

Orfa y Rut permanecían estoicamente de pie al lado de Noemí. Ella les dijo: «Hoy será la última vez que visitemos las sepulturas de nuestros esposos. Mañana emprenderé el viaje de regreso a Belén».

En las últimas semanas, Noemí se había venido despertando en la mitad de la noche con el mismo sueño. El sueño era sobre Belén. Belén parecía estar llamándola a que regresara. Ella amaba Belén. ¡Ay, cómo extrañaba el lugar donde había nacido! Echaba de menos su casa. ¿Pero cómo podía atreverse a pensar en regresar a Judá? Durante meses se había hecho esa pregunta. ¿Podría ser que Dios la amara tanto que le permitiría regresar? ¿Se había olvidado de ella por su pecado o se había acordado de ella como se acuerda de su pueblo? ¿Podría ser que el gran *Hashem* perdonara su transgresión? Al estar las tres viudas paradas al pie de las tumbas de los hombres que amaban, Rut y Orfa tenían a Noemí abrazada. Lloraban en silencio.

Cuando se recobró lo suficiente como para hablar, Noemí les dijo a los únicos seres queridos que le quedaban en esta tierra: «Mis pequeñas, tenemos que regresar a casa antes del anochecer. Recuerden que no tenemos hombres que nos cuiden. Ahora estamos solas... ¿Qué me estás preguntando?» Noemí se metió el pañuelo mojado debajo de la manga y miró a Rut para confirmar lo que ella le estaba preguntando.

«Sí, claro, mi querida Rut, nos tenemos las unas a las otras; le damos gracias al Gran Jehová por eso. Orfa, me estás preguntando si vamos a regresar a visitar sus tumbas una vez más... Yo sé en mi espíritu que nunca volveré a Moab. Debo regresar a mi pueblo. He tenido esta urgencia en mi espíritu, un anhelo se podría decir, de volver a Belén. Ustedes han visto y oído a los vendedores judíos en las calles de Moab vendiendo sus productos y hablando sobre la bendición de Jehová sobre Judá. La hambruna terminó y *Hashem* se acordó de Judá. Quizás, sólo quizás, Él se acordará de mí...»

«Sí..., Rut, yo te quiero mucho también, y las dos han sido más de lo que yo hubiese pedido. Han amado a mis hijos en vida y en muerte. Quiero lo mejor para ustedes y para su futuro». Después de decir esto, Noemí fue y besó a ambas en la frente.

«Vengan. Vengan ahora, mis avecillas hermosas, tenemos que estar listas para salir temprano por la mañana, si piensan ir conmigo hasta las afueras de la ciudad». Con eso, las mujeres le dijeron adiós a sus muertos y se fueron en silencio.

ESTUDIO BÍBLICO

Entonces se levantó con sus nueras, y regresó de los campos de Moab; porque oyó en el campo de Moab que Jehová había visitado a su pueblo para darles pan. Salió, pues, del lugar donde había estado, y con ella sus dos nueras, y comenzaron a caminar para volverse a la tierra de Judá (Rut 1.6–7).

Entonces se levantó. Noemí no se levantó de repente una mañana y decidió regresar a su pueblo. Los días de luto habían llegado a su fin.[1] Desde hacía algún tiempo, ella había estado persuadida de dejar Moab y volver a Belén. Eruditos judíos describen su obsesión de dejar el país lejano como un llamado del Espíritu Santo a regresar a la tierra de sus ancestros. Estaba siendo movida por fuerzas proféticas mucho más grandes que las suyas. Aunque Noemí fue llamada a volver a Judá, todavía tenía que tomar la decisión de regresar. Una fuente judía da a la expresión *se levantó* un significado espiritual, como: «Caída, se levantó regresando a *Eretz Israel*».[2] Eretz en hebreo significa «la tierra». Noemí se iba a su hogar en la Tierra de Israel, el lugar de su nacimiento, el lugar de su propósito.

Los campos de Moab. En hebreo, la palabra país se traduce como «campo».[3] Por tanto, Noemí había «oído en el campo de Moab». Campo significa un lugar temporal, un lugar de movilidad y carente de estabilidad. Noemí estaba dejando el campo pasajero y estaba regresando a la «casa de pan».

El Señor había visitado a su pueblo. En hebreo, la palabra *visitado* significa se *acordó*. El Señor se acordó de su ami, su pueblo. Y se acordó con pan. La hambruna había terminado. Noemí había visto a vendedores judíos vendiendo los productos de Israel en Moab. De ellos escuchó que *Hashem* había bendecido a Belén y había quitado su castigo.[4]

Pero esta no sólo era la única razón por la cual tenía deseos de regresar. Había vivido en Moab por más de diez años, y Moab no había tenido hambruna. La comida, por tanto, no era la razón por la cual Noemí deseaba regresar a Judá. Fue llamada a volver a su hogar por el Espíritu Santo del Dios que vivía en ella.

El Señor siempre se acuerda de su pueblo:

Porque no abandonará Jehová a su pueblo, ni desamparará su heredad (SALMO 94.14).

¿Pudiera ser que el Dios de Noemí se acordara de ella como se acordó de su pueblo? ¿Podría atreverse a tener esperanza? Ella echaba de menos su hogar, su pueblo y a su Dios.

Y sus dos nueras. En la costumbre hebrea se supone que existe un antagonismo entre suegra y nuera; por tanto, no pueden testificar la una contra la otra.[5] ¿Qué hizo que estas dos mujeres amaran a su suegra tanto que quisieran dejar su país y a su pueblo y quisieran seguirla a una tierra desconocida?

La devoción apasionada que estas dos mujeres tenían hacia su suegra nos da una idea de la vida que habrán compartido juntas. Orfa y Rut eran atraídas a Noemí «como los planetas gravitan en dirección del sol».[6]

Orfa y Rut habían aprendido de Noemí. Fueron educadas por ella en una familia judía. Les enseñó las tradiciones de su gente y transformó sus enseñanzas en vínculos de amor. Esos vínculos de amor entre las tres mujeres crearon un deseo en Orfa y Rut de unirse al pueblo de Noemí y un anhelo de conocer al Dios de Noemí.[7] Noemí había plantado semillas preciosas en las vidas de estas dos mujeres, y estaba a punto de disfrutar su cosecha.

LECCIONES DE LA VIDA

PRIMERA LECCIÓN DE LA VIDA: SU TIEMPO DE LUTO HA TERMINADO.

Muchas de ustedes que están haciendo este viaje conmigo están de luto, y han permanecido en este estado demasiado tiempo. Hay un tiempo para sufrir y un tiempo para alegrarse, y cada uno de estos tiene su lugar. Dios no quiere que usted sea estoica cuando se le muere un ser querido o incluso cuando muere un matrimonio.

El estoicismo es una filosofía pagana que practicaban los griegos.[8] Esta filosofía no daba lugar a las emociones. No se podía llorar o reír.

Dios es nuestro Padre. Él nos creó a su imagen. Él es nuestro rey y nosotros somos sus hijos. Dios conoce el dolor de perder a un ser querido y comprende nuestro sufrimiento. Acuérdese que Él fue testigo de la muerte de su propio hijo.

Cuando Israel perdió a Moisés, Dios le permitió treinta días de luto antes de que continuaran su viaje hacia la Tierra Prometida (DEUTERONOMIO 34.8).

No importa cuán profundo sea su luto, hay un nombre para Dios que va bien con esa oscuridad. Cuando esté caminando por el valle del sufrimiento, trate de concentrarse en Dios, quien es el autor de vida, el Dios que promete un nuevo mañana. Él escuchará su llanto y le ayudará. Él tiene grandes planes para su futuro. Está esperando que usted le permita trabajar en su vida por su bien:

> *...Su favor dura toda la vida. Por la noche durará el lloro, y a la mañana vendrá la alegría* (SALMO 30.5).

SEGUNDA LECCIÓN DE LA VIDA: EL ARREPENTIMIENTO ES LA PUERTA A LA LIBERTAD.

Después de que fui salva y empecé a leer la Palabra de Dios, no podía entender muchas de las enseñanzas de la Biblia. Crecí con un concepto de «pecados grandes» y «pecados chicos», cada pecado llevando dentro un nivel de expiación equivalente a su grado de severidad. Con este concepto en mente, no podía entender por qué Saúl, el que había consultado a una adivina y había hecho lo que el pueblo quería en vez de escuchar la voz de Dios, merecía consecuencias más severas que David, que había cometido adulterio y había matado a alguien con premeditación. ¿Por qué el Espíritu de Dios se apartó de Saúl, pero David era un varón conforme al corazón de Dios? (1 SAMUEL 16.14; 13.14; HECHOS 13.22) Yo no podía entender a Dios.

Así fue como acudí a mi esposo pidiéndole que me explicara la diferencia de aquellos pecados. Primero, él me hizo ver que Saúl cometió adulterio espiritual al consultar a la adivina de Endor, mientras que David cometió adulterio físico con Betsabé. Nuestro

Dios es un Dios celoso. Él nos dice esto una y otra vez en las Escrituras:

> Porque Jehová tu Dios es fuego consumidor, Dios celoso
> (DEUTERONOMIO 4.24).

Cuando Saúl consultó a la adivina de Endor, le estaba diciendo a Dios: «No necesito de tu sabiduría para guiar a Israel. Puedo encontrar orientación en otra fuente que no sea la del Todopoderoso».

La segunda razón por la cual David continuó siendo «un varón conforme al corazón de Dios» es porque David estuvo dispuesto a arrepentirse. El arrepentimiento es el medio de contacto con el Señor, nuestro Padre. Sin arrepentimiento no tenemos nada y no somos nada.

Se nos ha enseñado que a Adán y a Eva los echaron del huerto de Edén por su desobediencia. Aunque sí desobedecieron al Señor y comieron del árbol de la ciencia del bien y del mal, no podemos creer que Dios, el Dios omnisciente y todopoderoso al cual servimos no se haya dado cuenta que el hombre y la mujer que Él había creado eran imperfectos y que harían el mal. Él sabía que iban a desobedecer antes de que empezara la eternidad. *Dios no expulsó a Adán y a Eva del huerto de Edén por su desobediencia, sino porque no se arrepintieron.*

En Génesis capítulo 3 se registra la conversación que Dios tuvo con Adán. Le preguntó: «¿Dónde estás tú?» Pero nuestro Dios omnipotente, omnipresente y siempre poderoso sabía exactamente dónde estaba Adán: Había salido huyendo por causa de su pecado. Entonces, ¿por qué el Señor le hizo esa pregunta?

La respuesta le ahorrará mucho tiempo y sufrimiento: Cuando Dios le hace a usted una pregunta, no es porque no conozca la respuesta. Dios sabía dónde estaba Adán y sabía lo que había hecho. *Le hizo la pregunta porque estaba buscando un corazón arrepentido.* Le dio a Adán la oportunidad para arrepentirse y ser perdonado.

En vez de eso, Adán le echó la culpa por sus acciones a la mujer que Dios le había dado, negando así su responsabilidad. ¡Cómo le habrá dolido esto a nuestro amado Creador! Luego, el Padre de la humanidad fue a donde la mujer y le dio la misma oportunidad de confesar su pecado y rectificar el daño cometido. Eva le echó la culpa a la serpiente, negando también su responsabilidad. David, en cambio, reconoció sus transgresiones al ser confrontado con su pecado, y no planteó excusas ni racionalizaciones. Se arrepintió y le pidió a Dios que lo perdonara:

Ten piedad de mí, oh Dios, conforme a tu misericordia; conforme a la multitud de tus piedades borra mis rebeliones. Lávame más y más de mi maldad, y límpiame de mi pecado. Porque yo reconozco mis rebeliones, y mi pecado está siempre delante de mí. Contra ti, contra ti solo he pecado, y he hecho lo malo delante de tus ojos; para que seas reconocido justo en tu palabra, y tenido por puro en tu juicio (SALMO 51.1–4).

Nuestro Dios misericordioso oyó la súplica de David y lo perdonó, tal y como nos perdonaría a nosotros si nos arrepentimos.

Cuando cometimos nuestras rebeliones, nuestro Dios estaba allí. Cuando tratamos de esconder nuestro pecado, nuestro Dios lo sabía. Él está esperando que vayamos a Él con un espíritu contrito y arrepentido.

No permita que Satanás lo mantenga como rehén de su pecado. Dios ya conoce su pecado. Está esperando que se arrepienta. Él no necesita una razón para restaurarla; su naturaleza es hacerlo. Está esperando para perdonarla. Está esperando para darle un nuevo comienzo, libre del pasado y del pecado que está en él. Vea lo que se siente estar libre de pecado, libertad que sólo Dios puede dar y que nadie puede duplicar o inmolar. Le pido que repita esta oración de arrepentimiento y que sea libre del pecado de su pasado:

Padre, vengo a ti con mis pecados. He entristecido a tu Espíritu Santo y pido que me perdones. Como David, he pecado contra ti y sólo contra ti. Tal como David, yo quiero ser amada por ti y ser una hija conforme a tu corazón. Gracias, Padre, por tu promesa de perdonar todas mis iniquidades y no acordarte de ellas jamás. Gracias por la oportunidad de empezar de nuevo, como si no hubiese pecado nunca. Te amo Señor y confío en tus entrañables misericordias. Amén.

Capítulo cuatro

LA CONVERSIÓN

Noemí le suplicó a su nuera cuando estaban en el camino a Judá: «¡Rut, te lo ruego, por favor regrésate a Moab con Orfa!» Las dos mujeres observaron a Orfa cuando se volvía lentamente e iniciaba su regreso a la tierra de sus ancestros y de sus dioses. Se mantuvieron mirándola hasta que, ya solo una silueta, se perdió en el horizonte.

Noemí lloró al ver que el último remanente de la vida de su hijo Quelión desaparecía de su vista. Se había ido para siempre. Inmóvil, alcanzó a ver por última vez solo una sombra. Era casi como si Orfa nunca hubiera existido. De repente, sintió que Rut se aferraba fuertemente a ella.

Tomó entonces entre sus manos el rostro de Rut y, mirándola a los ojos hinchados y rojos, le dijo.: «Te ruego por tercera vez, Rut. ¡Regresa a tu pueblo! ¡Piensa en las consecuencias que viajar conmigo a Judá puede tener para ti!» Noemí alzó la voz con la esperanza de que así podría convencerla.

«No hay futuro para ti en mi tierra. Serías una marginada. No tengo ni hijos ni puedo concebir, así que no hay esperanza de que puedas conseguir un esposo en Belén. No hay esperanza de que vayas a tener hijos. No quiero que vayas por la vida sin tener la dicha de ser madre. ¡Te lo suplico... quédate!»

Rut dijo no con la cabeza y se aferró a Noemí aun con más fuerza.

«¿Estás segura, mi dulce tesoro?» Una vez más, Noemí miró intensamente a través de la ventana de los ojos de Rut hasta que casi le pareció que veía su alma. «Sí.... lo puedo ver... mis argumentos no te harán cambiar de opinión». Esto se confirmó en el corazón de Noemí: Rut no sólo quería ir con ella a Belén sino que también quería seguir a su Dios.

«Está bien, ahora veo claramente que quieres conocer al Dios al que yo sirvo como tu propio Dios. Después que te ponga al tanto de las leyes de mi fe, te voy a pedir que hagas tus votos».

Noemí llevó a Rut hasta una gran piedra que estaba a un lado del camino donde, aun tomadas de las manos, se sentaron. Le empezó a explicar la importancia de lo que le iba a decir, para que así pudiera darse cuenta de lo que significaba.

Empezó por recitar las leyes de Jehová Dios, a las cuales se había referido tantas veces durante los años en que habían estado juntas. Le dio siete declaraciones tomadas de la Palabra de Dios, deteniéndose en cada una de ellas para que Rut hablara.

«Nos está prohibido caminar más de 2.000 codos de distancia fuera de la ciudad en el día de reposo». Esperó que Rut le diera una respuesta positiva antes de seguir.

«No se nos permite estar solos con alguien del sexo opuesto». Noemí hizo silencio y Rut respondió prometiéndoles a Noemí y a Jehová que viviría dondequiera que Noemí viviera.

«Estamos obligados a guardar 613 mandamientos». A Noemí le corrieron las lágrimas cuando vio a esta hermosa mujer dando su afirmación a la sagrada Torá. Las palabras de Rut salían como una melodía poderosa y apasionada, resonando con amor y total devoción.

«Nos está prohibido adorar a los ídolos... La corte está autorizada a llevar a cabo cuatro tipos de penas de muerte... Los ejecutados son sepultados en dos cementerios diferentes». Noemí guardaba silencio después que decía una ley y Rut respondía con sus promesas.

Finalmente Noemí oyó a Ruth comprometerse a su conversión al judaísmo y sellar sus votos con un juramento. Ya no era gentil. Ahora era parte del *ami* de Jehová. Podía calificar para recibir su perdón, su misericordia y sus bendiciones. Esto puso tan contenta a Noemí que sintió gozo en su corazón, algo que no había sentido por largo tiempo.

Las dos mujeres se abrazaron. Se miraron a los ojos y compartieron un nuevo parentesco. Confirmando su lealtad la una para con la otra y ambas para con Dios, las dos mujeres sonrieron. Les pareció como que hubiese pasado toda una vida desde la última vez que sintieron esta clase de alegría.

«No volveré a mencionar tu pasado, Rut. Tú eres parte de nosotros. Nos iremos de aquí, dos mujeres sirviendo al mismo Dios, dependiendo de su bondad y misericordia. Jehová nos cuidará». Noemí tomó a Rut por el brazo y continuaron juntas camino a Belén, el hermoso camino llamado arrepentimiento.

Pronto, el miedo que Noemí tenía de regresar a su casa la llevó desde este precioso momento a la realidad. Empezó a pensar cómo la recibirían sus amigas, esas que había dejado atrás. ¿Aceptarían a su preciosa Ruth? ¿Cómo iban a vivir ella y su nuera? Sólo Jehová sabía.

ESTUDIO BÍBLICO

Y Noemí dijo a sus dos nueras: Andad, volveos cada una a la casa de su madre; Jehová haga con vosotras misericordia, como la habéis hecho con los muertos y conmigo. Os conceda Jehová que halléis descanso, cada una en casa de su marido. Luego las besó, y ellas alzaron su voz y lloraron, y le dijeron: Ciertamente nosotras iremos contigo a tu pueblo.

Y Noemí respondió: Volveos, hijas mías; ¿para qué habéis de ir conmigo? ¿Tengo yo más hijos en el vientre, que puedan ser vuestros maridos? Volveos, hijas mías, e idos; porque yo ya soy vieja para tener marido. Y aunque dijese: Esperanza tengo, y esta noche estuviese con marido, y aun diese a luz hijos, ¿habíais vosotras de esperarlos hasta que fuesen grandes? ¿Habíais de quedaros sin casar por amor a ellos? No, hijas mías; que mayor amargura tengo yo que vosotras, pues la mano de Jehová ha salido contra mí.

Y ellas alzaron otra vez su voz y lloraron; y Orfa besó a su suegra, mas Rut se quedó con ella. Y Noemí dijo: He aquí tu cuñada se ha vuelto a su pueblo y a sus dioses; vuélvete tú tras ella.

Respondió Rut: No me ruegues que te deje, y me aparte de ti; porque a dondequiera que tú fueres, iré yo, y dondequiera que vivieres, viviré. Tu pueblo será mi pueblo, y tu Dios mi Dios. Donde tú murieres, moriré yo, y allí seré sepultada; así me haga Jehová, y aun me añada, que sólo la muerte hará separación entre nosotras dos.

Y viendo Noemí que estaba tan resuelta a ir con ella, no dijo más (RUT 1.8–18).

«Andad, volveos... Jehová haga con vosotras misericordia». De acuerdo con la ley judía, Noemí estaba obligada a disuadir a sus nueras tres veces antes de la conversión. Este fue su primer intento.[1] También bendijo a sus nueras, porque no sólo la trataron a ella con gentileza, sino también a los cuerpos de sus hijos fallecidos.

Bajo la ley judía se deben seguir rituales muy específicos para enterrar a los muertos. Entre ellos, el cuerpo debe ser purificado con agua, preparado con esencias y envuelto en un sudario antes de ser enterrado.

Elimelec y su familia eran la única familia judía que vivía en Moab. Y Noemí era la única judía que quedaba. Orfa y Rut le ayudaron con todo lo que se necesitaba para así darles a sus hijos un entierro judío apropiado. Este fue un acto de amor puro, del cual Noemí estaría eternamente agradecida.

«Que halléis descanso». *Descanso* en este versículo se entiende como seguridad, la clase de seguridad que se encuentra al casarse con un buen esposo. Noemí quería que Rut y Orfa encontraran esposos que les dieran hijos y que proveyeran económicamente para sus familias. Quería que rehicieran sus vidas en medio de su propio pueblo. [2]

«Volveos... ¿Por qué habéis de ir conmigo?... ¿Habíais de quedaros sin casar?» En este punto, Noemí llegó al centro del problema. Ella era muy vieja para tener hijos que pudieran redimir a sus nueras. Les explicó lo que la Torá decretaba en cuanto a la viudez:

> *Cuando hermanos habitaren juntos, y muriere alguno de ellos, y no tuviere hijo, la mujer del muerto no se casará fuera con hombre extraño; su cuñado se llegará a ella, y la tomará por su mujer, y hará con ella parentesco. Y el primogénito que ella diere a luz sucederá en el nombre de su hermano muerto, para que el nombre de éste no sea borrado de Israel* (DEUTERONOMIO 25.5–6).

Noemí sabía que no les podía pedir a Orfa y a Rut que no se volvieran a casar; estaban muy jóvenes. Tenían que regresar porque no habría un redentor para ellas en Israel. Este fue el segundo intento que hizo Noemí para convencer a Rut y a Orfa para que se alejaran de la conversión.

«La mano de Jehová ha salido contra mí». Noemí creía que el Señor la estaba castigando por su pecado y el pecado de su familia. También temía que si permanecía más tiempo en Moab, también moriría. Además, si sus nueras se iban con ellas a Belén, serían apátridas y ninguna de las tres tendría futuro.

Y lloraron otra vez. La despedida de Orfa estuvo marcada por el llanto. Oyó todo lo que Noemí tenía que decir, y pensó que para ella no había futuro en Belén. Sin embargo, la joven viuda amaba a Noemí y a Rut. Se habían convertido en su familia. Había reído con ellas. Había llorado con ellas. Le habían ayudado a enterrar a su esposo, Quelión.

Al lado de Noemí había aprendido del Dios de Israel al prender las velas del día de reposo, y al preparar su casa para la Pascua. Había bailado con Noemí cuando les enseñaba a las dos jovencitas sobre las fiestas del Señor. Una y otra vez había oído a Noemí orar a su Dios y de nuevo, una y otra vez, el Dios de Noemí había contestado su oración. Pero Orfa sabía que tenía que pensar razonablemente. Así es que hizo su decisión. Regresaría a Moab.

Orfa besó. Orfa besó a Noemí al despedirse. Aquí es donde el texto empieza a distinguir la diferencia de carácter de las dos nueras. Tanto Orfa como Rut eran de linaje real, porque la historia bíblica las asignó a ambas a la primera familia de Moab; las dos mujeres tenían buenas virtudes y las dos amaban a su suegra.[3]

Orfa era muy emotiva y estaba lista para llenar de besos a Noemí. Sin embargo, titubeó cuando tuvo que decidirse a seguirla. Su amor lo demostraba a través de sus sentimientos.[4] Se había propuesto amar a Noemí, pero esta decisión no era suficiente como para hacerla entrar en el camino del arrepentimiento una vez que racionalizó las circunstancias. Demostró una «fe razonada» y su fe flaqueó cuando llegó el momento de la verdad.

Rut se aferró. A diferencia de Orfa, Rut tenía una «fe revelada» y un amor incondicional hacia Noemí y al viaje que estaban a punto de emprender. Decidió actuar más allá de la razón. Su espíritu le dijo que se quedara en el camino. Sin importarle lo que Noemí tuviera que argumentar, se aferró a su decisión y a la mujer que amaba. Tenía una fe genuina que dio fruto y obras buenas. Quería conocer al Dios de los judíos y Dios reconoció su expresión de fe y la recompensó con cien tantos más. Recibió la promesa de Deuteronomio 4.4:

Mas vosotros que seguisteis a Jehová vuestro Dios, todos estáis vivos hoy.

Esa revelación sólo pudo haber venido de Dios...[5]

Porque por gracia sois salvos por medio de la fe; y esto no de vosotros, pues es don de Dios; no por obras, para que nadie se gloríe (EFESIOS 2.8–9).

«Vuélvete tras tu cuñada». Esta es la tercera y última vez que Noemí trató de desanimar a Rut para que no la siguiera. Después que les hubo hablado dos veces a ambas nueras, Orfa eligió regresar a Moab, así que Noemí tenía razón en pensar que Rut haría lo mismo.

Noemí analizó la situación con Rut en dos niveles. Una de las razones era «por su pueblo», y la segunda, «por sus dioses». Como las dos mujeres eran de linaje real, podían regresar a una vida de riquezas y comodidad, cosas que no encontrarían en Belén porque a Noemí no le había quedado nada.

En Moab era muy seguro que encontraran maridos y que tuvieran hijos. En Belén, en cambio, no podrían encontrar maridos ni tener hijos porque Jehová las había excluido de esa posibilidad (DEUTERONOMIO 23.3–4).[6]

Y por último, estaba la opción entre regresar a «sus dioses», o decidirse por el Jehová Dios. ¿Por qué usaría Noemí la idolatría como su último intento de persuadir a Rut para que regresara a Moab? Esta era la prueba final. Noemí quería que Ruth tomara su decisión basada en su fe. Rut había visto a Noemí adorar al Dios de Israel. Había oído de sus maravillosas obras, de su fidelidad incondicional y de su amor inconmensurable. Tenía que haber algo más que afecto humano para que Rut dejara su país natal y su pueblo. Finalmente, estaba la relación entre su corazón y el único y Dios verdadero, el Dios de Abraham, Isaac y Jacob.

En este día, en un camino llamado arrepentimiento, dos mujeres escogieron a quién iban a servir. Esa decisión fue la demarcación que las iba a separar por la eternidad. Orfa regresó a la idolatría. Nunca se volvió a mencionar su nombre. Como Judas, se fue a su lugar. Apenas tomó la decisión, su nombre fue quitado de las Escrituras; este silencio, el cual es más elocuente que las palabras, describe una vida de tragedia segura. Orfa eligió el camino de tinieblas, paganismo, superstición y oscuridad. Llegó a tocar la mano de Dios, pero eligió marcharse.

En el más grande plan de las edades, Rut eligió a Dios y Dios la eligió a ella. Por su intermedio, Él trajo el linaje del rey David, que trajo al mundo a Cristo Jesús, nuestro Salvador. En la encrucijada de su vida, Rut escogió la eternidad y nunca más iba a tener que hacer una decisión como esa. Siempre sería recordada en la historia como la «Madre de la realeza».[7]

«*No me ruegues que te deje*». Estos siguientes dos versículos son unos de los más hermosos en la historia de la literatura. J. Vernon McGee dice que «si se le hubiese hecho un monumento a Rut, ésta definitivamente hubiese sido su inscripción».[8] En estos dos versículos se incluyen siete promesas que no se rompieron. Cada promesa se desarrolló con la pasión del amor que Rut sentía hacia su suegra y hacia el Dios que ella eligió servir. Eruditos judíos identifican estas hermosas palabras como la conversión de Rut al judaísmo.

Primero, Rut le pidió a Noemí que no le rogara que la dejara, porque estaba firme en su decisión de quedarse con ella.

Segundo, Rut estaba dispuesta a seguir a Noemí adondequiera que ella fuera.

Tercero, Rut se quedaría dondequiera que Noemí se quedara, y nunca la iba dejar.

Cuarto, Rut estaba dejando al pueblo de Moab para bien y escogiendo al pueblo de Noemí para siempre.

Quinto, Rut estaba eligiendo al Dios de Noemí. Rut decidió dejar su pasado idólatra y servir solo al Dios de Abraham, Isaac y Jacob. Este era el voto más importante de todos.

Sexto, ella hizo una elección de por vida. Decidió ser sepultada dondequiera que Noemí lo fuera.

Su séptima declaración: «Así me haga Jehová, y aun me añada, que sólo la muerte hará separación entre nosotras dos» fue el sello para las promesas anteriores que consumaron el pacto por el cual Dios incluyó a Rut en el linaje de Jesucristo.

Cada una de las declaraciones que hizo Rut era una respuesta directa a la que Noemí le hacía, cuando estaba citando una ley específica encontrada en la sagrada Torá. Podemos deducir, por las respuestas de Rut, a cual de las leyes Noemí se estaba refiriendo.

El libro de Rut contiene relatos extensos que narran una hermosa historia. En su diálogo descriptivo, vemos a dos mujeres y sus extraordinarios vínculos de amor que las unían. Tenemos dos razas: la gentil y la judía. Vemos dos generaciones: una radiante y en la flor de la vida, y la otra, vieja y pasada de la edad fértil. Pero por el amor que se tenían la una por la otra, sus corazones estaban entrelazados por admiración y compromiso. Por la devoción que se tenían y el amor providencial hacia el Dios que ambas escogieron, estas dos mujeres serán recordadas por la eternidad. Por este amor incomparable, el libro de Rut lleva el título: «Corona del Antiguo Testamento».[9]

No dijo más. La ley de la Torá establece que una vez que la persona se ha convertido al judaísmo, no es necesario hacer más esfuerzos para disuadirla.[10] Algo más que su conversión al judaísmo le sucedió a Rut.

Noemí vio que su vida volvía a tener sentido. Cuando Rut aceptó a Jehová Dios, tuvo un rayo de esperanza. Había guiado a su preciosa Rut a una conversión que la hizo *ami* de Dios. Rut había sido redimida de la oscuridad. Noemí sintió que quizás —sólo quizás— ella todavía podía ser de valor en las manos de Dios.

Noemí debió haber sonreído cuando supo que su preciosa Rut, la esposa de su querido Mahlón, iba a ir con ella a Belén como creyente en el Dios incomparable. Él la cuidaría cuando ella no pudiera. Aunque este era un rayito de esperanza, era la única luz que guiaría a Noemí en su camino de regreso a casa.

LECCIONES DE LA VIDA

PRIMERA LECCIÓN DE LA VIDA:
LAS BUENAS DECISIONES PRODUCEN BUENOS RESULTADOS.

Noemí estaba regresando a la tierra de la cual nunca debió haber salido, porque Belén era el lugar de su propósito divino.

Muchas de ustedes han dejado el lugar que ha sido designado para sus vidas. Han tomado decisiones que las han sacado de la protección de Dios y han sufrido las consecuencias de una vida sin su guía y protección. No han vivido una vida apartada sino que han tratado de hacer amistad con el mundo al mismo tiempo que tratan de ser amigas de Cristo. Su compromiso con el bien y el mal les ha producido un fruto amargo. Su matrimonio está fracasando; ustedes y sus esposos han perdido la pasión el uno por el otro. Les faltan recursos financieros. Sus hijos están en el país lejano. Su salud no es buena. Háganse esta pregunta: «¿Estoy sufriendo las consecuencias de mis malas decisiones?»

Sansón escogió a Dalila y vivió ciego y esclavo hasta la muerte. Saúl escogió a la adivina de Endor y el Espíritu de Dios se apartó de él. David escogió a Betsabé y la espada no se apartó de su casa. El joven rico escogió sus riquezas y se alejó de la eternidad con Cristo. Judas escogió traicionar a Jesús y caminó hacia la eterna condenación.

El pecado las llevará más lejos de lo que ustedes quieren ir, les hará quedarse más tiempo de lo ustedes quisieran, y les hará pagar un precio más alto del que pueden pagar. Ustedes pueden estar esclavizadas al pecado o atadas a Cristo. La decisión es de ustedes.

Nunca es demasiado tarde para tomar la decisión correcta. En este momento, mírense a ustedes mismas en la encrucijada de su peregrinaje. Ustedes pueden escoger regresar a su pecado, un lugar donde no está Dios. O pueden escoger el camino llamado arrepentimiento y encontrar el lugar que Cristo ha determinado para sus vidas. Él caminará por este sendero con ustedes. Al escoger a Cristo, nunca más caminarán solas.

Si desean andar en el camino del arrepentimiento, aquí tienen otra oportunidad de decir la oración de arrepentimiento que está en la página 29.

Al comenzar su nueva vida en Cristo, acuérdense que no todas las adversidades vienen como resultado de tomar decisiones equivocadas. Y no toda adversidad producirá derrota. Algunos de los mejores hombres y mujeres han sido cargados con problemas y adversidades, pero han podido vencer.

Inmoviliza a una mujer, y tendrás a Joni Eareckson. Encierra a un hombre en la prisión, y tendrás al apóstol Pablo. Sepúltalo en la nieve de Valley Forge, y tendrás a George Washington. Dale una parálisis infantil, y se convertirá en Franklin D. Roosevelt. Ensordece a un genio compositor, y tendrás a Ludwig von Beethoven. Haz que sea sorda, muda y ciega y tendrás a Helen Keller. Hazle nacer negro en una sociedad llena de discriminación racial, y tendrás a Booker T. Washington, a George Washington Carver y a Condoleezza Rice. Hazle nacer de padres que sobrevivieron a los campos de concentración, paralízalo de la cintura hacia abajo cuando tenía cuatro años, y tendrás a Itzhak Perlman, un incomparable concertista en violín. Llámalo un atrasado mental que tiene dificultades de aprendizaje y descártalo como a alguien que no se le puede educar, y tendrás a Albert Einstein.[11]

Cristo no vino para quitar los sufrimientos. Él no vino para explicar las dificultades. Él vino para llenar la agonía con su presencia.[12]

SEGUNDA LECCIÓN DE LA VIDA:
USTED TIENE QUE HACER MÁS QUE PROFESAR SU FE;
TIENE QUE POSEER SU FE.

Orfa y Rut representan dos clases de miembros del cuerpo visible de Cristo: los que profesan y los que poseen. Orfa hizo una profesión de su fe y fracasó cuando se le puso a prueba. Rut poseía una fe genuina y esta perduró.

El libro de Ruth es sobre el amor: el amor de una mujer hacia otra, el amor de un hombre hacia una mujer, y el amor de tres mujeres hacia Dios. Orfa amaba al Dios de Noemí cuando era razonable. Noemí amaba a Dios, pero lo acusó de haberla tratado mal. Rut amaba a Jehová incondicionalmente. Podía creer en el sol aunque no brillara para ella. Podía creer en el amor aunque no se le demostrara, y podía creer en Dios aunque Él se mantuviera en silencio.[12] La fe genuina cree en un sueño que sólo usted y Dios pueden ver.

La fe genuina hizo que Rut se quedara y deseara servir al Dios de Noemí. Ella no solo profesó su fe, que muchas veces se debilita por las circunstancias sino que controlaba su fe y esta la controlaba a ella. No importa cuáles sean nuestras circunstancias, nuestra fe en un Dios fiel nos llevará a través de la vida. Cuando dejemos de discutir con nuestra fe, cuando paremos de poner a Dios en juicio, entonces podremos verdaderamente decidirnos por Cristo. Esta decisión no solamente nos llevará a través de la vida, sino que nos mantendrá en sus brazos amorosos. Entonces seremos elevados a unos niveles de alegría que sólo nos los podemos imaginar. Esta decisión no solo nos llevará a través de la vida sino que nos mantendrá en sus brazos de amor por la eternidad.

Helen Keller, minusválida en la vida sin poder ver, oír o hablar, es un buen ejemplo de una mujer que controlaba su fe en un Dios que hacía milagros. Ella dijo: *Yo creo que se nos da vida para que crezcamos en amor y yo creo que Dios está dentro de mí, como el sol está dentro del color y la fragancia de una flor. Él es la Luz en mis tinieblas, la Voz en mi silencio.*[14]

Helen Keller no podía ver, pero estaba llena de visión. Helen Keller creía. Rut creía. Nosotros también podemos creer en un Dios que nunca falla; en un Dios que nos llevará a la cima de la montaña o caminará con nosotros en el valle de sombra de muerte. Él no le falló a Helen. Tampoco le falló a Rut. Ni le va fallar a usted. Él no puede fallar. No está en su naturaleza hacerlo.

Cuando usted lo acepta como Salvador, llega a ser uno de sus ami, uno de los suyos. Él es el Rey y usted es la hija del Rey, escogida por el Creador del universo para que herede todo lo que Él ha decretado para usted. Acéptelo a Él como suyo. Poséalo en su corazón. ¡Su vida nunca será igual!

TERCERA LECCIÓN DE LA VIDA: LO QUÉ ESTÉ DISPUESTA A DEJAR DETERMINARÁ LO QUE DIOS LE PUEDE TRAER A USTED.

Orfa no estuvo dispuesta a dejar el país lejano, su pueblo o sus dioses. Por consiguiente, eligió el camino del olvido.

Ruth se alejó de Moab... y *Jehovah Rohi*, el Señor, su Pastor, la trajo a Israel. Ella dejó el paganismo... y *Jehovah M'Kaddesh*, el Señor que santifica, la incluyó en su pacto. Ella se alejó de las tinieblas... y *Jehovah Tsidkenu*, el Señor su Justicia, la trajo a la luz del mundo. Rut dejó la única vida que había conocido... y *Jehovah Jireh*, el Señor su Proveedor, le dio una vida de grandeza más allá de lo que ella pudo imaginarse.

Cada una de nosotras necesitamos alejarnos de algo cuando elegimos el camino del arrepentimiento hacia la cruz de Cristo, tal como lo hizo mi esposo. Cuando John era un joven que vivía con su madre, su padre y sus tres hermanos, no quería tener nada que ver con el cristianismo. Aunque vivía en la casa de un pastor, había sido desviado completamente por el legalismo de obedecer las reglas hechas por hombres para ser justificado ante Dios. Él les decía a sus padres: «¡Si el cielo está lleno de cristianos legalistas, entonces el infierno no va a ser tan malo!»

John Hagee tenía una pasión por irse a «West Point». Era un estudiante y un atleta con mucho talento. Después de haber recibido un aval de parte del senador Lyndon B. Johnson, su sueño se hizo realidad al ser llamado a esa prestigiosa institución.

Su madre, Vada Swick Hagee, quería que sus cuatro hijos conocieran a Cristo. Cuando supo del llamado de mi futuro esposo, en vez de alegrarse con él por lo que había logrado, quedó muy preocupada. Ella sabía en su corazón que si su hijo se iba de casa antes de que aceptara a Cristo, nunca lo llegaría a conocer como su Salvador.

Así es que empezó a orar para que John no fuera a West Point. Día y noche le habló acerca de su decisión. Le rogó para que no se fuera. Pero nada de lo que ella pudiera decir le haría cambiar de idea.

Entonces algo sucedió en el camino de sus sueños. La noche del segundo jueves del mes de enero de 1958, John estaba sentado en el banco de atrás de la iglesia de su papá, la Primera Iglesia de las Asambleas de Dios en Houston, Texas. Aquel era un lugar seguro y tranquilo para hacer sus tareas y para salir rápido después que se acabara el servicio, porque estaba cerca de la salida.

Al principio, John no se dio cuenta de que había algo diferente en este servicio de los miles a los que había asistido antes. Pero entonces escuchó a un evangelista invitado dar el llamado para pasar al altar. Hasta hoy, John no se acuerda qué fue lo que el ministro predicó; sólo se acuerda del deseo que tenía de conocer a Cristo como su Salvador. A menudo he escuchado a John describir aquel momento como uno en donde quería a Cristo más que el aire para respirar.

Mi suegra dice que se produjo un avivamiento en la iglesia el día en que John Hagee aceptó a Cristo, porque los feligreses sabían que había ocurrido un milagro en la vida de mi esposo. En ese momento, él decidió alejarse de su sueño y caminar por el sendero de la providencia divina.

Por su decisión de renunciar a su ambición, a John le dieron la oportunidad de ser el pastor de «Cornerstone Church», una iglesia con miles de creyentes. Porque él se alejó de su sueño, Dios le dio el privilegio de predicar a los Estados Unidos y a naciones del mundo por radio y televisión. Porque él estuvo dispuesto a alejarse de su pasión, Dios le dio la bendición de enseñarle a nuestro hijo, Matthew, la sexta generación y el descendiente número cuarenta y ocho de la familia Hagee desde que llegaron a América en un barco llamado *Spirit* a predicar el evangelio.

Lo que esté dispuesta a dejar va a determinar lo que Dios estará dispuesto a darle a usted. Hágase esta pregunta: «¿Qué necesito dejar para alcanzar mi destino divino?» Dios puede tener más cosas en mente para usted de lo que jamás podría imaginarse.

Capítulo cinco

EL REGRESO

*E*l peso de los pies de Noemí parecía aumentar con cada paso que daba. Al entrar por las puertas de la ciudad lo hizo caminando despacio y mirando al suelo. Ruth iba tomada fuertemente de su brazo. Por un momento, Noemí se vio en uno de sus recuerdos del pasado saliendo de Belén montada en un carruaje cubierto, adornado con telas de colores muy finas.

Dejando el pasado atrás, a través de sus lágrimas Noemí pudo ver sus sandalias rotas y su ropa hecha jirones. Pensó: *Me fui de Judá vestida con ropas de gloria, y regreso cubierta de vergüenza*. Le pidió a Jehová que le diera fuerzas.

Noemí casi no podía hablar al tratar de contener las lágrimas y ver el hermoso rostro de Ruth, pálido por el hambre. «Ya estamos en casa, mi preciosa», le dijo débilmente, tratando de dar tranquilidad a su nuera lo mejor que podía.

Las dos mujeres observaron los rostros de la gente que se había reunido dentro de las puertas. Y vieron cómo las señalaban porque no podían creer que estaban siendo testigos de su regreso. Noemí las podía oír murmurando. «¿Es esta Noemí?» preguntó alguien. «¿Es esta la mujer que compartía su ropa con nosotras?», preguntó otra. «¿Es esta la misma Noemí que nos dio sus joyas y aquellas bufandas de lino? ¡Mírenla ahora!» Las mujeres hablaban sin pensar que cada palabra que decían añadía desgracia a la pródiga que estaba regresando a casa.

A Noemí le resultó muy difícil entrar a su amada Belén. Si la vergüenza aumentaba un poco más, ella sabía que no podría resistir. Finalmente, se dirigió a la multitud: «¡No me llamen Noemí, llámenme Mara, porque el Todopoderoso me ha puesto en gran amargura! Me fui llena, y el Señor me ha traído vacía a mi casa». Noemí estaba muy sensible a las miradas que le dirigían, las cuales herían su corazón y la hacían sentir un profundo dolor. «¿Por qué me llaman Noemí, ya que Jehová ha testificado en mi contra y el Todopoderoso me ha afligido?»

Cuando las mujeres la llamaron por su nombre, le recordaron la gloria en que había vivido en el pasado, lo cual hizo que el dolor de ver su presente fuese peor. Pero entonces, al observar que las gentes concentraban sus miradas en Rut, dejó de pensar en ella misma.

Instantáneamente, Noemí levantó sus hombros y tomó la mano a Rut, sujetándola fuertemente para protegerla de las miradas acusadoras y de los cotorreos. Quería que todos fueran testigos del apoyo que le daba a su joven compañera.

Al mirar a Rut, Noemí sonrió débilmente, tratando de animar a la preciosa joven que había renunciado a todo para acompañarla. «Jehová nos cuidará, Rut. No temas, mi querida avecilla. Vamos a estar bien». Con eso, Noemí puso su cabeza en alto y miró estoicamente adelante mientras pasaba por las puertas de la ciudad rumbo a su casa.

Noemí escuchaba las palabras que salían de su boca, pero no podía creerlas completamente. ¿De dónde vendría la ayuda? Jehovah Jireh había provisto para Belén, pero los campos de Elimelec se habían quedado desolados con nadie que los cultivara o plantara en ellos: Estaban abandonados. Noemí y Rut no tenían nada.

Por fin, Noemí llegó a su casa. Estaba vacía, sin servidumbre, sin muebles, sin seres queridos. La que una vez había lucido como un palacio, ahora sólo estaba lleno de polvo y recuerdos que se desvanecían.

Noemí la empezó a recorrer yendo de cuarto en cuarto, haciendo un recuento de los tiempos maravillosos que había pasado allí con su familia. *Qué triste se ha vuelto la vida*, pensó. Se acercó a Rut, que estaba parada junto a una ventana mirando hacia el horizonte para donde estaba la plaza de la ciudad.

Rut se veía pálida, pero aún así estaba hermosa. *¿Qué estará pensando mi nuera gentil, la princesa de Moab? Espero en Dios que no se haya arrepentido de la decisión que hizo.* Las dos mujeres se sentaron cerca de la ventana de su casa desolada y escucharon los sonidos alegres de los segadores que estaban celebrando sus cosechas abundantes. Las dos se preguntaban qué tendría el futuro para ellas.

ESTUDIO BÍBLICO

Anduvieron, pues, ellas dos hasta que llegaron a Belén; y aconteció que habiendo entrado a Belén, toda la ciudad se conmovió por causa de ellas, y decían: ¿No es esta Noemí?

Y ella les respondía: No me llaméis Noemí, sino llamadme Mara; porque en grande amargura me ha puesto el Todopoderoso. Yo me fui llena, pero Jehová me ha vuelto con las manos vacías. ¿Por qué me llamaréis Noemí, ya que Jehová ha dado testimonio contra mí, y el Todopoderoso me ha afligido?

Así volvió Noemí, y Rut la moabita su nuera con ella; volvió de los campos de Moab, y llegaron a Belén al comienzo de la siega de la cebada (RUT 1.19-22).

Anduvieron, pues, ellas dos. Una vez que Rut le hizo su compromiso a Jehová, las Escrituras la pusieron a la misma altura de Noemí y como alguien que tenía la misma determinación de ir a Belén.[1]

«¿Es esta Noemí?» Eruditos judíos creen que el día en que Noemí y Rut entraron a Belén era un día de celebración. El segundo día de la Pascua la gente que estaba reunida en la puerta de la ciudad ofrecía como una ofrenda de sacrificio al Señor una cantidad de cebada a modo de agradecimiento.[2]

En años pasados, a Noemí se la veía a menudo caminando por la ciudad con sus sirvientas a la zaga. Ahora entró a Belén solitaria, acompañada solamente por una joven moabita y ambas hambrientas y andrajosas. ¡Qué espectáculo más patético! La mujer afligida que caminaba ante la gente, había sido tan radiante, que muchas mujeres habían estado celosas de su belleza. Hoy era diferente. La apariencia de Noemí estaba tan cambiada que sus amigas casi no la podían reconocer. Sin pensarlo preguntaron: «¿Es esta Noemí?»

En esencia, lo que la gente de la ciudad preguntaba era: «¿Es esta la maldición que le cayó a Noemí el día en que se supo que se había ido y que hizo que Israel se desanimara?»[3]

«No me llaméis Noemí... llamadme Mara». Porque el texto en hebreo dice: «llámenme amargada», los eruditos deducen que esto es lo que expresa una mujer amargada sometiéndose a su destino mientras trata de justificarse ante aquellos contra quienes pecó. Noemí no sólo estaba admitiendo su culpa, sino que le estaba pidiendo perdón a la gente de la ciudad. No quería que las mujeres que habían sido sus amigas durante sus días de gloria pensaran que había vuelto sin un corazón arrepentido.[4]

«Yo me fui llena». La palabra llena en hebreo tiene la misma connotación que embarazada; por tanto, esta palabra implica «embarazada con riquezas e hijos». Noemí se fue «llena» de Belén, con un espíritu de rebeldía, y regresó «vacía», viuda, sin hijos y pobre, pero con un espíritu quebrantado y arrepentido.

«El Todopoderoso me ha afligido». Noemí les dijo a sus amigas que Dios le había quitado las bendiciones y la protección a ella y a su familia. Para el hombre promedio, el pecado de Elimelec y de su familia fue que ellos salieron de Belén durante la hambruna, y esta podría parecer una acción justificada. No obstante, *Hashem*, que sabe todas las intenciones que llevamos muy dentro, sabía que la familia había dejado a Belén y había viajado para la ciudad prohibida de Moab para evitar tener que darles de comer a los pobres, los cuales amenazaban con diezmar su fortuna. Y por si fuera poco, se quedaron en el país lejano de Moab; en última instancia, su pecado fue contra Dios.

«Noemí... y Rut... volvieron de los campos de Moab». Las Escrituras indican que las dos mujeres estaban volviendo a Belén. Noemí obviamente estaba regresando a su pueblo natal, pero ¿y Rut? Rut estaba entrando a Belén por primera vez. Ella fue la primera moabita que se

arrepintió y se convirtió al judaísmo.[5] ¿Por qué, entonces, las Escrituras identifican a las dos mujeres como que las dos estaban «regresando»? Se cree que Rut entró a _Eretz Israel_ con el mismo deseo ferviente que Noemí tenía. Cuando Rut se convirtió, Jehová le dio la misma pasión que Él le da a cada persona que es nacida judía: ¡una pasión por la Tierra Prometida!

Al comienzo de la ciega de la cebada. Esta temporada del año se refiere a la cosecha de «Omer» durante la fiesta de Pascua. Este detalle cronológico no sólo sirve como una introducción al próximo capítulo, sino que nos dice que ya era muy tarde para cultivar en los campos de Elimelec.[6] Por lo tanto, las dos mujeres estaban sumidas en la pobreza. Como el hombre no podía intervenir, _Jehovah Jireh_, el Señor nuestro Proveedor, sería el único que podría ayudar a Rut y a Noemí. Él y sólo Él sería su fuente de recursos.

LECCIONES DE LA VIDA

PRIMERA LECCIÓN DE LA VIDA:
Cristo promete un cambio.

Después de haber dejado a su querida Belén, a menudo Noemí soñaba con su hermosa casa. Extrañaba su estilo de vida abundante. Anhelaba regresar. Quería que todo fuera igual, pero no lo era.

A menudo he oído a personas que se alejaron de Dios y que sufrieron las consecuencias de sus decisiones hablar de su desilusión una vez que regresaron. Después de un corto tiempo en una reunión y cuando las celebraciones se terminan, vuelven a la realidad y empiezan a darse cuenta que la vida nunca será igual. Echan de menos los buenos tiempos, desean regresar a «como eran las cosas antes». Rehúsan aceptar que Dios no quiere que sus vidas se queden iguales sino que quiere un cambio. Él exige un cambio.

Durante una de las muchas guerras en Biafra, la Cruz Roja Americana reunió equipos, medicinas, ropa y comida para las personas que estaban sufriendo en aquel país subdesarrollado. Dentro de una de las cajas depositadas para recoger donaciones se encontró una carta donde se decía: «Acabamos de convertirnos y por eso queremos tratar de ayudar. Esto ya no lo necesitaremos. ¿Podrían usarlo ustedes?» Junto a la carta había varias hojas del «Ku Klux Klan». Estas hojas fueron cortadas en tiras y sirvieron para vendar las heridas de las personas de raza negra en África. ¡Qué simbolismo más precioso! ¡Qué cambio tan extraordinario! Símbolos de odio convertidos en vendajes de amor. Cristo realmente hizo el cambio que había prometido hacer en las vidas de las personas que escribieron esta carta[7]:

> *...Habiéndoos despojado del viejo hombre con sus hechos, y revestido del nuevo, el cual conforme a la imagen del que lo creó se va renovando hasta el conocimiento pleno* (COLOSENSES 3.9-10).

Una vez que estamos en Cristo, no debemos desear regresar a como vivíamos antes. Debemos desear un cambio. Él tiene un nuevo sendero en el cual quiere que andemos y un nuevo nivel que quiere que obtengamos. Cristo promete un cambio.

SEGUNDA LECCIÓN DE LA VIDA: ESCOJA SER MEJOR, NO PEOR.

Noemí se fue de Belén bendecida con su esposo, con sus hijos, y con abundancia; regresó vacía. Noemí se transformó en una mujer amargada por la condición en que estaba. Sin embargo, hizo una pausa para darse cuenta que las acciones de su familia habían hecho que sufrieran las consecuencias de sus decisiones. Ahora era el tiempo de confiar en Dios para su futuro. Eventualmente, Noemí escogió ser mejor.

Con frecuencia, mi esposo le enseña a nuestra congregación acerca de las decisiones. Tenemos la libertad de aceptar a Cristo, o el derecho de rechazarlo. Tenemos la oportunidad de escoger la vida o la muerte, de escoger bendiciones o maldiciones. Tenemos la libertad de ser mejores o peores.

El perdón tiene mucho que ver con estas decisiones. La amargura es inevitable y llegar a sentirse mejor es imposible *si no nos perdonamos a nosotros mismos y a otros que nos han herido.* El perdón hace que la raíz de amargura muera. El perdón nos da la habilidad de remontar el vuelo a la cima de la montaña y mirar a nuestro futuro con esperanza.

El pastor Hagee y yo nos sentimos privilegiados de conocer a muchas personas maravillosas que han sobrevivido a los horrores del Holocausto.

Una de ellas se llama Shoney Alex Braun, que fue sacado de su casa en Transylvania por los nazis cuando sólo tenía trece años. Su familia fue llevada en tren al campo de concentración Auschwitz, en Polonia, junto con miles de otros de su comunidad.

Una vez que llegaron al campamento, a Shoney lo separaron inmediatamente de su mamá y de su hermana. Shoney no sabía que no las volvería a ver.

Él, al igual que su hermano y su papá, fueron seleccionados por Joseph Mengele, el infame doctor SS, quien llegaría a ser conocido como «el ángel de la muerte», para entrar al campo de trabajos forzados. Llevaron a su mamá y a su hermanita de nueve años a un túnel subterráneo para matarlas inmediatamente en una cámara de gas.

Cuando estaba prisionero, aunque estaba sufriendo crueldades y horrores degradantes del puro odio satánico, Shoney escogió estar agradecido a Dios porque no lo separaron de su querido padre ni de su querido hermano. Después de varios meses en varios campamentos, en una noche fría, Shoney y su hermano se reunieron en secreto en la esquina de su barraca para hablar sobre qué le podían dar a su padre para celebrar su cumpleaños. Él iba a cumplir cuarenta y dos años. No tenían nada que darle; los nazis les habían quitado todo. De repente, Shoney se emocionó; se dio cuenta de que él y su hermano sí tenían algo de valor: sus raciones diarias de pan.

Ansiosos, los hijos le dieron su regalo de amor a su padre en el día de su cumpleaños. Llorando por su generosidad, el papá rehusó tomar el pan viejo, seco y duro de sus preciosos hijos, porque era el único alimento del día. No obstante, sus hijos lo convencieron de que nada les haría más felices que aceptara sus regalos. Ellos querían honrar a su querido padre, al cual amaban tanto.

Finalmente, para no herir los sentimientos de sus hijos, el papá aceptó sus regalos. Conteniendo las lágrimas, oró para bendecir el pan y, agradecido, comió su ración y la de sus dos hijos.

Al tragar el último pedazo del regalo más precioso que hubiere recibido jamás, los tres se abrazaron y luego, los hijos bendijeron a su padre con una oración y se fueron a dormir.

Durante ese tiempo tan horrendo en la historia, a los nazis se les conocía por sus terribles listas. Varias veces al día, los vigilantes contaban a los prisioneros para asegurarse que nadie se había escapado y para sacar a los que no podían pararse porque estaban muy débiles. A los que les era imposible trabajar, se los llevaban a las cámaras de gas o los mataban a golpes.

Una mañana, al amanecer, en medio del caos usual, los prisioneros se apresuraron a tomar sus puestos. Los guardias contaron otra vez. Faltaba un prisionero. Pusieron reflectores sobre los prisioneros temblorosos. Los guardias fueron a las barracas en busca del prisionero que faltaba. Todos esperaban. De pronto, regresaron con su presa: ¡era el papá de Shoney!

El guardia SS gruñó: «¡Este perro perezoso estaba durmiendo en una esquina!» «¡Este perro tiene dos hijos en el campamento!» El guardia exigió que Shoney y su hermano dieran un paso al frente. Cuando los muchachos se pararon al lado de su padre, el oficial SS les gritó a los prisioneros: «Nos tomó diez minutos a encontrar a este perro. ¡Diez minutos que retrasaron a Alemania de obtener la victoria!»

¿Qué había pasado? Después de haberlos privado por meses de alimentos sustanciosos, el papá no estaba acostumbrado a comer tanto, así que se quedó dormido en las barracas, razón por la cual no se presentó al pase de lista. Los muchachos se horrorizaron al ver a su padre cuando lo sacaron de las barracas y lo pasaron por enfrente de ellos. Y allí, en el día de su cumpleaños, y delante de sus propios hijos, lo mataron a patadas.[8]

El judío que estaba de pie delante del pastor Hagee y yo, sufrió también las crueldades de uno de los peores tiempos en la historia. Su madre, su padre, su hermana y su hermano fueron asesinados por el odio y, sin embargo, él no tenía rencor ni amargura.

Al oírlo relatar su historia y otras como ésta, las cuales han dejado cicatrices a través de sus años formativos, le pregunté: «¿Qué fue lo que le ayudó a no sentir amargura?»

Triunfante, sonrió levemente y me dijo: «Me quitaron mi casa, destrozaron mi cuerpo, me quitaron a mi familia y todo lo que yo quería tanto. Pero no pudieron quitarme mi derecho a perdonar».

Shoney había escogido la mejor manera —la manera de la Torá— el camino correcto como lo mandan las Escrituras:

Y no contristéis al Espíritu Santo de Dios, con el cual fuisteis sellados para el día de la redención. Quítense de vosotros toda amargura, enojo, ira, gritería y maledicencia, y toda malicia. Antes sed benignos unos con otros, misericordiosos, perdonándoos unos a otros, como Dios también os perdonó a vosotros en Cristo (EFESIOS 4.30–32).

Cuando perdonamos como Dios nos perdonó, llegamos a ser mejores.

TERCERA LECCIÓN DE LA VIDA: NUESTRO DIOS ES UN DIOS DE NUEVOS COMIENZOS.

Noemí y Rut no sabían cuál sería su futuro. Sin embargo, lo que sí sabían era que estaban en casa y confiaban que Dios, de alguna manera, se iba a encargar de ellas. He visto a familias en nuestra iglesia pasar por pruebas y tribulaciones, y he visto a muchos de ellos beneficiarse de sus nuevos comienzos. Mi esposo tiene una enseñanza maravillosa que ha cambiado mi actitud con respecto a la vida y a los desafíos que esta ofrece. A esta enseñanza la llama: «La promesa, el problema, y la provisión».

El concepto que el pastor Hagee enseña es que la Palabra de Dios está llena de promesas. No obstante, nuestra vida aquí en la tierra nos garantiza una gran cantidad de problemas. Cómo actuamos frente a estos problemas determinará cuán rápido Dios enviará su provisión. ¡Quién lo diría, depende de nosotros!

Los hijos de Israel recibieron una promesa: la tierra que fluye leche y miel (ÉXODO 3.8). Ellos enfrentaron el problema: el Faraón y el desierto (ÉXODO 5.2; 16.3). Y de toda la multitud que salió de Egipto, solamente Josué y Caleb heredaron la promesa (NÚMEROS 14.30).

Millones murieron en el desierto porque rehusaron aceptar por fe las promesas que Dios dio a Abraham, Isaac y a Jacob en cuanto a la herencia de la tierra que fluye leche y miel.

La distancia entre Egipto y la Tierra Prometida no requería de cuarenta años de viaje, pero Dios hizo que los hijos de Israel caminaran alrededor de la montaña varias veces por la mala actitud que tenían al enfrentar un problema.

Muchas de ustedes que me están acompañando en esta travesía se encuentran en medio de un problema. En su Palabra, Dios les ha dado una promesa con respecto a su problema. ¿Está enferma? ¡El Señor promete sanar todas nuestras dolencias! (SALMO 103.3) ¿Está fracasando en su matrimonio? La Palabra de Dios dice que Él aborrece el divorcio, excepto por razones bíblicas de adulterio y abandono (MALAQUÍAS 2.16). ¿Le ha dicho su esposo que ya no la ama? El Señor tiene el corazón del hombre en la palma de la mano y puede inclinar ese corazón tan fácilmente como controla los repartimientos de las aguas (PROVERBIOS 21.1).

¿Están sus hijos bajo ataque? ¡El Señor dice que ninguna arma forjada contra usted o su casa prosperará! (ISAÍAS 54.17) ¿Le faltan recursos financieros? ¡El Señor dice que tiene planes de prosperidad para usted, con tal de que lo busque a Él! (1 CRÓNICAS 22.13).

Debemos aprender a mirar hacia el Autor de estas promesas, en vez de concentrarnos en el tamaño enorme del problema. Tenemos que decidir confiarle nuestro problema al Dios que servimos, para así poder recibir la provisión que Él nos prometió. Debemos alabarle por su sabiduría y misericordia porque Él es siempre fiel:

Bendeciré a Jehová en todo tiempo; Su alabanza estará de continuo en mi boca (SALMO 34.1).

Imagínese «el campo de promesa» del Señor. Yo sé que muchas de ustedes han encontrado este campo, y que están viviendo allí en paz. Podemos decir cosas sobre el campo de promesa de Dios que no podemos decir de otros campos: la tierra es tan fértil y tan profunda que nunca podríamos espigar todo lo que su «campo de promesa» tiene para ofrecer.

Cuando el creyente se agarra de las promesas de Dios, esto le permite ver los problemas a través de los ojos del Dador de promesas. En los ojos de una hija del Rey, estos problemas son simplemente unas puntadas hermosas en la tapicería llamada vida.

Corrie ten Boom, una mujer cristiana holandesa que también sufrió en la prisión nazi durante la Segunda Guerra Mundial, a menudo le enseñaba a su audiencia un pedazo de la tapicería de su vida. Alzaba el pedazo de tela, enseñándoles primero lo exquisito del lado que estaba bordado y todas las puntadas complicadas de hilo que formaban un hermoso cuadro. Les decía: «Este es el plan de Dios para nuestras vidas». Luego viraba el bordado para enseñar cuán enredado estaba en el reverso, ilustrando así la forma en que nosotros vemos nuestras vidas desde el punto de vista humano, especialmente cuando estamos atravesando por un problema.[9]

La vida de José es un ejemplo de una adversidad con enredos. José creció como el favorito de su padre Jacob, pero por los celos de sus hermanos, su vida se convirtió en algo lleno de pruebas y adversidad.

Pero a pesar de todas sus dificultades, una y otra vez José confió en el Dios al que servía mientras estaba enfrentando el problema y, una y otra vez, Dios le dio favor y le dio nuevos comienzos. Cuando se reveló a sus hermanos, José también reveló el plan de Dios, el cual pudo ver a pesar de su sufrimiento:

> *Ahora, pues, no os entristezcáis, ni os pese de haberme vendido acá; porque para preservación de vida me envió Dios delante de vosotros... y Dios me envió delante de vosotros, para preservaros posteridad sobre la tierra, y para daros vida por medio de gran liberación. Así, pues, no me enviasteis acá vosotros, sino Dios...* (GÉNESIS 45.5, 7–8).

José vio el problema a través de los ojos del Señor y confió en Él. No le quitó la vista a la promesa de Dios, y su provisión finalmente llegó. Se mantuvo fiel a Dios y disfrutó la belleza de la promesa de Dios en la tapicería llamada vida.

Yo quiero que usted mire los dos lados del bordado tal y como lo hizo José. Acepte la promesa de Dios, manténgase fiel a Él al enfrentar el problema, y espere la provisión de Él en su vida.

Capítulo seis

LA CITA DIVINA

*N*oemí estaba tratando de barrer el suelo polvoriento de su casa, que alguna vez estuvo impecable. Ahora ya no había sirvientes, sólo ellas dos. Noemí estaba muy preocupada porque durante varios días, Rut le había rogado que la dejara ir a los campos a recoger espigas; y hacía solo un momento, se lo había vuelto a pedir.

«Me preocupa que vayas a los campos», le dijo. «Mi gente no entiende el amor que me tienes y definitivamente no comprenden tu amor hacia Dios. No sé cómo te van a tratar porque para ellos eres una extranjera. Debo protegerte, hija mía». Noemí se puso más y más ansiosa por la seguridad de Rut.

«Sí, yo sé, Rut... debemos confiar en Jehová... Sí... estoy de acuerdo, hija mía, no podemos depender de otros, debemos trabajar para poder comer... Sólo quisiera poder ir yo al campo en tu lugar». Noemí estaba acongojada. No quería que Rut sufriera su dolor, su vergüenza. Rut no había sido la desobediente; había sido ella la que había pecado contra Dios.

A la mañana siguiente, muy temprano, Ruth empezó a suplicarle nuevamente a Noemí. Sabiendo que no iba a poder convencerla que se quedara, finalmente la dejó ir. «Puedes ir, mi niña. Pero primero concédeme el privilegio de orar por ti, para que seas bendecida mientras espigas las esquinas del campo para nuestro bienestar».

Noemí caminó hacia la bella mujer que la siguió a Belén, la mujer que se había convertido al judaísmo, la mujer que prometió estar con ella a cualquier costo. Ay, cómo amaba a su preciosa nuera, la cual estaba ahora arrodillada ante ella en obediencia. A Noemí le corrían las lágrimas al poner sus manos sobre la cabeza de Rut.

Jehová te bendiga y te guarde. Jehová haga resplandecer su rostro sobre ti, y tenga de ti misericordia; Jehová alce sobre ti su rostro, y ponga en ti paz... Que Jehová enderece tus veredas y provea el pan que necesitamos este día. Que te proteja al recoger su provisión y al regresar a mí. Amén.

Noemí vio a Rut salir de su casa y caminar por la calle desolada, iluminada tenuemente por la luz del amanecer. Su corazón latía fuertemente, su mente daba vueltas con preguntas tanto como con peticiones a Jehová: *¿Regresaré Rut a mí sin peligro? ¿Jehová, haz escuchado mi oración? ¿Haz perdonado mi pecado?... Ay, Señor, por favor no castigues a mi preciosa Rut por mi fracaso... Ya no deseo riquezas, ya no deseo prestigio. Sólo deseo sentir tu presencia y saber que me haz perdonado. Señor. Cuida a Rut y tráemela de regreso.*

Cuando ya no pudo ver más a Rut cerró la puerta, se secó las lágrimas y continuó con los quehaceres de la casa. Se mantuvo ocupada lavando las pocas ropas viejas que tenían y quitando la telaraña de los cuartos que no se usaban mucho, como sin con ello tratara de quitar el pasado de su mente. Cuando se estaba terminando el día, Rut aún no regresaba.

Noemí no pudo combatir las olas de preocupación. *¿Se habrá perdido? ¿Le habrán hecho daño los segadores del campo por ser moabita? No debí haberla dejado ir. Ahora yo soy responsable por ella. Ella es tan bondadosa, tan amorosa, tan confiada.* Mientras la esperaba, recordó la primera vez que la había visto.

El tiempo en Moab había sido muy difícil para Noemí. No tenía muchos amigos en el país lejano. A menudo hablaba con las mujeres de allí acerca de sus familias y las saludaba afectuosamente cuando estaba en el mercado, pero ella y las mujeres de Moab tenían poco en común. Noemí celebraba las fiestas judías y vivía según la ley de Moisés, y las mujeres de Moab adoraban una multitud de dioses. No podían entender su fe en un solo Dios. Ella extrañaba mucho a las amistades que había dejado atrás en Belén.

Después de la muerte de Elimelec, Noemí tenía la esperanza que ella y sus hijos regresarían a la tierra de Judá, pero se decepcionó cuando Quelión y Mahlón decidieron quedarse en Moab. Parecía que sus hijos se habían acostumbrado a vivir en el país lejano.

También recordó su tristeza por la decisión que tuvieron Mahlón y Quelión de tomar a mujeres moabitas como sus esposas. ¿Qué pasaría con ellos? ¿Qué pensaría Jehová de su desobediencia? Estaba segura que Dios nunca los perdonaría por esa gran transgresión.

Cuando llegó el día en que habría de conocer a Rut, Noemí no estaba preparada para lo que había sentido. Cuando entró Rut a la presencia de Noemí, un sentimiento de felicidad se apoderó de ella. Los ojos de Rut estaban llenos de amor al mirar humildemente a Noemí. Su dulce sonrisa reflejaba una bondad interna que la rodeaba como un aura. Aunque era la hija del rey de Moab, vestía modestamente. Pero aunque modestos, sus vestidos se ceñían a su cuerpo como si estuvieran abrazando el esplendor de una delicada estatua. Rut era el retrato vivo tanto del resplandor interno como de la belleza externa. Lo único que le faltaba era creer en el Dios de Abraham, Isaac y Jacob. Y por esto, Noemí se entristeció.

Noemí sonrió al revivir la conversión de Rut durante su viaje a Belén. Ahora Rut estaba completa: era judía. Pero no tenía esposo porque Mahlón había muerto. Noemí se puso triste otra vez, porque pensó en Rut que no tenía a nadie con quien compartir su futuro más que a una mujer vieja que estaba desesperadamente preocupada por la seguridad de su preciosa nuera.

ESTUDIO BÍBLICO

Tenía Noemí un pariente de su marido, hombre rico de la familia de Elimelec, el cual se llamaba Booz.

Y Rut la moabita dijo a Noemí: Te ruego que me dejes ir al campo, y recogeré espigas en pos de aquel a cuyos ojos hallare gracia. Y ella le respondió: Ve, hija mía.

Fue, pues, y llegando, espigó en el campo en pos de los segadores; y aconteció que aquella parte del campo era de Booz, el cual era de la familia de Elimelec (RUT 2.1–3).

Un pariente del esposo de Noemí. En hebreo, *pariente* se traduce con la palabra *moda*, que significa «pariente familiar» o «familiar». Booz era el hijo del hermano de Elimelec.[1] Aunque Noemí sabía que ella tenía por lo menos dos parientes cercanos, no se atrevía a pedirles ayuda porque le daba vergüenza haber abandonado a su gente cuando más la necesitaban.

Una vez más podemos ver la fuerza y el carácter de estas dos mujeres: Noemí, que no estaba dispuesta a recurrir a un pariente rico cuando lo necesitaba, y Rut, la hija del rey de Moab, a la que no le molestaba ir a trabajar en el campo y cargar con la responsabilidad de mantenerse a sí misma y a su suegra.

Un hombre rico. Esta frase también se traduce como «un hombre poderoso, de valor». Del hebreo, el significado completo de la descripción de Booz es: «un hombre acaudalado», que no necesita halagar o favorecer a nadie; un hombre dotado con las más elevadas cualidades humanas, abarcando todas las virtudes, entre ellas la generosidad y el odio a la ganancia no justa».[2]

Su nombre era Booz. En el caso de hombres malvados, sus nombres se escribían antes de la palabra *nombre*: Goliath era su nombre. Nabal era su nombre. Pero los nombres de los justos estaban después de la palabra *nombre*: Su nombre era Kish. Su nombre era Saúl. Su nombre era Isaí. Su nombre era Mardoqueo. Su nombre era Booz. De esta manera se reconocía a estos hombres justos de valor, porque se parecían a su Creador, del cual se escribió en Éxodo[3]: «Yo Soy el que Soy», que se traduce en el hebreo como: «Yo Soy el Nombre».[3]

Las Sagradas Escrituras enfatizan que Booz era un hombre de Dios. Era un erudito de la Torá y uno de los jueces que estaban a cargo de Belén.[4] También es el único ejemplo usado en el Antiguo Testamento de un *goel* hebreo, que traducido significa «pariente» y «redentor». La frase *pariente-redentor* se puede entender mejor al definir dos aspectos de los orígenes de estas palabras.

La primera definición es readquisición, comprar pagando un precio por lo que se había perdido. Esta definición se relaciona con la compra de una deuda que tiene un familiar. Si por circunstancias infortunadas un hombre se ve forzado a hipotecar su propiedad y no puede recobrar el costo para la fecha de vencimiento, entonces la propiedad pasa a ser del acreedor hipotecario hasta el Año del Jubileo. No obstante, en cualquier tiempo durante este período, un pariente-redentor, el familiar más cercano, podría pagar la hipoteca y devolverle la posesión al legítimo dueño:

> *Cuando tu hermano empobreciere, y vendiere algo de su posesión, entonces su pariente más próximo vendrá y rescatará lo que su hermano hubiere vendido* (LEVÍTICO 25.25).

Esta misma norma se le aplica también a la persona. Si un deudor no tuviere ninguna propiedad y se vendiere a él mismo como esclavo para pagar su deuda, entonces el «pariente-redentor» podría, en cualquier momento, restaurarle su libertad al pagar el precio requerido para cancelar su deuda:

> *Si el forastero o el extranjero que está contigo se enriqueciere, y tu hermano que está junto a él empobreciere, y se vendiere al forastero o extranjero que está contigo, o alguno de la familia del extranjero; después que se hubiere vendido, podrá ser rescatado... o un pariente cercano de su familia lo rescatará...* (LEVÍTICO 25.47–49).

Esta definición de un pariente-redentor se aplica no solo a recobrar la propiedad o la deuda de un familiar que hubiere fallecido, sino también a restaurar a la viuda de su pariente, de acuerdo al código penal de Deuteronomio 25.5–10.

La segunda definición de pariente-redentor es vengar por sangre al familiar más cercano. Esta definición se refiere a las ciudades de refugio, las cuales fueron designadas como lugares a donde un hombre podría ir si accidentalmente hubiese matado a alguien. Aquí, el que había matado era protegido del goel de la víctima. No obstante, si el acusado había matado con premeditación, no se le permitía entrar a la ciudad de refugio y al goel de la víctima se le permitía vengar la muerte de su familiar:

El vengador de la sangre, él dará muerte al homicida; cuando lo encontrare, él lo matará (NÚMEROS 35.19).

Booz cumplía con todos los requisitos para ser un «pariente-redentor». Era pariente de Noemí y, por tanto, pariente de Rut. Era un hombre de grandes riquezas, así que podía redimirla y estaba más que dispuesto a redimir lo que estaba perdido, como pronto lo vamos a descubrir.

«Te ruego que me dejes ir al campo, y recogeré espigas». Rut no estaba meramente pidiendo permiso para recoger espigas para calmar el hambre que tenían, sino que era mucho más sensible que eso. Este pedido pone énfasis en el carácter noble de una «princesa» que estaba dispuesta a ir al campo como una plebeya para evitarle a su suegra la indignidad de tener que salir ella para proveer las necesidades de ambas, lo cual la hubiese sometido a la humillación de las miradas que le dieran los que conocía su pasado de mujer pudiente.

Los dueños del campo no podían espigar. Solamente los pobres lo podían hacer. Espigar significaba caminar atrás de los segadores y recoger cualquier poquito que quedaba. Según Levítico 19.9-10, este era un regalo de Dios para el pobre. Jehovah Jireh, el Señor que provee, se acordó de su pueblo y le dio pan. La ley de espigar era una ley judía que Rut aprendió de Noemí:

> *Cuando siegues la mies de tu tierra, no segarás hasta el último rincón de ella, ni espigarás tu tierra segada. Y no rebuscarás tu viña, ni recogerás el fruto caído de tu viña; para el pobre y para el extranjero lo dejarás...* (LEVÍTICO 19.9-10).

«En pos de aquel a cuyos ojos hallare gracia». Rut quería que el dueño del campo tuviese favor hacia ella. No espigaría el campo sin el permiso del dueño, y luego «espigaría los granos atrás de él», siempre demostrando modestia. Rut cumplía con los requisitos de dos maneras: era extranjera y también era viuda.

Fue, pues. De todos los versículos del libro de Rut, este es mi favorito. Habla de la majestuosidad del Dios al que servimos. Primeramente, imagínese todo lo que Rut estaba pensando: *¿Adónde iré? ¿Cómo me recibirán? ¿Me permitirán espigar? ¿Me acordaré cómo regresar a casa?* El texto en hebreo dice que ella «fue y llegó», lo que significa que fue con temor y temblor y con mucha oración. Caminó una cierta distancia, y regresó. Y lo hizo otra vez para no olvidarse del camino. Rut no conocía el lugar; no conocía a la gente ni sus costumbres. ¡Qué valor habrá tenido como para emprender ese enorme paso de fe!

Noemí no le había dado instrucciones sobre a dónde ir o cómo llegar. Rut simplemente se fue con la fe de que *Jehovah Rohi* —el Señor, su Pastor— guiaría sus pasos. A primera vista, el lector pensará que la palabra *pues* sugiere que fue una mera coincidencia que Rut llegara al campo de Booz. Sencillamente no fue así; sus pasos fueron ordenados por el Divino Creador.

Lamentablemente, no podemos comprender completamente que el Arquitecto de los Cielos, la causa primordial de todo, diseña de antemano todos los acontecimientos que parecen haber sido producto del azar, y planea hasta el último detalle de nuestra trayectoria.[6] Qué insignificante habrá parecido que el Dios Soberano dirigiera los pasos de la joven moabita. Habrá parecido como que Dios meramente estaba proveyéndole comida al pobre; por el contrario, Él estaba orquestando la creación de la más maravillosa línea genealógica que la humanidad haya conocido.

Este versículo se refiere a aquellos momentos de nuestras vidas que nosotros no dirigimos, sino que se nos dirige. Estos momentos podrán ser acontecimientos inesperados, pero son los mensajes más intencionales enviados por el que nos dirige y hace que todo suceda.[7] Los pasos de Rut no simplemente «sucedieron», sino que fueron ordenados por el Dios que pronto se haría aún más real en su vida.

El cual era de la familia de Elimelec. En los comentarios hebreos esta es considerada una declaración profética. «La familia de Elimelec» califica automáticamente a Booz como pariente-redentor, que habría de casarse con Ruth la moabita y, en última instancia, como el padre de la dinastía de David.[8]

LECCIONES DE LA VIDA

PRIMERA LECCIÓN DE LA VIDA: JESUCRISTO ES SU PARIENTE-REDENTOR.

La premisa total de la redención bíblica se basa en la persona del redentor. Booz era el «pariente redentor» y «era claramente la figura de Cristo».[9] Así como Booz era pariente de Noemí, Cristo es pariente de los que Él redimió del pecado cuando fue crucificado en la cruz:

> *En quien tenemos redención por su sangre, el perdón de pecados según las riquezas de su gracia, que hizo sobreabundar para con nosotros en toda sabiduría e inteligencia* (EFESIOS 1.7–8).

Cristo también se hace maravillosa realidad en el segundo requisito para ser un «pariente-redentor»: para vengar al familiar cercano. Jesús es el vengador de nuestras almas. El pecado y Satanás están presentes para matarnos, robarnos y destruirnos y, por lo tanto, son los que matan su alma y la mía.

> *El ladrón no viene sino para hurtar y matar y destruir…*
> (JUAN 10.10).

En las Escrituras, a Satanás se le llama un asesino, y nosotros somos sus víctimas. Jesús les dijo a los fariseos:

> *Vosotros sois de vuestro padre el diablo, y los deseos de vuestro padre queréis hacer. Él ha sido homicida desde el principio, y no ha permanecido en la verdad, porque no hay verdad en él. Cuando habla mentira, de suyo habla; porque es mentiroso, y padre de mentira* (JUAN 8.44).

Fue Satanás el que introdujo el pecado en el huerto del Edén y trajo muerte a la familia humana. Por lo tanto, el pecado es el cómplice del

crimen, porque «la paga del pecado es muerte».[10] El apóstol Pablo les
habló a los romanos acerca de su propia lucha con el pecado:

*Porque el pecado, tomando ocasión por el mandamiento, me engañó y
por él me mató* (ROMANOS 7.11).

Pero hemos sido restaurados por la sangre del Cordero, tal como lo fue
Pablo:

*Y a vosotros, estando muertos en pecados y en la incircuncisión de
vuestra carne, os dio vida juntamente con él, perdonándoos todos los
pecados, anulando el acta de los decretos que había contra nosotros, que
nos era contraria, quitándola de en medio y clavándola en la cruz, y
despojando a los principados y a las potestades, los exhibió públicamente, triunfando sobre ellos en la cruz* (COLOSENSES 2.13–15).

J. Vernon McGee dice: «En el tiempo indicado, el vengador de sangre
"vino para destruir por medio de la muerte al que tenía el imperio de
la muerte, esto es, al diablo" (HEBREOS 2.14). Vino a redimirnos del
pecado y de la ley. Él aborrece al pecado y a Satanás porque han sido
las causas de la perdición del hombre. Cristo no le pagó al diablo para
rescatarnos, pero sí nos rescató del poder del diablo. Cristo, al lidiar
con Satanás y el pecado, es el vengador del familiar más cercano.
Nuestro redentor nos amó cuando estábamos muertos en el pecado,
pero Él aborreció al pecado y a Satanás».[11]

¡Escuche las buenas noticias! ¡Hemos sido redimidos! No por
buenas obras. No por dinero de rescate pagado por hombre, sino por
la sangre del precioso Hijo de Dios.

No éramos nada. Ahora somos parte de la realeza, injertados en las
raíces de Abraham, Isaac y Jacob.

No teníamos nada. Ahora la herencia del Señor es nuestra, porque
Él nos adoptó y nos hizo suyos.

Estábamos muertos por nuestros pecados. ¡Ahora hemos sido
perdonados y tenemos vida eterna!

¡Regocíjese conmigo! Somos las hijas del Rey. ¡Nuestro valor es incalculable! Jesús pagó nuestra deuda en la cruz. Nos compró con un precio muy alto e hizo el gran cambio en la cruz.

Imagínese por un momento el precio que nuestro Redentor tuvo que pagar por nuestra salvación. Una de las formas en que lucho para llevar la vida que Él ha ordenado para mí, es concentrándome en ese precio tan caro.

Cada domingo por la mañana en «Cornerstone Church», un dedicado grupo de voluntarios interpreta para las personas con dificultad de audición nuestra alabanza y adoración y los sermones del pastor Hagee. Me asombra la magnificencia del lenguaje hablado sin sonido. Los movimientos de las manos de las intérpretes, tan llenas de gracia, hacen un eco de la belleza de las palabras de un himno inspirador o enfatizan firmemente el poder de un sermón que cambia vidas.

Mi interpretación favorita ocurre cuando se hace un llamado al altar y un pecador pasa adelante para recibir perdón y acepta la vida eterna. Yo sé que las personas con dificultades auditivas pueden oír la melodía del sufrimiento de la cruz al pararse frente al altar llorando y clamando el nombre de Jesús con sus manos: el meñique de la mano derecha dibuja la letra J, y luego termina en el centro de la palma de la otra mano, para indicar la huella del clavo. Aún en silencio, el nombre de Jesús nos habla de su sufrimiento para la redención de nuestras almas.

SEGUNDA LECCIÓN DE LA VIDA:
TODO EN SU VIDA SALDRÁ BIEN CUANDO USTED TRABAJE.

Noemí pudo haberles pedido ayuda a sus parientes, pero ella no quería serles una carga. Además, Rut estaba dispuesta a deponer la condición de realeza que había disfrutado en Moab y trabajar duro en el campo para proveer para las necesidades de ella y de su suegra. Si no hubiese estado dispuesta a trabajar en el campo, habría perdido la cita con su destino divino.

Mi esposo le dice a nuestra iglesia que Dios provee gusanos para los pájaros, pero no se los mete a la fuerza por la garganta sino que los pájaros deben recogerlos por sí mismos. Así es Dios con su pueblo. Él nos da buena salud, una mente brillante y la oportunidad para trabajar. Nuestro Padre no nos está pidiendo que hagamos nada de lo que no haya hecho Él mismo. Génesis 1.1 describe el trabajo que hizo Dios:

En el principio creó Dios los cielos y la tierra.

Y Génesis 2.3 anuncia la culminación de su trabajo:

Y bendijo Dios al día séptimo, y lo santificó, porque en él reposó de toda la obra que había hecho en la creación.

En el libro de Génesis, Dios comunica a su pueblo cuatro atributos del trabajo. Primero, tenemos que empezar en alguna parte. Dios empezó en el principio. Esto parece sencillo; no obstante, algunos individuos rehúsan empezar totalmente, si no pueden empezar desde arriba.

Mi esposo empezó a recoger algodón con su hermano mayor cuando tenía ocho años de edad, y a los doce trabajó en un supermercado empacando comestibles. Cuando aun era un niño, empezó a vender productos alimenticios en la parte trasera de un camión con su padre y un tío, recogía melocotones en el campo con su mamá, y luego, como camionero, transportaba productos alimenticios por todo el país. Cuando aprendemos a ser fieles en los trabajos pequeños, Dios nos puede confiar trabajos más grandes.

Segundo, Dios amó su trabajo:

...Y vio Dios que era bueno (GÉNESIS 1.12).

Es importante que seamos felices con el trabajo que Dios nos dio. El trabajo es un instrumento que el Alfarero usa para moldearnos en lo que Él nos ha destinado a ser como individuos. Por tanto, debemos hacer todo lo que se nos pone por delante con excelencia y con una buena actitud. Cuando Dios examinó lo que había hecho, vio que su trabajo era bueno. Nosotros tenemos que hacer lo mismo.

Tenemos que aprender a amar lo que hacemos para proveer para nuestra familia, porque el que ama su trabajo, realmente nunca trabaja. Si no podemos ver nuestro trabajo y sentirnos bien con él, debemos examinar nuestro corazón y nuestra actitud acerca del trabajo. Cualquiera que sea nuestra función, Dios registra nuestros esfuerzos en su corazón y nos va a recompensar en el tiempo que ha fijado. Tal vez no podremos ver los resultados en este mismo instante, pero seremos recompensados si somos fieles y hacemos nuestros trabajos lo mejor que podamos.

Tercero, Dios terminó lo que había comenzado:

Fueron, pues, acabados los cielos y la tierra, y todo el ejército de ellos. Y acabó Dios en el día séptimo la obra que hizo... (GÉNESIS 2.1–2).

Mucha gente no tiene problemas para empezar un trabajo, pero el reto está en terminarlo. Al ver los curriculum vitae de hoy en día, es excepcionalmente raro encontrarse con alguien que haya permanecido en el mismo trabajo por más de veinticuatro meses. ¿Por qué?

Algunas de las respuestas que me han dado son: «Estaba aburrida». O «No quería lidiar con las políticas del trabajo». O «Yo no tenía futuro en esa compañía».

A menudo nos encontramos con pruebas en nuestro caminar con el Redentor. Estas pruebas fueron diseñadas para fortalecernos cuando ponemos nuestra confianza en el Dios de nuestra salvación, porque Santiago nos dice...

Tened por sumo gozo cuando os halléis en diversas pruebas, sabiendo que la prueba de vuestra fe produce paciencia (SANTIAGO 1.2–3).

Finalmente, Dios reposó:

Y reposó el día séptimo de toda la obra que hizo (GÉNESIS 2.2).
Si Dios descansó, nosotros también debemos hacerlo. El reposo es un regalo de Dios, un tiempo para reflexionar en su bondad. Cuando reposamos, podemos pensar más claramente y seremos más productivos. El enemigo va a tratar de engañarnos y nos hará pensar que el

descanso es una pérdida de tiempo y que nada bueno saldrá de ello. Al contrario, el descanso es un mandato de Dios. Si no descansa está desobedeciendo su ley y sufrirá las consecuencias de su rebelión. El Señor nos pide que hagamos lo siguiente:

Guarda silencio ante Jehová, y espera en Él... (SALMO 37.7).

Dios es nuestro ejemplo. Él y sus obras son fieles:

Grandes son las obras de Jehová, buscadas de todos los que las quieren. Gloria y hermosura es su obra, y su justicia permanece para siempre (SALMO 111.2–3).

Cuando trabajamos de acuerdo al ejemplo que Dios nos da, todo en nuestras vidas saldrá bien.

TERCERA LECCIÓN DE LA VIDA: NUESTRO DIOS ES UN DIOS DE CITAS DIVINAS.

En el otoño del 2003, mi esposo y yo estábamos regresando de nuestro vigésimo viaje a Israel. Somos anfitriones de un viaje en el cual «trabajamos duro» para nuestros amigos y socios. El pastor Hagee dirige la visita turística, enseña la Palabra de Dios, y se reúne con varios dignatarios. Y yo, bueno, estoy por todos lados, rondando como una mamá gallina porque quiero que todo esté perfecto para nuestros invitados. Como siempre, estuvimos muy satisfechos con nuestra peregrinación e igualmente agotados al final del viaje.

Después que abordamos el avión de El Al para regresar a casa, nos quedamos dormidos de inmediato. Seis horas después despertamos un poco más repuestos.

De repente, alguien se acercó a nosotros. Como estábamos tan agotados, no nos habíamos fijado en las otras personas que estaban sentadas en nuestra sección. A la derecha de nosotros, al otro lado del avión, estaban dos rabinos ortodoxos. Uno de ellos estaba ahora parado al frente de mi esposo y yo.

El rabino era un hombre alto y de aspecto distinguido. Vestía su traje negro tradicional con esos cordones alrededor de la cintura llamados *talit katan*. Y claro, llevaba su *yarmulke* en la cabeza, tenía rulos largos a cada lado de la cara, del mismo color de su barba canosa. Sus ojos oscuros y agradables estaban fijos en mi esposo al tiempo que le preguntaba: «¿Sabe usted quién soy yo?»

«No, lo siento, no lo sé», contestó mi esposo.

«¡Me llaman el rabino de la discoteca!»

Con el ruido que hacía el avión, mi esposo pensó que le había entendido mal, así es que se volvió a mí y me preguntó en voz alta, «¿Dijo rabino de la discoteca?»

Yo asentí con la cabeza y mi esposo se volvió hacia el rabino y se presentó. Se mantuvo sentado ya que no había mucho espacio en el pasillo del avión.

Entonces el rabino dijo algo poco usual: «El Señor me dijo que viniera y le contara mi historia».

Ahora estábamos muy interesados en oír lo que tendría que decirnos. El rabino se dio cuenta que mi esposo y yo teníamos dificultad para entender el acento israelí tan pronunciado con el que nos hablaba, así que nos enseñó un corto video en su computadora. La historia que estábamos a punto de presenciar cambiaría nuestras vidas para siempre.

El verdadero nombre del rabino de la discoteca es Rabí Yitzchak Dovid Grossman. En 1968 se fue a vivir a la ciudad de Migdal Ha'Emek, en el sur de Galilea, para ser parte del cuidado humanitario que hacía tanta falta en esa área. La ciudad había sido diseñada para acomodar el gran flujo de inmigrantes judíos que venían de los países de África del Norte. Sin embargo, el crecimiento inesperado de inmigrantes tuvo como resultado la falta de trabajo y de centros escolares. También como consecuencia, pronto la ciudad se hizo reconocida por su alto porcentaje de crímenes.

Después de haber llegado al área, el rabino Grossman vio jóvenes judíos que rondaban las calles de la ciudad. Eran huérfanos o no tenían una adecuada supervisión. Se reunían en las discotecas de Migdal Ha'Emek, en vez de en las sinagogas locales. Estaban desperdiciando sus vidas en vez de estar estudiando la Torá. Él sabía que algo tenía que hacerse para redimir a estas preciosas almas jóvenes, así que fue donde ellos estaban.

Empezó a dar clases de la Torá en las discotecas, en los bares y en las esquinas de las calles. Dondequiera que los jóvenes se reunían, allí estaba él. Lento pero seguro, la dura apariencia de esta nueva generación empezó a desmoronarse. Y salió a relucir el lado suave de estos jóvenes que estaban buscando su verdadera identidad.[12]

Poco a poco, la reputación del rabino Grossman como el rabino de la discoteca se hizo conocida por todos. Así pudo visitar a los presos en las cárceles israelitas, dándoles palabras de aliento y proveyéndoles de rabinos jóvenes que les enseñasen el hermoso estilo de vida de acuerdo a la Torá.

Después de un tiempo, la actividad criminal de la ciudad empezó a disminuir considerablemente. Los empresarios empezaron a establecer fábricas y al abrirse oportunidades de trabajo, los desempleados pudieron recuperar su honor.

En 1972, el rabino Grossman fundó la *Migdal Ohr* que en hebreo significa «Torre de Luz», para así proveerles educación y guía social a los hijos de hogares menesterosos y con problemas. Este centro tiene ahora más de 6.000 estudiantes 1.800 de los cuales son judíos huérfanos de la ex Unión Soviética. Estos huérfanos pudieron encontrar refugio en Israel a través del «Éxodo Dos», un programa que se encarga de traer a los judíos de todo el mundo a Israel, haciendo posible así que la bendición en el libro de Ezequiel se haga realidad:

Así ha dicho Jehová el Señor: Cuando recoja a la casa de Israel de los pueblos entre los cuales está esparcida, entonces me santificaré en ellos ante los ojos de las naciones, y habitarán en su tierra, la cual di a mi siervo Jacob. Y habitarán en ella seguros, y edificarán casas, y plantarán viñas, y vivirán confiadamente, cuando yo haga juicios en todos los que los despojan en sus alrededores; y sabrán que yo soy Jehová su Dios (EZEQUIEL 28.25–26).

Mientras escuchaba el testimonio del rabino, supe que algo hermoso estaba sucediendo. Para entender el significado de este momento, usted tiene que saber dos hechos de la vida privada de mi esposo y yo.

Primero, la noche en que estamos saliendo de Israel, tradicionalmente nos paramos en el balcón de nuestro hotel desde donde se puede ver la antigua e impresionante ciudad de Jerusalén, y nos ponemos a orar. Le damos gracias al Señor por habernos traído a Israel una vez más. Le damos gracias por un buen viaje en el cual las vidas de nuestros amigos y nuestros socios cambiarán para siempre. Oramos por la paz de Jerusalén y por los judíos. Oramos por nuestros hijos y nuestros nietos. En este viaje en particular, añadimos una oración especial por una actividad que iba a tener lugar en la iglesia Cornerstone dos semanas después que regresáramos a los Estados Unidos.

Desde 1981 hemos realizado «Una noche para honrar a Israel», dando a los cristianos de nuestra comunidad y de las naciones del mundo una oportunidad de honrar a Israel y al pueblo judío. Al obedecer su mandamiento, hemos visto incontables bendiciones, tal como han sido prometidas en Génesis 12.3:

> *Bendeciré a los que te bendijeren, y a los que te maldijeren maldeciré; y serán benditas en ti todas las familias de la tierra.*

Ese año en particular fuimos privilegiados en recaudar más de dos millones de dólares por la iglesia Cornerstone y nuestros socios alrededor del mundo que deseaban bendecir a Israel. Nosotros sabíamos que poner ese dinero en las manos correctas era una gran responsabilidad, así que le pedimos a Dios que nos diera sabiduría para tomar las decisiones apropiadas en cuanto a cómo distribuir esos fondos.

Cuando mi esposo y el rabino estaban hablando, yo empecé a orar mientras estaba sentada en silencio junto a la ventana del avión: *Señor ¿es ésta una cita divina planeada por ti? ¿Es este el hombre al que debemos ayudar mientras él ayuda a tu pueblo? ¡Muéstranos, Padre, si este encuentro ha sido de ti!*

El rabino Grossman estaba tan entusiasmado contando de su trabajo que no se dio cuenta que presionó una palanca que hizo que el asiento de John se fuera para atrás a la posición para dormir. El cuerpo de John se fue para atrás también y sus brazos se fueron volando en el aire. Después del susto inicial, John y el rabino se empezaron a reír.

«¡Rabino! ¡Rabino! ¡Ayúdeme a poner el asiento en la posición correcta otra vez!», le dijo mi esposo entre risotadas.

Rojo de vergüenza, el rabino empezó a buscar el botón adecuado que pusiera el asiento en la posición correcta. Cuando finalmente pudo lograrlo, tomó la cara de mi esposo y le dio un beso en la frente.

Este gesto de amor tuvo un gran significado para John y para mí. Desde que nos casamos, hemos usado un dicho que describe la bendición sobrenatural de Dios y su favor en nuestras vidas. Cada vez que nos sucede algo maravilloso, el cual no fue iniciado por nosotros, mi esposo dice: «El Señor acaba de besarnos en la frente». Esta frase significa mucho para John y para mí. Es un dicho confidencial entre nosotros dos que intenta describir las abundantes bendiciones de Dios en nuestras vidas.

En el momento en que el rabino de la discoteca besó a John en la frente, el Señor contestó mi oración. Nuestro encuentro con este hombre no había sido una coincidencia. Había sido una cita divina de Dios para nuestras vidas.

Desde ese encuentro, hemos sido usados por Dios para darle al rabino Grossman más de $1.25 millones de dólares para los huérfanos judíos de quienes él se encarga. ¡Alabado sea el Señor!

¿Coincidencia o encuentro divino? ¿Reconoce usted la mano de Dios en esa clase de incidentes? Espero que así sea. Recuerde siempre que si escucha la voz de Dios y obedece sus mandamientos, cada paso que dé es un paso más cerca al destino que Dios ha ordenado para usted.

Por Jehová son ordenados los pasos del hombre, y Él aprueba su camino (Salmo 37.23).

Capítulo siete

EL PARIENTE

↓ *aqui*

*E*ste fue el principio de un día extraordinario para Booz. Se despertó con un sentimiento de expectación porque sus segadores iban a cosechar sus campos. Como siempre, durante sus oraciones de la mañana, dio gracias a Jehová por su hermosa provisión.

Se acordó de las numerosas ocasiones en que al orar le daba gracias a Dios por la abundancia, aún cuando sus campos permanecieran improductivos. Le daba gracias por permitirle proveer, durante sus tiempos de escasez, a los que eran menos afortunados que él. Le daba gracias por la Esperanza, porque el pueblo de Belén nunca se desalentó durante el tiempo de prueba. La hambruna había sido prolongada y dura pero de alguna manera el Todopoderoso los había sostenido.

Booz sabía que *Hashem*, el Justo, le estaba llamando la atención a su pueblo y a su rebelión con una temporada de hambruna. Siempre creyó en su corazón que la prueba terminaría algún día. Hoy era ese día. Hoy era el día de cosecha. Hoy era el día de restauración. Hoy era el día de nuevos comienzos.

Este día también marcaba el final del luto de la esposa de su juventud. Booz estaba triste porque ella no iba a poder compartir este tiempo brillante y glorioso con él, pero sabía que estaba en un lugar mejor. Había sido una mujer virtuosa, llena de amabilidad y bondad, y él la extrañaba muchísimo.

Él no quería permanecer hoy en casa sino que quería compartir la alegría de la cosecha con el pueblo. Por eso, después de sus oraciones de la mañana, hizo algo que no había hecho en años. Montó en su caballo y se fue a sus campos.

El aire tenía una dulzura excepcional, y el sol, un brillo increíble. Hasta el canto de los pájaros sonaba como una melodía de alegría. Booz tenía una sensación de expectación que no había sentido antes. *¿Qué podría ser? ¿Podría ser la cosecha? ¿Podría ser que nuestro Dios estuviera bendiciéndonos con un nuevo día?* se preguntaba.

Cualquiera que fuese la razón, Booz estaba decidido a tomar todo lo que este hermoso momento tenía para ofrecerle y aceptarlo como un regalo del que da todas las bendiciones.

Al ir por el camino pedregoso, empezó a ver los colores espléndidos de la cosecha. ¡Qué belleza había creado Dios con su paleta de oro y ámbar! Los tallos pesados meciéndose en el aire, cargados de granos y listos para ser cosechados, eran como si estuviesen anunciando la bendecida restauración del pueblo de Belén. Hoy iba a ser un buen día, Booz lo podía sentir.

De repente, sus ojos se fijaron en la mujer más hermosa que jamás hubiese visto.

ESTUDIO BÍBLICO

Nuestro D es un D de citos Divinos.

Y he aquí que Booz vino de Belén, y dijo a los segadores: Jehová sea con vosotros. Y ellos respondieron: Jehová te bendiga. Y Booz dijo a su criado el mayordomo de los segadores: ¿De quién es esta joven? Y el criado, mayordomo de los segadores, respondió y dijo: Es la joven moabita que volvió con Noemí de los campos de Moab; y ha dicho: Te ruego que me dejes recoger y juntar tras los segadores entre las gavillas. Entró, pues, y está desde por la mañana hasta ahora, sin descansar ni aun por un momento (RUT 2. 4–7).

He aquí. En hebreo, la palabra *he aquí* sugiere algo inusual y raro. Por lo general, Booz no iba al campo. Era un hombre rico que tenía personal encargado de supervisar su cosecha. Estos hombres le daban un reporte diario y no era necesario que él estuviese en los campos durante la cosecha. ¿Por qué estaba ahora allí?

Eruditos judíos creen que la mano divina de la Providencia lo guió al campo ese día en particular para que conociera a Rut.[1] Dios nos guiará en el camino que Él ha escogido para nosotros sus hijos. Todo lo que tenemos que hacer es escucharle cuando nos dirige y escoger seguir su curso. David habló de su dirección en el Salmo 23:

Confortará mi alma; Me guiará por sendas de justicia por amor de su nombre (SALMO 23.3).

«¡*Jehová sea con vosotros!*» Los sabios le dan el crédito a Booz por empezar la costumbre de saludar al vecino en el nombre de Hashem, en el nombre del Señor. Él hizo esto para inculcar en los corazones de una generación descontrolada, que la dominante presencia de Dios era la única fuente de bendición y favor para la humanidad.[2] Debemos aprender del ejemplo que Booz nos dio y alabar constantemente a Dios, quien es la fuente de todo lo bueno en nuestras vidas.

«¡*Jehová te bendiga!*» En hebreo es: «*Hashem* te bendiga. Que Él te bendiga con una cosecha abundante». Este saludo no sólo se refería a la abundancia del campo de Booz, sino también a la plenitud de su vida personal. De acuerdo con la genealogía bíblica, él acababa de quedarse viudo, y su visita a los campos vino cuando su tiempo de luto se había acabado.

Judíos eruditos creen que un hombre que está sin una esposa, vive sin bendición. Por lo tanto, los segadores saludaron a Booz con esta oración sobre su vida: «Que *Hashem* te bendiga con una esposa digna».[3]

Yo trato de saludar a las personas con la frase «Dios te bendiga» o con la frase: «Te bendigo en el nombre del Señor». Me fascina escuchar las respuestas que me dan. A veces la gente dice, «Dios te bendiga a ti también» o «Gracias», o simplemente me responden con una sonrisa bondadosa o una mirada de grata sorpresa. Cualesquiera que sean sus respuestas, yo sé que he dejado a las personas con una bendición que les ayudará durante el día, y sé que la bendición no regresará vacía. También le hice un reconocimiento a mi Dios, quien está siempre presente en mi vida y es la fuente de cada bendición buena que viene a mí.

Una nota al margen acerca de la genealogía judía: A diferencia de otras culturas, que toman o no toman tiempo para registrar los nacimientos, los matrimonios o las defunciones, la cultura judía siempre lo ha hecho porque es un mandato de Dios (NEHEMÍAS 7.5).

He conocido a personas dentro de la comunidad judía que pueden seguir su genealogía hasta llegar a una de las doce tribus originales. La Biblia no está compuesta por una serie de fábulas sobre personajes míticos diseñada para presentar algunos códigos morales a cualquiera que la lee. Las Sagradas Escrituras son la inherente Palabra de nuestro Creador, ayudándole al creyente a comprender las interacciones entre el Gran Yo Soy y su pueblo escogido. Nosotros tenemos que creer sus verdades, aprender de sus páginas, ser guiados por sus preceptos y ser inspirados por sus promesas.

«¿De quién es esta joven?» Booz era un juez en Belén. Se enteraba de todo lo que estaba pasando en el pueblo cuando, en las puertas de la ciudad, se reunía con los otros líderes para discutir asuntos concernientes a la gente. Sabía que Noemí había regresado a Judá con una joven moabita. Así que, ¿por qué hizo esta pregunta? Muchos eruditos judíos están de acuerdo en que Booz realmente estaba haciendo diferencia entre Rut y las otras mujeres en los campos debido a la modestia que había en ella.

Los campos de cosecha estaban llenos de segadores. También estaban llenos de mujeres viudas que recogían espigas detrás de los segadores. Algunas mujeres posiblemente estaban flirteando con la esperanza de conseguir un nuevo esposo. A menudo los hombres las veían agachándose inmodestamente para llamar la atención.

En vez de agacharse, Rut se encuclillaba para recoger las espigas. Mientras que las otras mujeres se levantaban las faldas, ella mantenía la suya abajo. Las otras mujeres conversaban con los segadores, mientras que Rut no hablaba con nadie. Se separaba de las otras mujeres.

Eruditos cristianos creen que el encuentro entre Booz y Rut fue amor a primera vista. El hecho de que Booz se enamorara perdidamente de Rut no fue ocultado por la historia, porque el amor verdadero de un hombre y de una mujer es planeado por Dios y nunca es incorrecto, excepto cuando es pervertido por el pecado.[5]

«*Es la joven moabita*». El sirviente o capataz que estaba encargado de los segadores había recibido de su amo autoridad en el campo; por lo tanto, debía estar al corriente de lo más importante que allí ocurría. Por eso fue que cuando Booz le pidió detalles acerca de Rut, él le informó que llenaba los requisitos para recoger espigas porque había venido a Belén con Noemí como una convertida, como una judía.[6]

La frase *joven moabita* sugiere dos verdades acerca de Rut. Primero, *joven* da a entender que estaba en edad fértil. Fuentes judías registran la edad de Rut como de cuarenta años, aún considerada joven y fructífera. Booz tenía ochenta años, aún era fuerte para empezar una nueva familia que era la norma en esos tiempos. Para que no piense que sus edades no eran muy románticas, cambie las edades a veinte años para Rut y cuarenta para Booz, y su forma moderna de pensar le va a pintar un retrato de romance más Segundo, *una mujer moabita* sugiere que Rut no estaba bajo la prohibición de los moabitas porque ella era una mujer, y esta prohibición sólo se aplicaba por la Ley Oral.[7]

«*Te ruego que me dejes recoger y juntar*». El capataz mencionó el pedido de Rut para enfatizar su modestia y buenos modales. Aunque no era necesario pedir permiso para recoger espigas en los campos de cosecha ya que la ley lo autorizaba, esta joven mujer fue a ver al capataz y humildemente le pidió permiso para recoger gavillas.

Booz había escuchado suficiente. Lo que sintió en su corazón por Rut fue confirmado por lo que el capataz le dijo acerca de ella. Sabía que había llegado el momento de dar el paso siguiente: Tenía que declarar públicamente que él era el pariente-redentor de Rut y de Noemí.

LECCIONES DE LA VIDA

PRIMERA LECCIÓN DE LA VIDA:
DECLARE LA BENDICIÓN.

El poder de lo que se dice no se puede medir. Cuando usted habla mal de sus hijos o de su esposo, está declarando maldición sobre sus vidas. Frases como: «¡Tú nunca llegarás a ser nada en la vida!» O

«¿Qué te pasa? ¿No puedes entender? O «¡Eres igualito a tu papá! ¡Los dos son insoportables!», son maldiciones que restringen el potencial que sus niños y sus seres queridos tienen para sus vidas. Una maldición se define como «un llamado para enviar daño o maldad a una persona, para afligir o blasfemar».[8] ¿Es eso lo que les quiere ofrecer a sus seres queridos?

Me he encontrado a muchas personas que han sido tan negativamente impactadas por las maldiciones que les han dicho, que sus vidas han perdido significado y propósito. No tienen esperanza para el futuro. Cuando se casan, perpetúan el ciclo negativo de la maldición hablada sobre sus vidas y las de sus hijos. Están emocional y espiritualmente discapacitados.

Este es el origen de la frase bíblica: *Maldiciones de las generaciones*. De generación en generación, fallamos al no romper las palabras negativas que han hablado sobre nuestras vidas. Hay siete pasos sencillos y una oración de liberación que pueden romper las maldiciones de nuestras familias y su futuro.

En su libro, *«Blessing or Cursing: You Can Choose»*, Derek Prince hace una lista de los siete pasos vitales que pueden librarnos de las maldiciones generacionales:

1. Confiese su fe en Cristo y en el sacrificio que Él hizo por usted.

2. Arrepiéntase de toda su rebelión y todo su pecado.

3. Reclame el perdón de los pecados.

4. Perdone a todas las personas que le han hecho daño o le han hecho alguna maldad.

5. Renuncie a todo contacto con el ocultismo y con todo lo satánico.

6. Haga la oración de liberación de toda maldición.

7. ¡Crea que ha recibido su libertad y continúe viviendo en la bendición de Dios!

Después que haya dado estos pasos, la oración de liberación va a quitar las maldiciones de las generaciones de su vida. Por favor, diga esta oración:

Oración de liberación de las maldiciones generacionales

Señor Jesucristo, creo que tú eres el Hijo de Dios y el único camino a Dios el Padre; y que moriste en la cruz por mis pecados y resucitaste de los muertos.

Renuncio a toda mi rebelión y mi pecado, y me someto a ti como mi Señor.

Confieso todos mis pecados ante ti y te pido que me perdones, especialmente los pecados que me expusieron a una maldición. Libérame también de las consecuencias de los pecados de mis ancestros.

Por la decisión de mi voluntad, perdono a todos los que me han hecho daño o me han hecho alguna maldad, exactamente como yo quiero que Dios me perdone a mí. En particular, perdono a _____.

Renuncio a todo contacto con el ocultismo y con todo lo satánico; si tengo algún «objeto de contacto», me comprometo a destruirlo. Cancelo todos los derechos que Satanás tiene sobre mí.

Señor Jesús, yo creo que en la cruz tú tomaste cada una de las maldiciones que pudieran venir sobre mí. ¡Así que te pido que me liberes de toda maldición que haya sido echada sobre mi vida. En tu nombre, Señor Jesucristo!

¡Por fe recibo ahora mi libertad y te doy gracias! Amén.[9]

Ha sido liberado ahora de las maldiciones generacionales de su familia.

Empiece a aceptar las bendiciones de Dios para su vida. Él está listo para dárselas.

Nuestro Dios no sólo espera que nosotros recibamos sus bendiciones sino que también nos ordena que pronunciemos bendiciones unos sobre otros en su poderoso nombre:

Bendición de Jehová sea sobre vosotros; os bendecimos en el nombre de Jehová (Salmo 129.8).

La bendición es tan poderosa que la Palabra del Señor ordena que bendigamos hasta a nuestros enemigos:

Bendecid a los que os persiguen; bendecid, y no maldigáis
(ROMANOS 12.14).

Bendición se define como «invocar el favor divino», como «el regalo del favor divino», como «un deseo de impartir éxito y prosperidad», y como «aprobación y todo lo que da felicidad e impide una desgracia».[10] En términos espirituales, la bendición es la comunicación de lo dicho por Dios por medio de la autoridad delegada por Dios. Yo le pregunto a usted ahora: ¿Cuál de estas dos preferiría usted proclamar con su boca: una maldición o una bendición?

¿Qué le parece recibir la bendición? Me asombra comprobar lo poco que usamos las bendiciones espirituales que Dios nos da. ¡De hecho, y a menudo, lo poco que usamos a Dios mismo! Aunque Él es nuestro Dios, pocas veces nos entregamos a Él, y no le pedimos mucho. ¡Pero Él puede hacerlo todo y lo único que tenemos que hacer es pedírselo!

El Señor nos da cada oportunidad para depender de Él y así recibir consuelo y ayuda. Él desea que lo busquemos. Que aprendamos a depender de Él. Jesús dijo:

Venid a mí todos los que estáis trabajados y cargados, y yo os haré descansar (MATEO 11.28).

Mientras más le pedimos al Señor, más nos va a dar, y más vamos a depender de Él. Mientras más dependemos de Él, menos será lo que hagamos sin su presencia y su dirección en nuestras vidas.

No deberíamos tener escasez cuando tenemos un Dios que suplirá todas nuestras necesidades. No deberíamos temer jamás cuando tenemos un Dios que nos consolará, porque la Palabra de Dios dice:

Jehová es mi luz y mi salvación; ¿de quién temeré? Jehová es la fortaleza de mi vida; ¿de quién he de atemorizarme? (SALMO 27.1)

Él puede proveernos de todo. ¡Mejor aún, Él desea ser todo para sus hijos!

Necesitamos aprender a pedirle a menudo a Él en oración, pedirle bendiciones a Él, y todo el tiempo ir a Él en fe. Si lo perdemos todo pero mantenemos la fe en Dios, no perdemos nada. Pero si ganamos al mundo y perdemos nuestra fe en Dios, no tenemos nada. ¡Somos las hijas del Rey! Nuestro Padre celestial, quien es dueño de las riquezas del mundo y tiene al planeta en la palma de sus manos, está esperando que nos acerquemos más a Él.

Algunos miembros de nuestra iglesia, como muchos otros en los Estados Unidos, tenían la costumbre de salir de la iglesia los domingos por la mañana antes que terminaran los servicios. Cuando se hacía el llamado al altar, mi esposo podía ver a muchas personas irse para así poder llegar al estacionamiento unos cuantos minutos antes. Esto le dolía porque la interrupción causaba que los que estaban considerando entregarse a Cristo fueran interrumpidos al hacer su decisión. Consecuentemente, muchas veces decidían no participar en lo que el Espíritu Santo les tenía preparado: ¡Vida eterna!

En una ocasión, durante una serie de sermones titulada: «El poder de la bendición», mi esposo concluía cada sermón de la serie con una bendición sobre la congregación. Al final, antes de despedirse de la congregación, les pedía que levantaran las manos para que les pudiese dar una bendición. Como autoridad delegada por Dios, mi esposo impartía bendiciones sobre las vidas de los miembros de nuestra iglesia y sobre todo lo que hicieran durante la semana próxima.

Pronto notamos algo extraordinario: Nadie siguió yéndose temprano. Todos esperaron la bendición. Necesitaban la bendición. Querían la bendición. Empezaron a surgir testimonios en los que se daba la gloria al Señor por toda las cosas buenas que Él había hecho en esa semana, por la fidelidad de su Palabra y el poder de su bendición. Desde ese tiempo, mi esposo imparte la bendición de Dios al final de cada servicio, y nuestro hijo Matthew está haciendo lo mismo al llevar el manto que el Dios de todas las bendiciones ha puesto sobre él, y nadie se va hasta que la bendición es impartida.

SEGUNDA LECCIÓN DE LA VIDA:
SEPÁRESE DEL MUNDO.

La Palabra de Dios nos dice:

No os conforméis a este siglo, sino transformaos por medio de la reno-vación de vuestro entendimiento, para que comprobéis cuál sea la buena voluntad de Dios, agradable y perfecta (ROMANOS 12.2).

Rut se separó de las otras mujeres en los campos y esto atrajo la atención hacia ella.

Muchas veces observo a los jovencitos y a las jovencitas de nuestra iglesia cómo tratan de vencer la tentación del mundo. Tienen miedo de ser discriminados; quieren ser aceptados. Quieren ser como los demás. No obstante, Dios nos pide que no emulemos al mundo, y que en esa obediencia seamos recompensados.

Somos personas especiales, separadas para Dios. Según la Biblia, mientras más obedezcamos a Dios, más vamos a ser bendecidos. Pero mientras más le obedecemos, más nos mira el mundo como si fuéramos extraños porque la Palabra de Dios no se conforma al mundo. El mundo no puede entender al pueblo de Dios.

Sentimos un amor increíble hacia Él que nunca hemos conocido. Le hablamos a un Dios que no podemos ver. Nos vaciamos, para así llenarnos. Reconocemos que estamos mal, para así ser reconciliados. Nos ponemos más fuertes, cuando nos sentimos más débiles. Renunciamos, para así conservar. Vemos lo invisible, oímos lo inaudible y logramos lo imposible, todo con la ayuda de Él que dio su vida por nosotros. Es más, tenemos la esperanza de ir al cielo por las virtudes de su vida.[11]

Somos separados por la naturaleza misma del Dios a quien servimos.

Capítulo ocho

LA GRACIA

*S*orprendido que su amo estuviera en los campos de cosecha, el capataz fue corriendo hacia Booz apenas este se hubo desmontado del caballo. Al saludar a sus trabajadores en el nombre del Señor, una costumbre que Booz había empezado durante la hambruna, los hombres le respondieron con una bendición.

Booz agradeció la bendición de los trabajadores, pero ignoró el reporte del día. No podía quitar los ojos de Ruth. La mujer que estaba mirando era una visión de belleza, moviéndose con tanta gracia entre las espigas. Se veía radiante bajo los rayos del sol. Booz salió de su aturdimiento y empezó a preguntar sobre Rut. El capataz, muy entusiasmado, le contestó dándole un reporte lleno de elogios acerca de su comportamiento en el campo. Cuando el capataz le dio este informe, Booz sintió algo en su corazón. *¿Quién va a cuidar de esta bella doncella? Si ella se atrevió tanto como para aceptar a nuestro Dios y hacerlo suyo, entonces ¿a quién mandará* Hashem *para que sea su redentor y el de Noemí?*

Booz sabía que él era pariente de Elimelec, pero también sabía que había un familiar más cercano en la línea de pariente-redentor por lo cual no había pensado mucho en el asunto, por lo menos hasta ahora.

Mientras recogía las espigas que iban a ser su sustento y el de su suegra, Rut podía sentir la brisa fresca acariciando su rostro. El viento suave y leve se sentía como si fuera lino fino. Estableció una relación con el lino porque lo había usado a menudo cuando era una princesa en Moab.

Aunque sus pensamientos acerca de los hermosos vestidos le dieron recuerdos placenteros, Rut estaba muy agradecida por la ropa gruesa que llevaba encima hoy, porque la había protegido del sol del mediodía. Había trabajado diligentemente desde temprano en la mañana y estaba anticipando, con mucha alegría, la sorpresa que Noemí se iba a llevar al ver todo lo que ella había recogido.

Cuando le estaba dando gracias al único Dios verdadero por la abundancia del campo, su oración silenciosa fue interrumpida por el sonido de la voz de un hombre. Asustada, alzó la mirada e inmediatamente sus ojos quedaron fijos en los de Booz.

ESTUDIO BÍBLICO

Entonces Booz dijo a Rut: Oye, hija mía, no vayas a espigar a otro campo, ni pases de aquí; y aquí estarás junto a mis criadas. Mira bien el campo que sieguen, y síguelas; porque yo he mandado a los criados que no te molesten. Y cuando tengas sed, vé a las vasijas, y bebe del agua que sacan los criados. Ella entonces bajando su rostro se inclinó a tierra, y le dijo: ¿Por qué he hallado gracia en tus ojos para que me reconozcas, siendo yo extranjera? Y respondiendo Booz, le dijo: He sabido todo lo que has hecho con tu suegra después de la muerte de tu marido, y que dejando a tu padre y a tu madre y la tierra donde naciste, has venido a un pueblo que no conociste antes. Jehová recompense tu obra, y tu remuneración sea cumplida de parte de Jehová Dios de Israel, bajo cuyas alas has venido a refugiarte. Y ella dijo: Señor mío, halle yo gracia delante de tus ojos; porque me has consolado, y porque has hablado al corazón de tu sierva, aunque no soy ni como una de tus criadas (RUT 2.8–13).

«Oye, hija mía». Primero que todo, Booz le estaba asegurando a Rut que ella era bienvenida en su campo. Los eruditos judíos creen que esta declaración tiene una connotación alegórica más profunda. Booz le estaba informando a esta joven moabita que no había razón para que espigara en otro «campo espiritual» porque la Ley de Moisés decía lo siguiente[1]:

No tendrás dioses ajenos delante de mí (ÉXODO 20.3).

«*Mira bien el campo*». Se creía que una persona generosa traía bendición. Booz sabía que Rut tenía un corazón generoso, porque había pasado el día trabajando duro por su suegra. Más tarde, esta creencia aparece en Proverbios[2]:

El ojo misericordioso será bendito, porque dio de su pan al indigente (PROVERBIOS 22.9).

«*Que no te molesten*». Booz vivía la Torá; por lo tanto, pensaba y se comunicaba según sus preceptos. Deuteronomio 10.19 le enseña al creyente que tiene que «amar al extranjero», porque una vez el judío fue extranjero en tierra de Egipto. Booz le estaba informando a Rut que los segadores del campo no la iban a desanimar, ni porque estaba recogiendo espigas ni por su nueva fe en Jehová Dios.[3]

«*Ve a las vasijas, y bebe*». Los pozos que tenían agua pura estaban lejos de los campos y sólo los hombres fuertes podían sacar el agua y cargar las jarras esa distancia tan larga. Por tanto, las mujeres y la gente pobre tenían que tomar el agua de inferior calidad que sacaban de los pozos cercanos. Booz le estaba demostrando más aceptación a Rut al invitarla a tomar del agua fresca que era sacada de los pozos puros.[4]

Ella entonces bajando su rostro se inclinó a tierra. Como la gratitud era siempre su modo de pensar, Rut expresó su agradecimiento en la manera más dramática posible. Recuerde que Rut era la hija del rey de Moab; por lo tanto, estaba acostumbrada a que la gente se inclinara delante de ella. Rut demostró su espíritu humilde y sincero cuando se inclinó delante de Booz como un gesto de apreciación por su gracia y bondad.

«*¿Por qué he hallado gracia... siendo yo extranjera?*» La gracia de Booz fue probablemente la primera vez que a Rut se le había mostrado bondad en Belén, aparte, claro, de la bondad de Noemí. Ella esperaba que la trataran como una extranjera, como la hija de Moab que no estaba apta para entrar en la asamblea de *Hashem*.[5] Rut le estaba preguntando a Booz por qué había hallado gracia en sus ojos.

«He sabido todo lo que has hecho». En hebreo, la palabra *reportado es dicho* y se repite en este versículo para enfatizar. Booz le estaba explicando a Rut que su gracia se debía a sus buenas acciones, de las cuales la gente había estado hablando en las puertas de la ciudad y en los campos.[6]

Una de las características especiales de este bello libro en las Escrituras es la presencia del diálogo. El que lee no se tiene que imaginar lo que los protagonistas de la historia están pensando; se sabe por las conversaciones que sostienen. Más de la mitad de los ochenta y cinco versículos de este libro son diálogos; por lo tanto, estamos a la mitad de lo que sucedió en esta extraordinaria historia de amor.[7]

«Jehová recompense tu obra y tu remuneración sea cumplida». La declaración de Booz es interpretada en dos niveles. La Palabra de Dios es como las capas de la alcachofa: En la superficie, la Palabra da un mensaje, y cuanto más la estudiamos, nuevas capas se revelan hasta que finalmente llegamos al centro de su significado. A menos que tome tiempo para estudiar la Palabra, usted nunca podrá llegar al centro de su mensaje.

El primer significado del versículo es simplemente una bendición para Rut; Booz le está impartiendo una oración para que Dios la bendiga, o la promesa de bendiciones sobre la vida de Rut.

El segundo significado es mucho más profundo. La frase *remuneración cumplida* se refiere a una bendición más valiosa; algunos eruditos judíos le dan crédito a los méritos de Rut considerándolos mayores que los de Abraham. Después de todo, Abraham salió de la casa de su padre sólo en respuesta al llamado de Dios, en el cual Él claramente le dijo: «Vete de tu tierra y de tu parentela, y de la casa de tu padre...» (GÉNESIS 12.1) Sin embargo, Rut se fue por su propia iniciativa, sin un llamamiento divino y a pesar de que Noemí trató de disuadirla, para así estar bajo las alas de *Hashem*.[8]

«*Bajo cuyas alas has venido a refugiarte*». Para poder entender completamente el poder que tiene refugiarse bajo las alas de Dios, los eruditos judíos reflexionan en las diferentes clases de alas que se pueden encontrar en las Escrituras:

(ISAÍAS 24.16) La tierra tiene alas: «De las [alas] de la tierra («De lo postrero de la tierra») oímos cánticos».

(SALMO 139.9) La mañana tiene alas: «Si tomare las alas del alba».

(EZEQUIEL 10.5) Los querubines tienen alas: «Y el estruendo de las alas de los querubines».

(ISAÍAS 6.2) Los serafines tienen alas: «Cada uno (serafines) tenía seis alas».

La interpretación que el hebreo hace de este versículo se refiere al grado de refugio y de protección divina que se encuentra en las alas del Todopoderoso. Rut fue bondadosa para con Noemí, y por eso sería recompensada. El poder de aquellos que tienen benevolencia es grande porque ellos encuentran refugio no en la sombra de las alas de la tierra, ni en las sombras de la mañana, ni en la sombra de las alas de los querubines, ni en la sombra de las alas de los serafines, sino en la sombra de Aquel que con cuya Palabra la tierra fue creada.[9]

Bajo sus alas, el Dios de todo orden estaba orquestando los eventos de la vida de esta joven extranjera para que pronto llegara a ocupar una posición deliberada y fuera una parte integral del «hilo escarlata»: el linaje divino que corre a través de la Escritura.[10] Nuestro Dios ofrece esa misma clase de protección y cuidado para todo aquel que creyere:

¡Cuán preciosa, oh Dios, es tu misericordia! Por eso los hijos de los hombres se amparan bajo la sombra de tus alas (SALMO 36.7).

LECCIONES DE LA VIDA

PRIMERA LECCIÓN DE LA VIDA: MANTÉNGASE EN LOS CAMPOS DEL SEÑOR.

Hay una correlación directa entre Cristo y Booz, y entre Rut y la Iglesia. El campo le pertenecía a Booz, un hombre rico que era dueño de muchos campos. Rut no necesitaba ir a ningún otro campo para recoger alimento. Él le proveyó todo lo que ella necesitaba.

Como creyentes, no necesitamos ir a ninguna otra persona que Cristo, porque Él le dijo a su iglesia:

No améis al mundo, ni las cosas que están en el mundo... (1 JUAN 2.15)

En Cristo hay suficiente para el cristiano; por lo tanto, no es necesario para el creyente ir a los campos de este mundo para encontrar consuelo o retribución.[11] Un grano de maíz en el campo del Señor vale más que todos los granos de los campos que el mundo pueda ofrecer.

Pídele que te dé los deseos de tu corazón y Él va a llenar todos los vacíos que tengas. Para aquellas que han dejado viejas amistades y conocidos, que han dejado a padre y madre o hermano y hermana para entrar al mundo del creyente, permítanme animarlas: Nuestro Salvador les va a recompensar con su gracia y su protección. Les va a recompensar con su compañía. Ustedes han salido de Moab y han seguido al Señor para ir a una tierra extraña. Pronto encontrarán consuelo bajo sus alas; todo lo que necesiten lo encontrarán allí y no van a continuar siendo extranjeras por mucho tiempo. Booz le mostró bondad a Rut, tal como Cristo le muestra amor al creyente que ha dejado todo para seguirle. Como el rey David, tenemos que aprender a depender del Señor para su protección:

Guárdame como a la niña de tus ojos; escóndeme bajo la sombra de tus alas (SALMO 17.8).

Para aquellas de ustedes que aceptaron a Cristo años atrás y que quizá se han olvidado cómo se siente ser una extranjera en la tierra de los que son fieles, les pido que sean bondadosas con las recién convertidas.

Jesús habló personalmente de la importancia de amarse los unos a los otros. (JUAN 13.34–35). El amor que Él tiene hacia nosotros no se puede medir ni duplicar. Su amor no se puede comprar ni vender. Su amor no se puede ganar ni intercambiar. El amor de nuestro Salvador sólo se puede dar y recibir libremente. Usted puede buscarlo por todo el mundo y nunca podrá encontrar esta clase de amor. Quédese en el campo del Señor y recoja todo lo que Él tiene para usted. Muy pronto se sentirá como si estuviera en casa.

SEGUNDA LECCIÓN DE LA VIDA:
LA GRACIA DIVINA VIENE DESPUÉS DE LA OBEDIENCIA.

Hace varios años, en una noche fría de domingo durante la semana de Navidad, mi esposo estaba hablando con nuestra congregación después de haberles enseñado acerca de la oración específica. El pastor Hagee retó a nuestro rebaño a orar y a pedirle a Dios en términos específicos que cuando su provisión llegara no hubiera ninguna duda; sería obvio: Dios había provisto. «Si quiere una bicicleta, ¡entonces pida una bicicleta roja con manubrios de cromo y llantas con rayos brillantes! ¡Dele la oportunidad a Dios de lucirse!»

La línea se formó rápidamente cuando vieron que el pastor Hagee estaba dando abrazos. Él es un hombre amoroso, y hasta el día de hoy sus ovejas quedan vigorizadas cuando con sus brazos fuertes y alentadores envuelve sus problemas con compasión.

Una de las personas que estaba en la línea era un jovencito de unos doce años de edad. En silencio y con paciencia, esperó su turno para hablar con mi esposo. Me tocó el corazón ver a mi esposo arrodillarse para así poder mirarle directamente a los ojos. Escuchó atentamente al jovencito y luego lo envolvió en sus enormes brazos y empezó a llorar. Luego el pastor Hagee se paró y secó las lágrimas de ambos. El jovencito salió de la iglesia y el pastor continuó hablando con los que quedaban en la fila.

Camino a casa, John me dijo lo que había ocurrido. «El jovencito que viste hablando conmigo vino a la iglesia con uno de sus amigos.

Me rompió el corazón cuando me dijo que Dios lo había hecho el hombre de la casa porque su papá los había abandonado a él, a sus cuatro hermanos y hermanas y a su mamá. Me pidió que orara para que pudiera encontrar un trabajo y así suplir las necesidades de su familia.

«Me pidió que orara para que el Señor le trajera una bicicleta roja con manubrios de cromo y llantas con rayos brillantes para poder distribuir periódicos y así poder ayudar a su mamá a mantener a su familia. Me dijo que quería ser específico».

A mi esposo le corrían las lágrimas por las mejillas al continuar con esta historia tan triste. «Yo le pedí que se quedara y me esperara para conseguir más información, pero se fue inmediatamente. ¡Pero no podrás imaginarte lo que sucedió después!»

Para ese tiempo yo también estaba llorando, y no podía esperar para escuchar el resto de la historia. «¿Qué pasó?», le pregunté.

«Un doctor estaba en la fila como unas cuatro personas detrás de este precioso jovencito. El hombre me saludó y nos deseó una Navidad llena de bendiciones. Después me dijo algo que hizo que se me cayera la quijada».

«¿Qué?» fue mi más que curiosa reacción.

«El doctor me dijo que tenía una bicicleta que quería donar a la iglesia para que alguna persona joven la disfrutara ya que él no tenía tiempo para usarla». Y agregó: «¡La bicicleta está nueva!»

Con mucho entusiasmo, casi más allá de lo que las palabras podrían describir, grité: «¡Ay, mi John! ¡El Señor ha provisto!»

«Sí, lo sé, pero cuando miré alrededor, el jovencito ya se había ido. Conozco su nombre. Se llama Robert, pero no sé más acerca de él. No sé cómo encontrarle».

Esa declaración hizo que me acordara de uno de mis versículos favoritos: «Estando persuadido de esto, que el que comenzó en vosotros la buena obra, la perfeccionará hasta el día de Jesucristo» (FILIPENSES 1.6). «¡Dios nos ayudará a encontrarlo!», dije confiadamente. Nos tomamos de las manos y oramos para que el Señor nos guiara hacia el jovencito.

El miércoles siguiente era el día antes de la Navidad. El grupo de voluntarios de la iglesia y yo, llenamos canastas de comida, y envolvimos regalos que iban a ser distribuidos a las familias de nuestra congregación y a la comunidad, que de otra manera no hubiesen tenido nada para la Navidad. Ya era casi el final del día y las canastas y los regalos estaban listos para distribuirse.

De pronto, una joven de nuestra iglesia vino corriendo desde el estacionamiento. «Diana, ¿es ya muy tarde para recibir una canasta de Navidad?» gritó, mientras trataba de recobrar el aliento.

«No, nunca es demasiado tarde. Hemos preparado varias canastas demás», le respondí al tiempo que le daba una de las canastas de comida. Mi amiga recibió el regalo con mucha alegría mientras me contaba su historia.

«Hace unas semanas conocí a una mujer a quien su esposo la abandonó. Es una mujer maravillosa y trabaja muy duro; sin embargo, el esposo la dejó con tantas deudas que casi no le alcanza ni para la comida. Ha estado muy deprimida durante estos días festivos».

Mi piel hormigueaba de la emoción. *¿Puede ser?* pensé. *Señor, ¿nos has traído al jovencito?* «¿Ella tiene un hijo como de doce años de edad?» le pregunté.

«Sí, su nombre es Robert. Es un buen jovencito y está tratando de conseguir un trabajo distribuyendo periódicos para así ayudar a su mamá con los gastos de la casa y las necesidades de sus hermanos y hermanas. Esta de verdad que es una buena familia».

¡Yo lo sabía! ¡Dios se estaba luciendo!

Le conté a la joven lo que había sucedido la tarde del domingo anterior y le pregunté si podía pasar por la casa del doctor cuando iba en camino a su cita divina. Las dos lloramos y alabamos al Señor por su gracia sin igual. Después ella se fue a buscar la bicicleta y a darle la comida y los regalos de Navidad a la familia, la noche antes del sagrado nacimiento de nuestro Salvador.

Más tarde, me llamó para contarme los eventos de ese día tan especial: «Diana, ¡no vas a poder creer lo que Dios ha hecho!»

«¡A ver!» le respondí entusiasmada.

Mi amiga me empezó a contar la historia del milagro. «Fui a la casa de la familia y Robert vino a la puerta. Su mamá no sabía que yo la iba a visitar porque le habían desconectado el teléfono. Robert me dijo que su mamá no podía venir a la puerta porque estaba en cama con migraña. Le dije que tenía una sorpresa bien grande para ella y para la familia.

«Robert lo pensó por un momento y luego me dejó pasar. Fue al cuarto de la mamá y después de algunos minutos regresó con ella, agarrado de su mano. ¡Ay, Diana, se veía tan cansada y desalentada!

«La mamá de Robert me dijo que el día había sido muy difícil. Que había ido de agencia en agencia, buscando algunos recursos para poder darle una Navidad modesta a su familia pero dondequiera que iba, la respuesta era la misma: Demasiado tarde para que pudiera recibir ayuda. Todas las agencias le aconsejaban que fuera a una iglesia local. Quizás allí la ayudarían. Como la familia no tenía iglesia, sabía que había muy pocas probabilidades de que le ayudaran. No sabía cómo les iba a decir a los niños que este año no habría Navidad.

«Robert agarró fuertemente la mano de su madre y dulcemente le dijo que no se preocupara, que él se lo diría a sus hermanos. Entonces les dije lo que tú me pediste que les dijera: "Jesús escuchó tu llanto. Hoy será el día de su provisión. Hoy, nuestro Padre te enseñará su gracia divina". Tuve la sensación de que ni Robert ni su mamá habían entendido lo que les acababa de decir, así es que le pedí a mi esposo que trajera los regalos.

«Fue al auto y empezó a sacar tantas canastas de comida que sus armarios estaban que se desbordaban. Luego empezó a desempacar el arbolito de Navidad que habíamos comprado antes de ir a su casa y todos los regalos que les había enviado la iglesia. Finalmente, le pedimos a Robert que viniera a la puerta para la última sorpresa. Le enseñamos la "oración contestada" que estaba amarrada al techo del auto de mi esposo».

Mi corazón estaba brincando dentro de mí, así que interrumpí la historia de mi amiga. «Y él, ¿qué dijo?» le pregunté.

«Sus ojos se abrieron muy grandes y sonrió. "¡Yo sabía que Dios iba a contestar mi oración. Lo sabía!" Con eso, corrió al auto y le ayudó a mi esposo a bajar la bicicleta del techo. Para este tiempo la familia entera estaba saltando y aplaudiendo. Nos fuimos a la sala y nos sentamos y mi esposo dijo: "Necesitamos orar y darle gracias al Señor".

Los tomó de las manos y antes de empezar a dar gracias al Señor por su provisión, ¡dirigió a toda la familia en una oración para salvación! Diana, ¡todos aceptaron a Cristo en la víspera de Navidad! ¡Muchas gracias por dejar que mi esposo y yo fuésemos parte de este milagro!»

Le dije a mi amiga que todos habíamos sido escogidos para participar en una serie de citas divinas planeadas por el Conductor Experto de nuestras vidas. Habíamos contestado al llamado de Dios a tomar parte, y por haber sido obedientes, fuimos bendecidos más allá de lo que las palabras pueden expresar. Antes de despedirnos, le hice una última pregunta: «¿De qué color era la bicicleta?»

Su respuesta fue la última confirmación de la infinita gracia y misericordia de Dios. «Era una bicicleta hermosa. Tenía campanilla y pitos que cualquiera desearía tener. Era roja con manubrios de cromo y llantas con rayos brillantes».

Nuestro Señor está continuamente orquestando una gran sinfonía en nuestras vidas. Él está listo para proveer para cada una de nuestras necesidades. Está listo para colmarnos de su gracia divina. ¡Él quiere lucirse, para usted! Rut estaba ansiosa para obedecer la ley de la cosecha. El Señor Dios de Israel le trajo gracia a través de Booz. Robert estaba listo para ayudar a suplir para su familia. Ambos encontraron gracia con Dios. La gracia divina viene después de la obediencia:

Si anduviereis en mis decretos y guardareis mis mandamientos, y los pusiereis por obra, yo daré vuestra lluvia en su tiempo, y la tierra rendirá sus productos, y el árbol del campo dará su fruto. Porque yo me volveré a vosotros, y os haré crecer, y os multiplicaré, y afirmaré mi pacto con vosotros (LEVÍTICO 26.3-4, 9).

TERCERA LECCIÓN DE LA VIDA:
APRENDA A VIVIR BAJO SUS ALAS PROTECTORAS.

Cuando mi familia y yo nos fuimos en un crucero para Alaska, yo estaba asombrada con la creación majestuosa de Dios. La belleza de la costa era sencillamente impresionante. Una de las cosas más hermosas que pude ver fue un águila de cabeza blanca y alas oscuras surcando sin esfuerzos los aires. Sentada en el balcón de nuestro camarote, usé mis binoculares para poder ver más de cerca a este pájaro tan magnífico.

Finalmente pude localizar a un águila que revoloteaba sobre sus polluelos en el nido. Sus alas se veían grandísimas cuando las arqueó sobre sus crías que no dejaban de piar. En la parte interior de las alas enormemente fuertes había unas plumas blancas suaves, obviamente presentes para darles consuelo a los chiquitos que se acunaban bajo ella.

¡Oh! ¡Como las alas de esta ave majestuosa son las de nuestro Creador! Él promete cubrirnos con sus alas protectoras y librarnos del enemigo. Dios nunca subestima al enemigo y, en medio de la batalla, nos consuela con sus alas de refugio.

Cuando a mi suegra le diagnosticaron cáncer, su pronóstico era desalentador. Los doctores le informaron que tenía cáncer del colon y le dijeron que el tratamiento constaba de ocho semanas de radiación, seguido por una colostomía radical. Aún así, esperaban que sobreviviera menos de un año. Nuestra familia se puso alrededor del que los doctores dijeron sería su lecho de muerte, y bajo el liderazgo de mi suegro, la cubrimos con una oración de sanidad.

Vada Hagee, mi suegra, es mi Noemí. He aprendido a amar a Dios al verla. He aprendido a confiar en Dios por su precioso ejemplo. Cuando se enamoró de Jesús, fue para toda la vida. Cuando lee su Palabra, es como si estuviese leyendo una carta de amor de su Redentor. Casi no puede dejar de llorar, porque valora cada una de las promesas que Él da.

Cuando mi suegra oyó el pronóstico, dijo confiadamente: «Bueno, esto es lo que los doctores creen. Yo los respeto por el conocimiento que tienen, pero voy a confiar en la Palabra del Señor».

Con esa declaración, la batalla para su vida había empezado. Ella escogió su arma: la Palabra del Dios viviente, la Palabra de *Jehovah Rophe*, el Señor nuestro sanador.

Cuando empezó su tratamiento, me llamó para decirme que la terapeuta de radiación le había advertido de los devastadores efectos secundarios que iba a tener en su piel frágil, suave y pálida. También me dijo que fue a las Sagradas Escrituras y que sintió que el Señor la dirigía al Salmo 91.

«Me lo memoricé y me aferraré a él durante mis tratamientos de radiación. Yo creo totalmente que no voy a tener ninguno de los efectos secundarios».

Mi suegra hizo tal y como dijo, y luego de ocho semanas, su piel no tuvo ni una señal de irritación. Uno pensará que los tratamientos no fueron efectivos; sin embargo, a la siguiente semana tuvo la cirugía de colostomía que debió durar seis horas, pero tomó menos de dos. Lo que supuestamente iba a ser una colostomía, se transformó en una cirugía sencilla para remover un pequeño tumor, en el cual el cáncer mortal fue totalmente contenido. Lo que iba ser su último año de vida, se ha convertido en 23 años más de vida caminando en amor con su Salvador.

Vada Hagee tiene 92 años de edad y ama al Señor más que cuando lo conoció por primera vez. Es hermoso el amor que se tienen el uno para el otro. El único deseo que ella tiene y que aún no se ha hecho realidad es verlo cara a cara. Siento que pronto le va a conceder ese deseo. Su vida puede ser expresada por el salmo que le dio tanto consuelo y sanidad durante su lucha contra el cáncer:

El que habita al abrigo del Altísimo morará bajo la sombra del Omnipotente. Diré yo a Jehová: Esperanza mía, y castillo mío; mi Dios, en quien confiaré (SALMO 91.1–2).

Así como mi suegra, necesitamos recurrir al Señor de modo que nos libre de nuestras enfermedades y nos honre con sus promesas. Necesitamos vivir bajo sus alas protectoras todos los días de nuestras vidas:

Mas a vosotros los que teméis [reverenciais] mi nombre, nacerá el Sol de justicia, y en sus alas traerá salvación… (MALAQUÍAS 4.2)

Capítulo nueve

MANOS AFERRADAS AL PROPÓSITO

Rut se sintió atraída por Booz desde el momento en que lo vio, pero no podía entender por qué. Él era mucho mayor que ella. No obstante, la impresionó la sabiduría que parecía emanar de sus ojos. También estaba impresionada por la generosidad que había demostrado hacia ella, en una forma que nunca había sentido antes.

Booz era judío y ella era una extranjera, pero había recibido una aceptación que no había recibido por parte de nadie. Cuando oyó la invitación que le hizo para que se sentara a la mesa con él, bajó la cabeza y caminó lentamente hacia donde él estaba. Con un leve gesto, la invitó a que se sentara al lado de sus segadores. Discretamente, Rut se cubrió el rostro con un pañuelo para que no la vieran sonrojar al preguntarse: *¿Yo pertenezco aquí?*

Apenas unas pocas horas atrás, Rut se sentía completamente perdida mientras trataba de encontrar el camino hacia los campos de cebada. Al llegar, se sintió tan insuficiente e insegura. Su vida pasada como la hija de rey no la había preparado para el trabajo duro de la cosecha. Un poco más temprano en el día, su cuerpo se sentía cansado al tratar de recoger cuantas espigas podía para asegurarse que iba a tener suficiente alimento para ella y para Noemí. Ahora que estaba descansando en la mesa del señor y compartiendo de su generosa abundancia casi no podía asimilar lo que estaba pasando. *¡Hashem* realmente había sido bueno con ella!

Booz, por su parte, sentía como si lo estuviera guiando una fuerza fuera de él. Se encontró invitando a Rut para que compartiera su mesa. Intuitivamente, había tenido la impresión que ella era una mujer gentil y humilde. Ahora sabía que era verdad. No podía dejar de mirar a la que parecía ser la mujer más hermosa que jamás hubiese visto en su vida. Quería mantenerla cerca y algo dentro de él deseaba desesperadamente proveer para ella. No sabía qué iba a pasar en el futuro, pero estaba seguro que *Hashem* era parte de todo lo que estaba ocurriendo.

Booz bendijo la comida y la invitó a que tomara el pan y lo mojara en el vino. Rut agarró el pan, tomó una pequeña porción, la mojó en el vino y lo llevó a sus labios. No podía recordar cuándo había sido la última vez que había comido algo tan sabroso.

Como un gesto adicional de generosidad, Booz le pasó más pan. Rut tenía mucha hambre, porque hacía meses que no comía como era debido, pero aún con lo hambrienta que estaba, no pasó por alto la benevolencia amorosa que su anfitrión le dio. Le agradeció su gene-rosidad y comió su ofrenda con gratitud hasta que quedó satisfecha. Luego puso un poco de pan en su delantal para llevarle a Noemí una parte de aquella deliciosa comida. ¡Oh, si solo Noemí hubiese podido compartir con ella ese momento tan hermoso!

Cuando la comida ya se estaba terminando, Rut se levantó para seguir trabajando en los campos. Al irse de la mesa, sintió que los que estaban sentados alrededor de ella no dejaban de mirarla. Algunos segadores parecían preguntarse: *¿Qué has hecho tú para merecer tanta gracia? Tú, una mujer, y como si fuera poco, ¡moabita!*

Rut supuso que no todos los que estaban a la mesa sentían lo mismo que ellos. Algunos de los segadores estaban obviamente felices por ella; se le podía ver en sus ojos. Habían sido testigos de su trabajo duro desde la madrugada, y se habían dado cuenta que no estaba buscando favoritismo sino sólo la oportunidad de recoger gavillas en el campo. El afecto que le tenían a Booz era evidente, por lo que muchos de los segadores estaban felices de ver su interés por esta hermosa gentil recién convertida.

Rut mantuvo la mirada en Booz porque encontró fortaleza en sus facciones firmes; su sonrisa confiada le daba consuelo. Inclinó la cabeza y oró silenciosamente dándole gracias a Dios, quien la había llevado a ese lugar de seguridad y de abundancia.

Luego, le dio las gracias a su anfitrión y regresó al trabajo. Booz miró a Rut mientras esta caminaba hacia los campos, y cuando estuvo seguro que no lo podía oír, le hizo un gesto al capataz para que se acercara. Quería darle unas instrucciones en privado: «Deja que ella recoja hasta en medio de las gavillas y no la reproches. Además, deja que los granos caigan de los manojos intencionalmente para ella; déjalos para que ella los recoja y no la reprendas».

ESTUDIO BÍBLICO

Y Booz le dijo a la hora de comer: Ven aquí, y come del pan, y moja tu bocado en el vinagre. Y ella se sentó junto a los segadores, y él le dio del potaje, y comió hasta que se sació, y le sobró. Luego se levantó para espigar. Y Booz mandó a sus criados, diciendo: Que recoja también espigas entre las gavillas, y no la avergoncéis; y dejaréis también caer para ella algo de los manojos, y lo dejaréis para que lo recoja, y no la reprendáis. Espigó, pues, en el campo hasta la noche, y desgranó lo que había recogido, y fue como un efa de cebada (RUTH 2.14–17).

«Come del pan». Rut no sólo fue invitada a la mesa del amo, sino que Booz la invitó también a compartir su comida con él. Quería que comiera y se nutriera adecuadamente. Quería tenerla cerca de él.

Nuestro Redentor quiere que comamos de su Palabra hasta que nuestras almas tengan un nutritivo vigorizante de por vida, y que tomemos de su fuente de vida hasta que rebosemos. La Escritura nos asegura que nuestro Señor desea alimentar nuestras almas:

Yo soy el pan vivo que descendió del cielo; si alguno comiere de este pan, vivirá para siempre; y el pan que yo daré es mi carne, la cual yo daré por la vida del mundo (JUAN 6.51).

...Si alguno tiene sed, venga a mí y beba. El que cree en mí, como dice la Escritura, de su interior correrán ríos de agua viva (JUAN 7.37–38).

«Moja tu bocado en el vinagre». Es posible que se piense que el vinagre era una sustancia amarga nada agradable. Por el contrario, esta salsa era una mezcla de néctares exprimidos de frutas dulces tales como las uvas y agua para producir una sustancia líquida como el vino.

Esta clase de bebida es todavía usada en los campos de cosecha en Italia, porque no es extremadamente fuerte, es refrescante y le da sabor al pan cuando los segadores se refrescan al mediodía.[1] En esencia, Booz invitó a Rut a que viniera a su mesa y compartiera una comida de pan y vino.

Qué dulce forma de prefigurar la bondad de Dios. Antes de que Booz se convirtiera en el pariente-redentor de Rut, él la invitó a comer pan y vino. Es más, antes de que Cristo fuera nuestro Redentor en la cruz, Él invitó a los suyos a tomar la comunión con Él en una comida de pan y vino:

> *Y mientras comían, tomó Jesús el pan, y bendijo, y lo partió, y dio a sus discípulos, y dijo: Tomad, comed; esto es mi cuerpo. Y tomando la copa, y habiendo dado gracias, les dio, diciendo: Bebed de ella todos; porque esto es mi sangre del nuevo pacto, que por muchos es derramada para remisión de los pecados* (MATEO 26.26–28).

¡Piense en esto! Estamos invitados a la mesa del Señor para compartir todo lo que Él ha preparado para nosotros. ¡Al tomar nuestro lugar en su mesa, nuestro Redentor no puede dejar de mirarnos porque Él conoce los hermosos planes que tiene para nosotros y quiere que nuestro destino se haga realidad! ¡Qué regalo! ¡Qué gracia!

Y ella se sentó junto a los segadores. Booz hizo todo lo que pudo para que Rut no se sintiera como una intrusa en su campo. La hizo sentarse junto a los segadores y no detrás como una sirvienta. Le dio una categoría comparable a los que habían estado con él por años. Quería que Rut se sintiera como si perteneciera a su campo. Era una extranjera, pero él la estaba trayendo a ser parte de su círculo íntimo.

Nuestro Redentor nos da un tratamiento idéntico cuando venimos a su cruz. No hace distinción de personas. No importa si venimos a su reino como niños o como personas mayores de edad, si venimos a su reino ignorantes de su Palabra o como eruditos. En sus ojos, tenemos el mismo valor y la misma herencia. No hay extranjeros, ni hombre, mujer, o niño que no pueda caminar a través de la sangre redentora de nuestro Salvador como expiación de sus pecados y recibir vida eterna:

> *Y a los hijos de los extranjeros que sigan a Jehová para servirle, y que amen el nombre de Jehová para ser sus siervos; a todos los que guarden el día de reposo para no profanarlo, y abracen mi pacto, yo los llevaré a mi santo monte, y los recrearé en mi casa de oración; sus holocaustos y sus sacrificios serán aceptos sobre mi altar; porque mi casa será llamada casa de oración para todos los pueblos* (ISAÍAS 56.6–7).

De hecho, nuestro Redentor es el autor de toda buena dádiva y todo don perfecto:

> *Toda buena dádiva y todo don perfecto desciende de lo alto, del Padre de las luces, en el cual no hay mudanza, ni sombra de variación* (SANTIAGO 1.17).

En la presencia de nuestro Redentor, los redimidos encuentran paz, seguridad y gozo. Su presencia es un santuario donde el mal no puede entrar:

> *Diré yo a Jehová: Esperanza mía, y castillo mío; Mi Dios, en quien confiaré* (SALMO 91.2).

Él le dio del potaje. Imagínese esta escena maravillosa. Booz sentado a la cabecera, sus segadores a su lado y Rut, la hermosa moabita, sentada al lado de los segadores, igual a ellos a los ojos del amo. Al darle intencionalmente más potaje a ella, que era la peor, él la trató como la mejor. Hizo esto porque sabía que lo necesitaba más que los otros que estaban sentados a su mesa.

Ahora póngase usted en este cuadro. Usted sentada a la mesa del Señor, porque Él la invitó. Sentada al lado de los que se han sentado en su mesa por años; sin embargo, Él le da a usted más de su abundancia infinita de lo que les da a los otros. Él conoce cada una de sus necesidades.

Usted es suya y Él quiere que se sienta en casa cuando viene a su mesa. Quiere que se satisfaga con todo lo que Él tiene para ofrecerle:

Y Jehová de los ejércitos hará en este monte a todos los pueblos banquete de manjares suculentos, banquete de vinos refinados, de gruesos tuétanos y de vinos purificados (ISAÍAS 25.6).

Comió hasta que se sació, y le sobró. Rut comió en la mesa del amo hasta que se sació, pero también guardó un poco para Noemí.No quiso disfrutar del banquete ella sola. Se acordó de su amada suegra y le guardó un poco de su provisión.

«Y no la avergoncéis». A los pobres no se les permitía recoger entre las gavillas, pero Booz les ordenó a sus segadores: «Aún si Rut recoge incorrectamente porque no conoce la ley, no la enfrenten para no avergonzarla».

Cuando los que se acaban de convertir vienen al Señor, muy a menudo no conocen las condiciones que nuestro Señor quiere que cumplamos. Nosotros, que hemos estado más tiempo con el Señor y conocemos los requerimientos que Cristo pone en nuestras vidas, debemos tener en mente a los que recientemente han aceptado a Cristo como su Salvador. Debemos guiarlos gentilmente así como nosotros fuimos guiados por su bondad, su gracia y su misericordia.

Yo trato de hacer lo más que puedo depósitos en el banco de la bondad, de misericordia y de gracia porque sé que un día tendré que retirar de ese mismo banco y la cantidad que tendré disponible es la misma cantidad que yo haya depositado. Las Escrituras dicen:

Bienaventurados los misericordiosos, porque ellos alcanzarán misericordia (MATEO 5.7).

«Dejaréis también caer para ella algo de los manojos, y lo dejaréis para que lo recoja». Booz estaba tan decidido a proveer para Rut que ordenó a sus segadores que se aseguraran de dejar caer gavillas a los pies de ella para que estuviera segura de que tenía más que suficiente.

Booz también estaba mostrando una sensibilidad fenomenal hacia Rut al no avergonzarla frente a los segadores. Él quería que a sus segadores se les olvidaran las gavillas a propósito, y que hicieran parecer a Rut como si habían quedado allí accidentalmente. Al hacer eso, estaba cumpliendo con el mandamiento judío que requería que se suplieran las necesidades de los pobres sin causarles humillación o pena. Al llevar a cabo este acto, Booz estaba emulando a Dios.[2] Dios siempre proveerá para los suyos. David vio esta verdad en su propia experiencia:

Joven fui, y he envejecido, y no he visto justo desamparado, ni su descendencia que mendigue pan (SALMO 37.25).

Desgranó lo que había recogido... un efa de cebada. Cuando Rut hubo terminado de recoger, no se fue a casa inmediatamente para descansar de su día de duro trabajo. Primero, desgranó las gavillas. Con eso, no sólo estaba evitando que su suegra trabajara, sino que se estaba librando del peso adicional que hubiese tenido de regreso a casa.[3]

El fruto de la generosidad de Booz y la diligencia de la labor de Rut eran equivalentes a aproximadamente cuatro galones de cebada.[4]

LECCIONES DE LA VIDA

PRIMERA LECCIÓN DE LA VIDA:
VA A QUEDAR SATISFECHA EN LA MESA DEL SEÑOR.

Es posible que usted quiera encontrar satisfacción en otro lugar, pero no quedará satisfecha hasta convertirse en una hija del Dios viviente. Si trata de encontrar satisfacción para su vida sin la presencia de Dios, se desilusionará. Trabajará y no encontrará prosperidad. Buscará amor y sólo encontrará dolor. Tratará de encontrar la felicidad, sólo para llenarse de tristeza. Se esforzará por tener buena salud, pero su alma se volverá débil y frágil.

¡Oh, pero yo le tengo buenas noticias! Cuando crea en Él y confíe en su cruz para salvación, entonces quedará completamente satisfecha. Su mente se saciará con el conocimiento de que Cristo es el autor de la esperanza. Su corazón se saciará con satisfacción porque Él es todo el amor y afecto que usted necesitará para sentirse llena y completa. Su conciencia se saciará con paz al concentrarse en sus enseñanzas y en sus promesas. Su propósito va a ser satisfecho, porque conocer a Cristo es encontrarse en Él.

Uno de los hombres más bondadoso que tuve el privilegio de conocer fue Derek Prince, un verdadero amigo de mi esposo y yo. Derek dedicó su vida a la enseñanza del evangelio de Jesucristo, y qué gran maestro fue él. Estaba ungido en la autoridad de las Escrituras y su fe en la Palabra del Dios viviente no tenía rival. Vivía la Palabra y se sentía satisfecho con su plenitud.

En julio de 1941, mientras servía en el ejército británico, Derek tuvo un encuentro sobrenatural con el Señor. Refiriéndose a aquella experiencia, dijo lo siguiente:

> *A raíz de ese encuentro, llegué a dos conclusiones, las cuales nunca he tenido que cambiar: primero, que Jesucristo está vivo; segundo, que la Biblia es un libro verdadero y relevante.*
>
> *Estas dos conclusiones alteraron radical y permanentemente todo el curso de mi vida. La Biblia se me hizo inmediatamente clara y comprensible. La oración y la comunión con Dios se me hicieron tan naturales como el simple acto de respirar. Mis primordiales deseos, motivos y propósitos en la vida fueron transformados de la noche a la mañana.*
>
> *¡Había encontrado lo que estaba buscando! ¡El significado y el propósito de la vida es una Persona!*[5]

Mientras estaba en su lecho de muerte, antes de encontrarse con su amado Salvador en gloria, Derek le hizo una última pregunta al Señor al que tan fielmente había servido. Con lágrimas en los ojos miró a su discípulo que estaba al pie de la cama y en la más sincera humildad le preguntó: «¿He hecho todo lo que tenía que hacer?»

Aquí estaba un hombre que había llevado la Palabra de Dios a las naciones del mundo. Hablaba en las aldeas de los pobres que nunca habían tenido la oportunidad de saber acerca de la salvación que hay en Jesucristo. Impuso manos sobre los enfermos y oró por ellos en el nombre de *Jehovah Rophe*, y fueron sanados. En el poder del Señor trajo libertad a los cautivos oprimidos.

Derek hizo todo esto y más en obediencia a la Palabra de Él, a quien amaba tanto.

Por cincuenta y ocho de los ochenta y ocho años de su vida, alabó al Dios de Abraham, Isaac y Jacob por sus logros en el ministerio; sabía que la fuente de su éxito era el Señor. Verdaderamente amó a su Salvador. Los que lo conocían, tuvieron la bendición de escuchar sus enseñanzas y oír acerca de la total devoción a su Redentor. Sin embargo, preguntó: «¿Hice todo?»

Derek comió en la mesa del Señor hasta que quedó satisfecho, pero no paró allí. «Guardó un poco» y se lo dio a todos aquellos que habrían de recibir las Buenas Nuevas. Sí, Derek Prince hizo todo lo que tenía que hacer y más. Puedo escuchar al Señor diciéndole:

> *Bien, buen siervo y fiel; sobre poco has sido fiel, sobre mucho te pondré; entra en el gozo de tu señor* (MATEO 25.21).

Usted no quedará satisfecha hasta que comparta la provisión abundante que Él le ha dado. Pídale al Señor y Él le mostrará qué quiere de usted, y al obedecerle, su alma se llenará hasta desbordarse.

SEGUNDA LECCIÓN DE LA VIDA:
DIOS HA PREPARADO BANQUETES PARA SUS SEGADORES.

Dios les prepara un gran banquete a sus hijos cada vez que su Palabra es enseñada y predicada. Pero a menudo algunas de las ovejas que son miembros de nuestra iglesia y de otras iglesias alrededor del mundo y que no participan en los banquetes que se les ponen enfrente, me ponen triste.

Cada domingo por la mañana y por la tarde nos reunimos en el nombre del Señor y disfrutamos del banquete en su mesa. Durante el año, tenemos campamentos donde algunos de los mejores y más ungidos oradores de la nación se unen a mi esposo para presentar la Palabra de Dios.

Como esposa del pastor, intencionadamente tomo tiempo para hacerles invitaciones especiales a todos los miembros de nuestra iglesia para que compartan en la mesa del Señor, especialmente durante estos maravillosos tiempos de avivamiento. Les informo que Jehová de los ejércitos ha oído nuestro clamor para que nos dé más y ha preparado una comida para las almas hambrientas. Él promete en su Palabra que no tendremos hambre o sed si comemos o bebemos en su mesa. Todos están invitados y la comida es gratis.

Invariablemente, los lunes por la mañana o el día después del banquete del Señor, recibo llamadas de algunas de nuestras ovejas, en las que se quejan de que sus matrimonios andan mal, de sus enfermedades, o de sus hijos desobedientes. Cuando les pregunto si participaron en el banquete ofrecido por el Espíritu del Dios viviente el día anterior, la respuesta es no. «No, estaba muy cansada». «No, estaba muy ocupada». «No, teníamos visitas», «Tenía una cita de negocios», o «Necesitaba pasar tiempo con mi familia».

Estos miembros de la iglesia están sufriendo de desnutrición espiritual; sin embargo, no tienen el tiempo ni el deseo de comer con Él, lo que podría satisfacer toda hambre que pudieran tener. Qué triste se debe sentir el Señor. Él ha preparado su banquete para nosotros y lo ha puesto en su mesa desde el principio. Él sabía que necesitaríamos estar satisfechos; sin embargo, rehusamos venir al banquete. Cuán desilusionado debe estar cuando Él viene a su mesa y sus invitados de honor no están allí.

Cuando el Señor manifiesta las provisiones de su Palabra, todos se satisfacen con el Pan de Vida. Al meditar en sus enseñanzas, siempre podemos extraer la dulce alimentación divina. Cuando oímos sus doctrinas de gracia y misericordia, nos llenamos de entusiasmo. Cuando Jesucristo y su cruz son glorificados, hay suficiente comida y de sobra. Cuando el trabajo glorioso del Espíritu Santo es recordado y compartido, hay sustento para cada una de nuestras necesidades.

Acepte la invitación del Señor a su mesa de banquete y nunca más tendrá hambre o sed.

TERCERA LECCIÓN DE LA VIDA:
LA FE VERDADERA PRODUCE FIDELIDAD.

Rut era una mujer de fe y se le encontró fiel en cada tarea.⁶ Aunque Booz le extendió privilegios y provisión extraordinarios, Rut fue fiel en regresar al campo a espigar. Para poderse llevar su cosecha a casa, tuvo que trabajar diligentemente cuando estaba en el campo.

El Señor promete que mientras que la tierra exista, siempre habrá un tiempo para sembrar y un tiempo para cosechar (GÉNESIS 8.22). El Gran Señor de la cosecha necesita segadores fieles que trabajen en sus campos hasta que el fruto de nuestra labor sea recogido ante Él:

Entonces dijo a sus discípulos: A la verdad la mies es mucha, mas los obreros pocos. Rogad, pues, al Señor de la mies, que envíe obreros a su mies (MATEO 9.37–38).

El Señor pidió a sus discípulos que oraran para que obreros fueran enviados a la cosecha. Adicionalmente, en el siguiente capítulo de Mateo, Él envió a sus discípulos para que otros pudieran seguir sus ejemplos:

Sino id antes a las ovejas perdidas de la casa de Israel. Y yendo, predicad, diciendo: El reino de los cielos se ha acercado. Sanad enfermos, limpiad leprosos, resucitad muertos, echad fuera demonios; de gracia recibisteis, dad de gracia (MATEO 10.6-8).

Después de su crucifixión y resurrección, Él amplió su comisión para incluir al mundo:

Y les dijo: Id por todo el mundo y predicad el evangelio a toda criatura (MARCOS 16.15).

Todo creyente debe estar en el campo de Aquel que es más grande que Booz. Como sus discípulos, tenemos que tener fe de que su

Palabra transformará a todo el que oiga sus verdades. Una fe viva es una fe que va; una fe vital es una fe que evangeliza.

Cuando el cristiano va a los campos del Señor, encontrará que «las manos con propósito» han sido dejadas por nuestro Gran Redentor, lo cual hará posible que el creyente haga más que recoger; un día, recogerá una abundante cosecha en los campos blancos.[7] Nosotros simplemente debemos estar dispuestos a ir.

Muchos de nosotros que somos intimidados por la Palabra de Dios nos resistimos a compartir con otros el amor que Jesús nos ha mostrado por miedo a ser rechazados y por miedo a lo que Él va a requerir de nosotros. Básicamente, no confiamos en el Dios a quien servimos. Yo estaba segura que le iba a fallar y avergonzar si me atrevía a compartir su palabra con otros y consecuentemente por años no hice nada.

Una joven le estaba hablando a un evangelista invitado sobre el tema de la consagración, de darse completamente a Dios. Le dijo: «No me atrevo a darme por completo a Dios por miedo a que me mande como misionera a China».

El evangelista le respondió: «Si en una mañana fría de invierno una avecilla viniera medio congelada dando picotazos a su ventana para que la dejara entrar y le diera de comer poniéndose completamente bajo su control, ¿qué haría usted? ¿La agarraría en sus manos y la aplastaría? ¿O le daría refugio, afecto, comida y cuidado?»

Una nueva luz brilló en los ojos de la joven. Y dijo: «Oh, ya veo, ya veo. ¡Yo puedo confiar en Dios!»

Dos años después, el evangelista visitó la misma iglesia y la joven se acercó a él recordándole sobre su conversación previa. Le contó que finalmente se había entregado a Dios y luego, con una sonrisa que le iluminaba el rostro, añadió: «¿Y sabe usted dónde Dios me va a permitir servirle?» Con un brillo en los ojos que irradiaba alegría sobrenatural, ella misma contestó su pregunta—«¡En China!»[8]

Confíe en Dios.

Capítulo diez

LA ESPERANZA

Noemí sentía una inquietud intensa por Rut. Ya era casi de noche y no había ninguna señal de su preciosa nuera. *¿Dónde podría estar? ¿Alguien le habría hecho daño? ¿Algún animal feroz la habría atacado y dejado a un lado del camino sufriendo, sólo para morir en un país extraño? ¿Qué le habrá pasado a mi querida Rut?*

Cayó de rodillas y empezó a clamar al Nombre: *¡Hashem, te pido que me traigas a Rut sana y salva! ¡No la juzgues por mi pecado! ¡Me trajiste a mi casa, a mi pueblo, pero no puedo vivir sin Rut! ¡Perdónala, Padre! ¡Tráemela sana y salva!*

Se puso de pie y se secó las lágrimas. ¡Qué cansada se encontraba de lavarse la cara con lágrimas de aflicción! Se dirigió a la puerta y salió con la esperanza de ver a Rut, pero no vio nada.

De repente, como si saliera de la nada, una pequeña figura apareció en el horizonte. *¿Podrá ser? ¿Podrá ser mi Rut? ¡Sí! ¡Sí! ¡Es Rut! Hashem contestó mi oración! ¡Alabado sea el Dios viviente! ¡Él oyó mi clamor y me la trajo de vuelta! ¡Cantaré de sus misericordias para siempre, porque Él es fiel!* Noemí no pudo contenerse. Corrió a su encuentro y la recibió en el camino.

Mientras se dirigían a casa, las dos mujeres estaban llenas de alegría: Noemí porque Rut regresaba sana y salva, y Rut por las provisiones que traía para Noemí. La felicidad le alivianaba la pesada carga que traía como retribución a Noemí, y ya le podría mostrar a su suegra todo lo que había podido recoger.

Cuando llegaron a la casa, y antes que Noemí pudiera abrir la boca, Rut empezó a mostrarle la abundancia de grano que traía. ¡Noemí no podía creer lo que veían sus ojos! *Hashem* no solo había protegido a su amada nuera de cualquier peligro, sino que también la había recompensado con más que suficiente comida.

Entusiasmada, Noemí le empezó a hacer pregunta tras pregunta a Rut. Quería conocer todos los detalles. «¿Dónde fuiste a cosechar? ¿Dónde trabajaste? ¿Quién te dio que pudiste recoger tanto grano?»

¡Cuando Rut le contó sobre el encuentro con el dueño del campo, Noemí no podía creer lo que estaba oyendo! *¡Booz! ¡Nuestro familiar! ¡Fue Booz el que te dio!* Y empezó a danzar en un círculo, alzando sus brazos y moviéndolos en alabanza al Único y Verdadero!

«¡Que Dios le bendiga por no haberse olvidado de la bondad divina para con los vivos y para con los muertos!» Llena de júbilo, Noemí alababa al Señor y aplaudía frente a Rut. «¡Rut, mi querida Rut, este hombre es pariente de nosotras! ¡Booz es uno de nuestros familiares más cercanos!»

Rut se sentó frente a Noemí y la miró con asombro. Nunca había visto a Noemí tan feliz. Por primera vez desde que había conocido a esta maravillosa mujer, veía la esperanza reflejada en sus ojos.

«¿Qué dijiste, mi cielo? No te oí bien. ¿Que Booz te pidió que te quedaras en su campo? Oh, sí. ¡Sí! Fue un buen consejo. Es bueno que vayas con sus criadas, para que la gente no te encuentre en algún otro campo». Entusiasmada, Noemí caminaba de un lado a otro, tratando de poner sus pensamientos en orden.

«Mírame Rut, me he olvidado hasta de mis buenos modales. Me puse tan feliz por las asombrosas noticias que me diste, que no te he ofrecido nada para consolarte después de un día de trabajo tan pesado». Noemí se volvió para caminar hacia el armario, se detuvo y pensó por un momento al acordarse que los estantes estaban vacíos. «Es gracioso que te diga esto Rut, pero no tengo nada que ofrecerte para darte la bienvenida, excepto mis brazos».

Rut se sonrió y con mucho entusiasmo buscó en los bolsillos de su delantal para sacar lo que tan amorosamente había tomado de la mesa de Booz para su preciosa suegra. Noemí estaba hambrienta y vio el retrato de la generosidad desvelarse ante ella al ver a Rut cómo, llena de ternura, sacaba el pan que le había traído.

Brotaron las lágrimas, pero esta vez eran lágrimas de alegría al tomar Noemí en sus manos el pan de la promesa. Antes, sin embargo, tomó las manos de Rut y oró dándole gracias a *Jehovah Jireh*. «Bendecido eres, Adonai, nuestro Dios y gobernante del universo, que traes pan de la tierra. Es bueno y agradable darte gracias, Señor. Cantaremos alabanzas a tu nombre, porque nos muestras tu bondad por las mañanas y tu fidelidad por las noches. Haznos felices según los días en que nos afligiste y los años en que vimos maldad. Haz que tu gloria aparezca a tus sirvientes y tu majestuosidad a sus hijos. Que la gracia del Señor nuestro Dios sea sobre nosotros y confirme el trabajo de nuestras manos al comer este pan que tan misericordiosamente haz provisto. Amén».

Noemí comió el pan, y aunque no había tenido una alimentación adecuada en meses, rápidamente quedó satisfecha. Compartió la cena con Rut, y todavía quedó suficiente pan. Entonces Noemí limpió la mesa y guardó lo que había sobrado. Sentía que su corazón latía de felicidad y que su mente giraba con todos los pensamientos acerca del futuro. Por primera vez en años, Noemí sentía esperanza.

¡Indudablemente, la mano de *Hashem* las estaba guiando a su destino divino!

ESTUDIO BÍBLICO

Y lo tomó, y se fue a la ciudad; y su suegra vio lo que había recogido. Sacó también luego lo que le había sobrado después de haber quedado saciada, y se lo dio. Y le dijo su suegra: ¿Dónde has espigado hoy? ¿Y dónde has trabajado? Bendito sea el que te ha reconocido. Y contó ella a su suegra con quién había trabajado, y dijo: El nombre del varón con quien hoy he trabajado es Booz.

Y dijo Noemí a su nuera: Sea él bendito de Jehová, pues que no ha rehusado a los vivos la benevolencia que tuvo para con los que han muerto. Después le dijo Noemí: Nuestro pariente es aquel varón, y uno de los que pueden redimirnos.

Y Rut la moabita dijo: Además de esto me ha dicho: Júntate con mis criadas, hasta que hayan acabado toda mi siega. Y Noemí respondió a Rut su nuera: Mejor es, hija mía, que salgas con sus criadas, y que no te encuentren en otro campo.

Estuvo, pues, junto con las criadas de Booz espigando, hasta que se acabó la siega de la cebada y la del trigo; y vivía con su suegra (RUT 2:18–23).

Sacó también luego lo que le había sobrado después de haber quedado saciada. Al darse cuenta que Noemí se estaba disculpando por no tener nada que servirle, Rut inmediatamente compartió el pan que había guardado y le aseguró que había comido muy bien mientras estaba en el campo de Booz.

Noemí estaba asombrada de ver la cantidad de grano que Rut había recogido, y su asombro aumentó cuando Rut le dio lo que le había sobrado del almuerzo. Eso, le confirmaba que de verdad su nuera había sido bendecida cuando estuvo en el campo de Booz.[1]

Cuando el Señor provee, siempre hay suficiente para satisfacer y más:

Porque Jehová Dios de Israel ha dicho así: La harina de la tinaja no escaseará, ni el aceite de la vasija disminuirá, hasta el día en que Jehová haga llover sobre la faz de la tierra. Entonces ella fue e hizo como le dijo Elías; y comió él, y ella, y su casa, muchos días. Y la harina de la tinaja no escaseó, ni el aceite de la vasija menguó, conforme a la palabra que Jehová había dicho por Elías (1 REYES 17.14–16).

Entonces mandó a la gente recostarse sobre la hierba; y tomando los cinco panes y los dos peces, y levantando los ojos al cielo, bendijo, y partió y dio los panes a los discípulos, y los discípulos a la multitud. Y comieron todos, y se saciaron; y recogieron lo que sobró de los pedazos, doce cestas llenas (MATEO 14.19–20).

Ya sea para una familia o para una multitud, nuestro Dios es el Dios de más que suficiente. Él es fiel al proveer para los suyos. Su provisión es una demostración de su increíble gracia divina que no tiene límites ni fronteras. Hasta el hijo pródigo se dio cuenta que el

Dios de su padre proveía más que suficiente para sus sirvientes. Pero el país lejano no le proveyó nada:

¡Cuántos jornaleros en casa de mi padre tienen abundancia de pan, y yo aquí perezco de hambre! (LUCAS 15.17).

«*¿Dónde has espigado hoy?*» Por la cantidad de alimento que había llevado a casa, a Noemí le era evidente que Rut había trabajado duro. Y por su experiencia como dueña de tierras, sabía que Rut tuvo que haber recibido ayuda adicional, porque un efa era más de lo que una mujer podía recoger en un día.

Noemí también sabía que usualmente se le prohibía al segador desgranar las gavillas mientras aún estaba en el campo. Por lo tanto, al notar que Rut había venido con gavillas desgranadas, le preguntó: «¿Quién fue tan bondadoso contigo mientras estabas en el campo?»[2]

«*Bendito sea él*». El versículo en hebreo dice: «Con el que trabajé». El Midrash enseña que el pobre hace más por el terrateniente que lo que el terrateniente hace por el pobre. Esta ley se manifiesta totalmente porque se creía que el terrateniente gana más espiritualmente que económicamente por la generosidad que dispensa, mientras que el pobre sólo gana temporalmente por la caridad que recibe del terrateniente.[3]

Booz era generoso. Se dice que uno se gana la vida por lo que recibe y hace una vida por lo que da.

En todo os he enseñado que, trabajando así, se debe ayudar a los necesitados, y recordar las palabras del Señor Jesús, que dijo: Más bienaventurado es dar que recibir (HECHOS 20.35).

Rut no podía dar más que Booz y los hijos de Dios no pueden dar más que Él. Cuando damos al pueblo de Dios, recibimos una recompensa espiritual que vale su peso en oro. Noemí quería saber el nombre del terrateniente que había sido tan bueno con Rut, porque la costumbre era ofrecer una oración de bendición para él:

Bienaventurado el que piensa en el pobre; en el día malo lo librará Jehová. Jehová lo guardará, y le dará vida; será bienaventurado en la tierra... (Salmo 41.1-2).

«El nombre del varón... es Booz». El nombre del terrateniente es una respuesta a la oración de Noemí, porque el nombre es el de su pariente-redentor. Noemí recibió esto como una señal del Señor que Él les iba a traer liberación a ella y a su nuera.

El carácter de Booz se parecía a los rasgos del Dios a quien él servía. Su nombre era Booz, un hombre de valor. Booz, el dueño del campo; Booz, el proveedor; Booz el pariente—redentor. Booz realmente se asemejaba a la naturaleza del Nombre que está sobre todo nombre.

«Sea él bendito de Jehová». Cuando Noemí oyó el nombre del terrateniente, supo que ya era bendecido de Dios porque era un hombre justo, un *tzedakah*. Antes de saber su nombre, lo bendijo con su propia bendición. Después que su nombre le fue revelado, lo bendijo en el nombre del Señor.

«Su benevolencia para con los vivos y los muertos». Este era un día muy feliz para Noemí. Un día de expiación, un día de esperanza para la supervivencia de su familia. Al ayudar a los «vivos» —Rut y Noemí— Dios, a través de Booz, estaba perdonando a los «muertos» — Elimelec y Mahlón— de la vergüenza de tener a sus viudas pasando hambre y recogiendo en campos de extraños. Además, no era degradante para Rut recoger en el campo de Booz, porque él era un pariente y un redentor. Su dignidad estaba protegida.

Los vivos en hebreo, se refiere al plural de la palabra. De alguna manera Noemí instintivamente sabía que ahora que había la esperanza de un redentor ella y Rut llevarían a cabo su propósito divino. Se dio cuenta que *Hashem* la había perdonado. Que Él se olvidado de su pecado y le había dado una esperanza para el futuro.

«Nuestro pariente». Booz era un goel, y como tal, era su deber casarse con la viuda de su familiar, siempre y cuando fuera un familiar cercano (DEUTERONOMIO 25.5–6).

Sin embargo, existía un gran obstáculo: Rut era una moabita. Aunque la Torá le prohibía a un judío casarse con una moabita —aún siendo una convertida—la Ley Oral proveía una excepción. Los judíos eruditos creen que había dos leyes: la escrita, que Dios le había dado a Moisés en el Monte Sinaí, y la Ley Oral, que también se le dio a Moisés en el Monte Sinaí y que se transmitió de generación en generación.[4]

La Ley Oral establecía que la prohibición era sólo para los hombres moabitas y no para las mujeres moabitas. Esta tradición oral no era muy conocida cuando estos eventos estaban ocurriendo, porque la cantidad de convertidos moabitas queriéndose casar con judíos era mínima. ¡Sólo había una y su nombre era Rut![5]

De acuerdo con la Ley del Levirato, Rut era la que tenía que tomar la iniciativa y presentar su caso porque ella era viuda. Si hubiese sido su primer matrimonio, la mujer nunca habría iniciado la propuesta. Ese privilegio estaba reservado para el novio. Sin embargo, la tradición del levirato permitía que la viuda le dijera a su familiar que quería ser redimida. Si el familiar rechazaba su petición, podía llevarlo a la corte y avergonzarlo.[6]

Sin embargo, Rut no estaba al tanto de sus derechos en este punto porque a Noemí no le cabía duda que Booz tomaría la iniciativa y redimiría a Rut antes que ella tuviera que ejercer su derecho a ser redimida. El interés tan evidente que Booz mostró por Rut le dio confianza a Noemí de la futura relación que iba a existir entre los dos.

El matrimonio por levirato es un ejemplo clásico de la Ley de Moisés, la cual expresa los derechos de la mujer sobre el hombre. Sin embargo, esta ley también tenía otro propósito para existir. En el judaísmo se creía que cuando una mujer se casaba con un hombre, ella se convertía en una parte de su cuerpo, en una extensión de su marido. La naturaleza ordenó esto a través de la experiencia del primer padre, Adán, de cuya costilla Dios formó a una mujer: a su esposa, Eva.

Los judíos creían que era un acto de misericordia divina permitir que un hombre que hubiese muerto sin haber tenido hijos, los tuviera a través de su hermano, que era como parte de él. Este acto sería como un homenaje al hombre sin hijos y le daría el derecho de tomar su lugar en servir a su Creador, ya que no tenía ningún otro recuerdo en este mundo físico, excepto su esposa que le sobrevivía y que era hueso de sus huesos y carne de su carne.[7]

«Hasta que hayan acabado toda mi siega». Rut era descendiente de personas egocéntricas y mezquinas, los moabitas, quienes se negaron a darle alimento al pueblo escogido de Dios cuando este atravesaba el desierto. Rut había sentido una bondad amorosa excepcional cuando Noemí cuidó de ella, y ahora estaba sorprendida de la generosidad que estaba recibiendo por parte de Booz.

Booz invitó a Rut a que se quedara hasta que la cosecha se terminara. Esto confirmó a Noemí y a Rut que la atención que le dio Booz a Rut no era algo pasajero.

«Que salgas con sus criadas, y que no te encuentren en otro campo». Cuando Noemí le dio esta instrucción a Rut, lo hizo para lograr dos cosas: Primero, oponerse a la sugerencia de Booz —«junto a mis segadores»— al decirle a Rut que debería estar con las criadas en el campo de Booz, para así evitar las malas apariencias. Segundo, enfatizar la magnitud de concederle el pedido a Booz de permanecer en su campo. Noemí le aconsejó a Rut que rechazara cualquiera otra invitación para ir a espigar a otro campo. No quería que Rut diera la impresión de ser descortés ante la hospitalidad benévola de Booz.[8]

Hasta que se acabó la siega de la cebada. La cosecha de la cebada y del trigo continuó por tres meses. Durante ese tiempo, Rut fue diariamente al campo de Booz, recogía las espigas y por la noche regresaba a casa, como lo había prometido («Dondequiera que vivieres, viviré»). Por casualidad o no por tanta casualidad, tres meses también era el período mandatorio de espera que tenía que pasar antes de que a una convertida le permitieran casarse con un judío.[9]

En la tradición judía, Rut es amada. Ella está al mismo nivel que las matriarcas. Es conocida como la «Madre de la Realeza». Sara, Rebeca, Raquel, y Lea les dieron las doce tribus a los judíos, pero Rut le dio un rey.

El rey David es descendiente de Rut, pero no de Sara. Sin Rut, tal vez Israel no hubiese tenido un rey, al menos no a David de quien dicen los judíos: *Khai vekayam*. Él vive y seguirá viviendo hasta el fin de los tiempos.

El rey David proveyó un sentimiento de inmortalidad y, por su conexión con el Mesías, una esperanza de redención. Los judíos creen que por Rut ellos tienen a su rey David y su esperanza.[10]

Ahora todo estaba en su lugar. El Dios del universo estaba poniendo en marcha su grandioso plan. La redención era su plan, y pronto se iba a hacer su voluntad.

LECCIONES PARA LA VIDA

PRIMERA LECCIÓN PARA LA VIDA: LA ESPERANZA VE LO INVISIBLE

Hubo una vez un hombre llamado Abraham que fue escogido por Dios. El Dios Todopoderoso amaba a Abraham y por tanto hizo un pacto con él. Le prometió que sería el padre de muchas naciones y que este mismo pacto sería para su hijo Isaac y sus descendientes.

Para ese tiempo, Abraham y su esposa Sara eran ya mayores de edad y no tenían hijos. Pero la promesa de Dios se cumplió y Sara tuvo un hijo llamado Isaac, a quien se le conoció como el «hijo de la promesa». Abraham y Sara amaban a su hijo y amaban a Dios por su fidelidad.

Un día, Dios decidió poner a prueba el amor de Abraham y su lealtad hacia Él, así que lo llamó y le pidió que ofreciera en holocausto a su querido hijo en el monte Moriah. En obediencia al Dios que él amaba, Abraham se levantó temprano en la mañana y llevó a Isaac al monte Moriah.

Isaac le dijo a Abraham: «¡Padre mío! Mira, aquí está el fuego y la leña, pero ¿dónde está el cordero para el holocausto?»

Abraham le contestó: «Dios se proveerá de cordero para el holocausto, hijo mío».

Cuando llegaron al lugar que Dios le había ordenado, Abraham levantó un altar; luego puso la leña, ató a Isaac y lo puso sobre el altar. Luego extendió su mano y tomó el cuchillo. En ese momento, escuchó la voz del Señor llamándole. La voz del Señor decía: «No extiendas tu mano sobre el muchacho, ni le hagas nada; porque ya conozco que temes a Dios, por cuanto no me rehusaste tu hijo, tu único».

Entonces Abraham miró a su alrededor y he aquí que detrás de él estaba un carnero trabado en un matorral por sus cuernos. Abraham lo tomó y lo ofreció en holocausto en lugar de su querido hijo. Y a ese lugar lo llamó: «Jehová proveerá».

Con cada paso que Abraham dio hacia la montaña, Isaac, el sacrificio, estaba un paso más cerca del altar. Abraham tenía fe que Dios iba a proveer, aunque ni él ni su hijo podían ver la provisión.

Abraham creyó a Dios cuando le prometió que el destino de Isaac era el de heredar las promesas que Él había dado en Génesis 12. Cuando Abraham dijo: «Dios se proveerá de cordero para el holocausto…» (GÉNESIS 22.8), estaba anunciando el sacrificio del Cordero sin mancha, el cual también fue provisto por Dios y el que iba a quitar el pecado del mundo en el tiempo ordenado por Dios.[11] Abraham habló por fe, actuó en obediencia a las instrucciones de Dios y, sin saberlo, pronunció una palabra profética en cuanto a la redención de la humanidad.

Abraham esperó por lo que no podía ver y Dios proveyó, tal como lo hace por nosotros hoy:

Porque en esperanza fuimos salvos; pero la esperanza que se ve, no es esperanza; porque lo que alguno ve, ¿a qué esperarlo? Pero si esperamos lo que no vemos, con paciencia lo aguardamos (ROMANOS 8. 24–25).

La esperanza ve lo invisible.

SEGUNDA LECCIÓN PARA LA VIDA: LA ESPERANZA TOCA LO INTANGIBLE

Había una vez un profesor de música llamado Herman, que enseñaba a tocar piano en el ámbito universitario. Una noche, en un concierto de la universidad, un distinguido pianista se enfermó de repente mientras tocaba una pieza muy dificultosa.

Apenas el artista salió del escenario, Herman se levantó de su silla en la audiencia, subió al escenario, se sentó al piano y, con gran maestría, completó la obra musical. Luego esa noche, en la recepción, uno de los estudiantes le preguntó cómo había podido tocar tan bien una pieza tan difícil, sin previo aviso y sin práctica.

Herman respondió:

«En 1939, cuando yo apenas era un concertista en ciernes, fui arrestado y llevado a un campo de concentración nazi. Para no decir algo peor, el futuro se veía sombrío. Pero yo sabía que para mantener viva la chispa de esperanza de que algún día volvería a tocar el piano, necesitaba practicar todos los días.

«Una noche, sobre una cama de madera, empecé a tocar una pieza musical de mi repertorio. A la noche siguiente agregué una segunda pieza y pronto me encontré tocando el repertorio completo sobre las maderas secas y podridas. Hice eso cada noche durante cinco años. Ocurre que la pieza que toqué esta noche, era parte de aquel repertorio. La práctica constante es lo que mantuvo mi esperanza viva. Todos los días renovaba mi esperanza de que algún día volvería a tocar la música en un piano de verdad, y en libertad».[12]

Mientras estaba en el campo de concentración, Herman no podía tocar el piano pero podía sentir su música. Muchas de ustedes que están leyendo este libro no pueden tocar a Dios, así que tienen muy pocas esperanzas para el mañana. Pero basada en la Palabra de Dios les puedo asegurar que un día, muy pronto, van a sentir su presencia, porque el Maestro Arquitecto nunca está lejos de nosotros, aún en nuestra desesperación. Tienen que tener fe de que Él está presente, aún en su desierto.

El libro de Hechos registra este mensaje alentador, el cual se espera que todo creyente lo acepte:

> *Para que busquen a Dios, si en alguna manera, palpando, puedan hallarle, aunque ciertamente no está lejos de cada uno de nosotros. Porque en él vivimos, y nos movemos, y somos; como algunos de vuestros propios poetas también han dicho: Porque linaje suyo somos* (HECHOS 17.27–28).

La esperanza toca lo intangible.

TERCERA LECCIÓN PARA LA VIDA: LA ESPERANZA LOGRA LO IMPOSIBLE

Hace unos años atrás, en una institución para enfermos mentales fuera de Boston, una jovencita conocida como «pequeña Annie» estaba encerrada en un calabozo. La habían declarado demente sin esperanzas. Destinada a una muerte en vida, permanecía olvidada en una pequeña celda con casi nada de luz y paredes frías y peladas.

Por ese tiempo, una enfermera ya mayor de edad se estaba acercando a su retiro. Ella sentía que había esperanza para todos los hijos de Dios, así que empezó a llevar su almuerzo al calabozo y a comer al lado afuera de la pequeña celda de Annie. Creía que quizás debería comunicar un poco de amor y esperanza a la pequeña niña.

En muchos sentidos, la pequeña Annie era como un animal. En ocasiones, atacaba violentamente a los que se le acercaban; en otros momentos, los ignoraba por completo. Cuando la enfermera empezó a visitarla, la pequeña Annie no dio ningún indicio de que se hubiera dado cuenta que ella estaba allí. Un día, la enfermera trajo unos bizcochos de chocolate y nueces y los dejó afuera de los barrotes de la celda de Annie. La pequeña no dio muestras que supiera que estaban allí, pero al día siguiente los bizcochos habían desaparecido. De ese día en adelante, todos los jueves que la visitaba, le llevaba bizcochos. Poco después, los doctores de la institución notaron que había un cambio en el estado de la niña. Después de un tiempo, decidieron llevar a la pequeña Annie escaleras arriba. Finalmente, llegó el día en que al «caso imposible» le dijeron que podía regresar a casa. Pero la pequeña Annie no deseaba irse. Había decidido quedarse para ayudar otros como ella. Luego esta niña, a la que no le daban ninguna esperanza, cuidó, enseñó y crió a Helen Keller. La pequeña era Anne Sullivan.[13]

La enfermera mostró a Anne Sullivan el amor de Dios y ese amor produjo esperanza para lo imposible:

> *Y el Dios de esperanza os llene de todo gozo y paz en el creer, para que abundéis en esperanza por el poder del Espíritu Santo* (ROMANOS 15.13).

Por esa clase de esperanza, Anne pudo mostrarle a una niña ciega, sorda y muda, el amor de Dios y enseñarle que con Él nada es imposible. Helen no tenía vista pero tenía una visión completa, porque Anne le enseñó a tener esperanza en el Dios de lo imposible.

No tenemos esperanza aparte de Él. No podemos tener esperanza en nosotros mismos, porque fracasaríamos. No podemos tener esperanza en el mundo, porque es corrupto. No podemos tener esperanza en otras personas, porque nos van a decepcionar. Sólo podemos tener esperanza en Cristo, nuestro esposo: nuestro Salvador, nuestro Redentor, nuestro Rey.

Como hijas suyas, debemos regocijarnos porque todo lo podemos en Él que nos fortalece. Él es la fuente de nuestra fuerza y por su poder sobrenatural podemos abundar en toda esperanza, porque Él es nuestra esperanza bienaventurada:

Aguardando la esperanza bienaventurada y la manifestación gloriosa de nuestro gran Dios y Salvador Jesucristo, quien se dio a sí mismo por nosotros para redimirnos de toda iniquidad y purificar para sí un pueblo propio, celoso de buenas obras (TITO 2.13–14).

La esperanza logra lo imposible.

Capítulo once

LA ERA

*R*ut se mantuvo fiel a la promesa que le hizo a Noemí. Cada mañana se iba a espigar en el campo de Booz y al atardecer regresaba a casa. Todos los días durante tres meses, Noemí se sentaba y esperaba a que Rut regresara luego de espigar en el campo del hombre que estaba segura que las redimiría.

Esperaba ansiosa que Rut le trajera noticias relacionadas con su sueño tan largamente acariciado, que Booz finalmente extendiera su bondad total: reconstruir la familia de Noemí al casarse con Rut. Pero Booz no hacía ningún intento de llevar a cabo esta buena obra.

La cabeza de Noemí estaba llena de preguntas y especulaciones mientras esperaba que Rut regresara: *¿Será que Booz no tiene interés en Rut? No lo creo, porque sigue tratándola con amabilidad.*

¿Será que Booz está preparado para darle a Rut nada más que pan? ¿O será que todavía guarda luto por su difunta esposa, pobrecita, porque ella murió el mismo día que llegamos a Belén? No lo creo, porque Booz mostró estar interesado en Rut y, además, porque el período oficial para estar de luto se cumplió hace meses.

¿Será que Booz piensa que está muy viejo para una doncella tan joven y tan bella como Rut? Quizás, pero solo Hazhem conoce la respuesta.

Un día, Noemí tomó una decisión radical. ¡Ya había tenido suficiente! Había esperado por algún tiempo que Booz hiciera algo. ¡Ahora se involucraría en la situación!

Después de cenar, Noemí se sentó con Rut y le empezó hablar del matrimonio, un tema que habían evadido ya por tres meses. Cada frase era dicha con cautela y cuidado. Durante semanas, Noemí había estado pensando en las diferentes formas en que podría referirse al asunto. No quería ofender a Rut.

«Mi pequeña avecilla, tenemos que hablar de algo sumamente importante... tu futuro.»

Rut miró a Noemí a los ojos y pudo darse cuenta de inmediato que su suegra había tomado seriamente la conversación que iban a tener, así que decidió escucharla con toda atención.

Noemí le empezó a decir el monólogo que había practicado bien, sin parar ni para tomar aire: «Mi preciosa, ¿no debería yo buscar descanso y un hogar para que tú prosperes? ¿No es Booz nuestro pariente? Mira, yo sé que él estará aventando cebada esta noche en la era. Quiero que te bañes y te unjas. Quiero que te pongas tu mejor vestido y vayas a la era. Pero no quiero que dejes que te vea antes de que haya terminado de comer y de beber».

Rut no podía creer a sus oídos. Noemí le estaba pidiendo que fuera agresiva con Booz, algo que ambas habían evitado hacer en el pasado. No sabía exactamente qué pensar de las instrucciones que le estaba dando Noemí, pero confiaba que su amor era puro. Sabía que su suegra sólo le daría consejos buenos; así que le pareció entender que había llegado el momento de prepararse para dar el próximo paso.

Noemí estaba tan concentrada en lo que estaba diciendo que no se dio cuenta de la mirada inquisitiva de Rut. Continuó hablándole de sus planes, sin fijarse en cómo esta la miraba. «Cuando él se acueste, quiero que notes dónde se acuesta, y cuando vayas a él en la oscuridad de la noche, destápale los pies y acuéstate a su lado. Él te dirá qué hacer».

Cuando Noemí finalmente terminó de darle las instrucciones, aunque estaba abrumada, Rut la miró y le dijo simplemente: «Haré lo que me dices que haga».

ESTUDIO BÍBLICO

Después le dijo su suegra Noemí: Hija mía, ¿no he de buscar hogar para ti, para que te vaya bien? ¿No es Booz nuestro pariente, con cuyas criadas tú has estado? He aquí que él avienta esta noche la parva de las cebadas. Te lavarás, pues, y te ungirás, y vistiéndote tus vestidos, irás a la era; mas no te darás a conocer al varón hasta que él haya acabado de comer y de beber. Y cuando él se acueste, notarás el lugar donde se acuesta, e irás y descubrirás sus pies, y te acostarás allí; y él te dirá lo que hayas de hacer. Y ella respondió: Haré todo lo que tú me mandes. Descendió, pues, a la era, e hizo todo lo que su suegra le había mandado (RUT 3.1–6).

«Hija mía». Noemí no venía a Rut como una suegra entrometida, sino como alguien que la quería como a su propia hija; que sólo tenía buenas intenciones para su futuro.

«Buscar hogar para ti». Para ambas mujeres, era obvio que Rut había encontrado gracia en los ojos de Booz. También era claro que, por la razón que fuera, Booz no persistía en su interés. Era como si después de haberla encontrado, la hubiese dejado ir, resignándose a perderla.[1]

Noemí decidió poner a un lado cualquier pensamiento respecto de su propio futuro y concentrarse en encontrar seguridad y satisfacción espiritual para su muy querida Rut.[2]

Podemos deducir que al final de la cosecha de cebada, Booz, el pariente rico, y Rut, la extranjera de Moab, estaban muy enamorados. A Booz le preocupaba pedirla en matrimonio por la diferencia de edad y por su extraordinaria belleza. Estaba seguro que a Rut le gustaría un hombre más joven y más fuerte que él. Y por el otro lado, Rut no le dejaba ver sus emociones debido a su modestia, a pesar que la conmovía su espíritu generoso y misericordioso.

Durante el tiempo de la cosecha, Booz no le había dado a Rut ninguna muestra de sus intenciones para el futuro, y ahora Noemí le sugería a Rut que a ella le tocaba hacer la siguiente movida para que Booz supiera que estaba dispuesta a casarse y para fomentar otras «negociaciones». Noemí también sabía que Rut y Booz harían una buena pareja; por tanto, hizo las veces de casamentera en esta historia poco común pero hermosa.

Los incidentes que trajeron a Rut y a Booz a este punto no ocurrieron por lo que hizo Noemí, sino porque la mano sobrenatural de Dios estaba poniendo a todos en su lugar para lograr su propósito. Noemí no invitó a Rut a que la siguiera a Belén; más bien la desanimó de acuerdo con las leyes relacionadas con los prosélitos. Aunque Rut fue al campo, lo cual dio origen a la nueva cadena de acontecimientos, fue su propia idea y no la de Noemí. El Espíritu Santo de Dios llevó a cabo su misión cuando juntó a Booz y a Rut.[3]

En el hebreo, la palabra *manoach* significa seguridad y descanso. También implica varios beneficios que vendrían por la unión de Booz y Rut. Primero que todo, Rut sería redimida. Segundo, la casa de Elimelec sería resucitada a través del matrimonio de la viuda de Mahlón con Booz. El tercer beneficio era profético y de mayor importancia, y solo lo conocía Dios: Lo que empezó a formarse en el campo de Booz proveería la base y el soporte para la venida del Mesías, el Redentor de los judíos y del mundo, porque la palabra *manoach* también significa «consolador».[4]

Mas el Consolador, el Espíritu Santo, a quien el Padre enviará en mi nombre, él os enseñará todas las cosas, y os recordará todo lo que yo os he dicho (JUAN 14:26).

«Avienta esta noche la parva de las cebadas» Era necesario trillar la cebada antes de aventarla. En el proceso de trillar, los tallos de cebada eran golpeados en el suelo o pisados por animales para así separar el grano de la paja o cáscara. El grano se aventaba, se recogía en canastas planas que parecían bandejas, luego se tiraban al aire donde una brisa constante agarraría las cáscaras ligeras y se las llevaría, dejando que los granos pesados cayeran en la bandeja. Finalmente, se echaba el grano en recipientes para su almacenamiento.

El mejor viento para trillar era el que corría por las noches. Noemí sabía que Booz vendría a la era en la noche porque su esposo, Elimelec, quien había sido un terrateniente antes de irse a Moab, hacía lo mismo. Noemí estaba segura que Booz iba a ayudarlos a hacer guardia para proteger su cosecha del robo, lo cual era endémico en ese tiempo de la historia. Además, Noemí sabía que a Booz, un erudito de la Torá, no le era permitido estar a solas por la noche para evitar las malas apariencias.[5] Este momento en la cosecha era un tiempo para celebrar y para dar gracias a *Jehova Jireh* por su abundante provisión. Tal vez a mí me sea mucho más fácil imaginarme esta escena de lo que les sería a muchas de ustedes, porque como varias de ustedes saben, yo vengo de una cultura mexicana, ¡y a nosotros nos encanta celebrar!

Celebramos el nacimiento de un bebé y celebramos el bautizo. Celebramos los días de independencia, ¡de México y de los Estados Unidos! Celebramos cumpleaños, celebramos cuando nuestros hijos se gradúan del kinder, de la escuela primaria, de la secundaria y de la universidad. Si nuestros hijos llegan a ser doctores o abogados ¡cómo lo celebramos también!

Celebramos cuando nuestros hijos se comprometen y se casan y, claro, celebramos nuestros aniversarios. Celebramos el nacimiento de Cristo ¡y su resurrección! Para estas celebraciones, las *comadres* se pasan todo el día cocinando comidas deliciosas como los tamales, las enchiladas, y los *buñuelos*. Invitamos a nuestras madres, a nuestros padres, a nuestros abuelos, a nuestros hijos, a nuestros nietos; a nuestros suegros, a nuestras sobrinas y a nuestros sobrinos; y claro, están también los primos. Oh, sí, ¡todos tenemos una multitud de primos! ¡Hay música mariachi muy festiva, piñatas, y baile! ¡Somos personas alegres y apasionadas, y disfrutamos el paso por la vida! El pastor Hagee y yo tenemos muchos amigos judíos y, por experiencia, sabemos que la celebración festiva es algo que los mejicanos y los judíos tenemos en común.

El tiempo en la era era un tiempo de regocijo. Allí se reunía una multitud de trabajadores, algunos inclusive con sus hijos. Todos los segadores y los espigadores estaban en la era, dando gracias a Dios por haberles dado una cosecha abundante. No hubiera sido inusual ver a Rut presente para celebrar el final de una cosecha exitosa. Después de aventar, lo cual duraba hasta tarde en la noche, la gente participaba en una cena y luego se iban a la era para vigilar el grano aventado.[6]

¡En ese momento, nadie hubiese podido imaginarse que la era de Booz sería anfitriona de un episodio en el drama de la vida de Rut que cambiaría el curso de la historia bíblica!

«Te lavarás, pues, y te ungirás». Noemí sabía muy bien que para cada movimiento que Rut hiciera, necesitaba ayuda celestial para evitar que sus acciones fueran mal interpretadas por Booz. Y Noemí quería que las acciones de Rut fueran vistas como puras delante de los ojos de Dios, por tanto, aprobadas por Él. No era suficiente que Rut hubiera venido a refugiarse bajo las alas de la Presencia Divina; requería más purificación.[7]

Cuando Noemí le dijo a Rut: «lávate y úngete», no le estaba diciendo que se bañara, porque Rut era una creyente, y la limpieza en ella era mandatoria. Lo que le estaba pidiendo era que se purgara de la impureza de la idolatría de Moab; que tomara un baño ritual conocido como *mikveh*.[8]

El baño ritual o *mikveh* es una de las instituciones más antiguas de la comunidad judía. El agua para este baño tiene que venir de una fuente subterránea (como agua de lluvia o agua subterránea), de hielo o de nieve derretida. Sin que importe la fuente, el agua no puede recogerse por un recurso humano sino que tiene que caer libremente en una piscina o en un estanque. La tubería por donde pasa el agua tiene que estar libre de cavidades en las cuales el agua pudiera acumularse y estancarse. Ninguno de los materiales con que se han de construir las tuberías puede ser de algo que atraiga fuentes de impureza en el sentido bíblico.

El baño ritual también tiene que estar bajo el cuidado de un supervisor rabínico. Cuando un individuo entra al *mikveh*, es imperativo que se lave y se sumerja completamente. La inmersión en el *mikveh* es válida únicamente si no hay una mota de polvo entre la persona y el agua. No es un baño; es una limpieza espiritual.

Uno de los propósitos del mikveh es sumergir a los prosélitos como una complementación simbólica de su conversión de un pasado impuro y una parte de su paso al judaísmo. Muchos judíos practican su inmersión en el baño ritual la víspera de Yom Kippur, el Día de Expiación, y antes del día de reposo.[9]

En los tiempos bíblicos, muchos de los hogares judíos tenían mikvehs. Antes de irse a Moab, Elimelec había sido un terrateniente rico; también era juez, y, por tanto, podemos asumir que su casa tenía un mikveh.

Simbólicamente, el baño ritual era el rompimiento definitivo que haría Rut con su pasado triste en Moab. Ese era un pasado lleno de necesidades, tristezas, dolores y maldiciones generacionales, ¡pero su futuro estaría lleno de satisfacción, esperanza y alegría! El redentor de Rut le dio esperanzas de que fuera a ser nueva otra vez, tal como nuestro Redentor nos lo promete:

> *De modo que si alguno está en Cristo, nueva criatura es; las cosas viejas pasaron; he aquí todas son hechas nuevas* (2 CORINTIOS 5.17)

La raíz hebrea de la palabra Mikveh es esperanza. Esta misma raíz se encuentra en el título del himno nacional de Israel: «Hatikveh». La conexión escritural entre las aguas de purificación y la esperanza es el poder redentor de Dios quien es la base de nuestra fe y la esperanza de su pueblo Israel.

> *Por tanto, tú te has engrandecido, Jehová Dios; por cuanto no hay como tú, ni hay Dios fuera de ti, conforme a todo lo que hemos oído con nuestros oídos.*
>
> *¿Y quién como tu pueblo, como Israel, nación singular en la tierra? Porque fue Dios para rescatarlo por pueblo suyo, y para ponerle nombre, y para hacer grandezas a su favor, y obras terribles a tu tierra, por amor de tu pueblo que rescataste para ti de Egipto, de las naciones y de sus dioses.*
>
> *Porque tú estableciste a tu pueblo Israel por pueblo tuyo para siempre; y tú, oh Jehová, fuiste a ellos por Dios* (2 SAMUEL 7.22-24).

Noemí también le pidió a Rut que se ungiera con perfumes, lo cual era una tradición de la nobleza judía.[10] Rut se había purificado de la idolatría del pasado y ahora era noble, bañada en aguas purificadoras y bautizada en el pueblo de Dios. Noemí quería que cuando entrara en la presencia de su redentor, Rut tuviera la fragancia de una hija del rey, un aroma de mirra y aceites perfumados.

«Vistiéndote tus vestidos». En algunas tradiciones judías se dice que un hombre debe tener dos trajes: uno para los días de semana y otro para el día de reposo. De la misma manera, los mejores vestidos que tenían las mujeres eran sus trajes para el día de reposo. Noemí quería que Rut preparara su mejor vestido para usarlo delante de su redentor.

En el hebreo, el texto dice que Noemí quería que Rut llevara su vestido con ella para que no se dieran cuenta que estaba usando su vestido para el día de reposo en otro día.[11] Noemí había planeado esta noche por más de tres meses. Había pensado en cada detalle y quería que todo saliera perfecto.

«Haya acabado de comer y de beber». Noemí está actuando como una verdadera suegra. Le está aconsejando a Rut que ni siquiera se acerque a Booz antes que él esté satisfecho y contento. Yo les digo a las mujeres que van a nuestros estudios bíblicos: ¡Cuando se trata de lograr relaciones de éxito con nuestros esposos, el momento preciso lo es todo!

«Descubrirás sus pies.» Los sabios judíos creen que «Dios ha estado ocupado en crear la luz del Mesías desde el principio del mundo». Por lo tanto, Noemí sintió que Booz, el hombre poderoso de valor, era el que Dios había escogido para que fuese el redentor de Rut, aunque había un familiar más cercano a Noemí que Booz. El nombre de este familiar cercano era Tov. Elimelec tenía dos hermanos: Tov y Salmón. Salmón era el papá de Booz y había muerto. Tov era el tío de Booz que estaba vivo y, por consiguiente, era el familiar más cercano a Noemí.[12]

Noemí le estaba sugiriendo a Rut que le destapara los pies a Booz para recordarle que él, como familiar, tenía la obligación moral de casarse con ella si Tov no lo hacía. Si un «hermano» del difunto rehusaba entrar en un matrimonio de levirato, tenía que pasar por un proceso llamado *chatlitzah*, que consistía en quitarse un zapato y entregárselo al otro pariente con lo cual estaba diciendo que cedía sus derechos sobre ella. Voy a referirme a esta costumbre más detalladamente en uno de los siguientes capítulos, pero por ahora, repito, que Noemí le estaba dando instrucciones a Ruth de que le descubriera los pies a Booz como una forma de recordarle del chatlitzah, con la esperanza de que Booz se diera cuenta de la obligación moral que tenía para con ella.[13]

«Él te dirá lo que hayas de hacer». Noemí sabía que Booz tenía tres opciones. Rechazar completamente a Rut y castigarla por su conducta tan atrevida. Aconsejarla para que fuera donde un familiar más cercano, Tov, su tío. O aceptar la propuesta de Rut y redimirla en matrimonio. Noemí no estaba segura de lo que iba a ocurrir, pero sí estaba segura de una cosa: Dios sabía lo que iba a ocurrir y Él iba a proteger a Rut en su búsqueda de descanso y seguridad.[14]

«Haré». Estas palabras demuestran que Rut tiene un espíritu sumiso a la autoridad. La joven moabita convertida no estaba buscando casarse. Estaba contenta de vivir con Noemí y adorar al Dios de los judíos por el resto de su vida. Confiaba en Noemí y en el Dios al cual ella oraba, y sabía que lo que fuera que Noemí le sugiriera, estaba inspirado por Dios y era para los propósitos del Cielo.[15] Aunque la misión que Noemí le había encargado parecía estar en contra de su modestia y dignidad, estaba dispuesta a cumplir los deseos de Noemí sin ninguna intención de ganancia personal. Las Escrituras dicen que debemos someternos a la autoridad:

> *Igualmente, jóvenes, estad sujetos a los ancianos; y todos, sumisos unos a otros, revestíos de humildad; porque: Dios resiste a los soberbios, y da gracia a los humildes. Humillaos, pues, bajo la poderosa mano de Dios, para que él os exalte cuando fuere tiempo; echando toda vuestra ansiedad sobre él, porque él tiene cuidado de vosotros* (1 PEDRO 5.5–7).

LECCIONES PARA LA VIDA

PRIMERA LECCIÓN PARA LA VIDA:
PREPÁRESE

Como creyentes, tenemos que prepararnos cuando vamos delante de nuestro Redentor. Yo me acuerdo cuán impresionada estuve cuando leí el libro de Ester por primera vez y me di cuenta de cuánta preparación ella tuvo que hacer antes de presentarse ante un rey terrenal:

> *Y cuando llegaba el tiempo de cada una de las doncellas para venir al rey Asuero, después de haber estado doce meses conforme a la ley acerca de las mujeres, pues así se cumplía el tiempo de sus atavíos, esto es, seis meses con óleo de mirra y seis meses con perfumes aromáticos y aceites de mujeres* (ESTER 2.12).

Al leer estas Escrituras me pregunto: ¿Cómo nos preparamos nosotras para venir delante de nuestro Rey celestial?

Una de las mejores formas en que puedo contestar esta pregunta es animándole a que se prepare para hacer su voluntad. Para hacer esto, tiene que obedecer sus mandamientos y hacerlo con un espíritu humilde y gentil. Las Escrituras lo ponen bien claro:

> *Habló Samuel a toda la casa de Israel, diciendo: Si de todo vuestro corazón os volvéis a Jehová, quitad los dioses ajenos y a Astarot de entre vosotros, y preparad vuestro corazón a Jehová, y sólo a él servid, y os librará de la mano de los filisteos* (1 SAMUEL 7.3).

Las Escrituras nos dicen que nuestro Dios puede usar cualquier vaso que sea puro y que esté listo para oír su voz y obedecer sus mandamientos para lograr su propósito:

> *Pero en una casa grande, no solamente hay utensilios de oro y de plata, sino también de madera y de barro; y unos son para usos honrosos, y otros para usos viles. Así que, si alguno se limpia de estas cosas, será*

instrumento para honra, santificado, útil al Señor, y dispuesto para toda buena obra (2 TIMOTEO 2.20–21).

Cuando Dios quiere que se haga una importante labor en esta tierra, o arreglar algo que no está bien, Él lo hace de una manera extraordinaria. No manda sus rayos ni agita su terremoto. Solo hace que un pequeño e indefenso bebé nazca, tal vez de padres humildes, tal vez en una casa oscura. Luego pone el deseo por su Hijo en los corazones de los padres, y entonces ellos guían a ese bebé con su amor, sus principios, y su dirección, los cuales son inspirados por la verdad de su Palabra, y después, Dios espera.[16]

Dios espera para que nos preparemos; para que el deseo de servirle despierte dentro de nosotros, y para que alcancemos nuestro destino divino.

SEGUNDA LECCIÓN PARA LA VIDA: PURIFÍQUESE

La era era un lugar de separación, un plano donde la cáscara seca que no vale nada es separada del grano valioso y nutricioso.

La Palabra de Dios es un lugar de separación para el creyente. La Palabra inspirada por Dios produce siete efectos prácticos dentro de cada uno de nosotros. Estos siete efectos fabulosos son: fe, nuevo nacimiento, nutrición espiritual completa, sanidad y salud para nuestros cuerpos, iluminación mental y entendimiento, victoria sobre Satanás y sobre el pecado, purificación y santificación.[17]

Vamos a analizar el séptimo efecto: purificación y santificación. La palabra santo viene de la palabra *santificar*. *Santificar* también significa hacerse «sagrado». Así que la palabra *santificación* es: «Ser sagrado» o «Ser santo». Al principio yo tenía dificultad para entender el concepto de la santidad, porque mi antecedente religioso relacionaba la santidad con los santos patronos. No podía imaginarme santificada, ya que nunca me he visto a mi misma como una santa canonizada. Dudo que muchas de ustedes tampoco. Sin embargo, el Nuevo Testamento

menciona cinco agentes inconfundibles en conexión con la santificación y el creyente:

1. El Espíritu de Dios, «... *que Dios os haya escogido desde el
   principio para salvación, mediante la santificación por el
   Espíritu y la fe en la verdad*» (2 Tesalonicenses 2.13).

2. La Palabra de Dios, «*Santifícalos en tu verdad; tu palabra es
   verdad*» (Juan 17.17).

3. El altar, «... *porque ¿cuál es mayor, la ofrenda, o el altar que
   santifica la ofrenda?* (Mateo 23.19)

4. La sangre de Cristo, «*¿Cuánto mayor castigo pensáis que
   merecerá el que pisoteare al Hijo de Dios, y tuviere por inmunda
   la sangre del pacto en la cual fue santificado, e hiciere afrenta al
   Espíritu de gracia?*» (Hebreos 10.29)

5. Nuestra fe, «... *para que abras sus ojos, para que se conviertan
   de las tinieblas a la luz, y de la potestad de Satanás a Dios; Para
   que reciban, por la fe que es en mí, perdón de pecados y herencia
   entre los santificados*» (Hechos 26.18).

En resumen, el Espíritu Santo inicia el trabajo de santificación en el
corazón y en la mente de cada uno de los que han sido escogidos para
sus propósitos eternos. A través de la verdad de la Palabra de Dios
(como es revelado en el corazón y en la mente), el Espíritu Santo
habla, revela el altar para sacrificios (diferentes en cada una de
nuestras vidas), separa al creyente de todo lo que lo mantiene lejos de
Dios y lo trae a un lugar de entrega y consagración sobre el altar.

Este altar es el lugar de separación del mundo: Es la era del
cristiano. No obstante, el alcance exacto que tienen cada uno de estos
cuatro agentes santificadores: el Espíritu, la Palabra, el altar y la
sangre, de lograr su trabajo santificador en cada creyente, es decidido
por el quinto factor en el proceso, la fe individual que tenemos cada
uno de nosotros. Dios nunca infringe su ley de fe:

...Como creíste, te sea hecho... (MATEO 8.13).

El texto clave para el trabajo de santificación se encuentra en Efesios:

> *...Cristo amó a la iglesia, y se entregó a asimismo por ella, para santificarla, habiéndola purificado en el lavamiento del agua por la palabra, a fin de presentársela a sí mismo, una iglesia gloriosa, que no tuviese mancha ni arruga ni cosa semejante, sino que fuese santa y sin mancha* (EFESIOS 5.25–27).

Varios puntos clave en estas Escrituras merecen nuestra atención. Primero, los procesos de purificación y santificación están muy unidos, y aunque similares, no son idénticos. La distinción entre ellos es esto: Lo que es verdaderamente santificado, tiene que, por necesidad, ser completamente puro y limpio; pero lo que es puro y limpio no necesita ser santificado en el sentido completo. En otras palabras, es posible ser puro o limpio sin santificación, pero no es posible tener la santificación sin ser puro o limpio.

Segundo, Efesios 5 refleja un propósito fundamental y definitivo por el cual Cristo redimió a su iglesia: para que Él pueda «santificarla y purificarla» (v. 26). Por lo tanto, el propósito de la muerte expiatoria de Cristo por su esposa en su totalidad, y por cada cristiano en particular, no es logrado hasta que los que han sido redimidos por su muerte hayan pasado por el proceso subsiguiente de purificación y santificación (v. 27).

El tercer punto que debemos notar en el pasaje de Efesios es que Cristo usa «el lavamiento del agua por la Palabra» (v. 26), como la forma de purificar y santificar la iglesia.[18] Si la Palabra de Dios es la forma de santificar y purificar; entonces en este sentido, la operación de la Palabra de Dios se compara al lavamiento de agua pura. Por lo tanto, su Palabra es el *mikveh* cristiano.

Cuando los creyentes son atraídos a la cruz de Cristo y se sumergen en la Palabra de Dios, se separan al sacrificar su pecado en el altar de Dios. Entonces son limpiados y purificados por la sangre de Cristo y por la fe que tienen en Él. Como el agua es la fuente de vida para el cuerpo, así la Palabra de Dios es la fuente de vida para el espíritu.

La santificación es un proceso. Usted tiene que prepararse, purificarse y presentarse.

TERCERA LECCIÓN PARA LA VIDA:
PRESÉNTESE

Rut estaba lista para presentarse al redentor con su vestido más fino. ¿Qué tenemos nosotros, como hijos de Dios, para ofrecerle a nuestro Redentor?

Sabemos que todas nuestras justicias son como trapo de inmundicia (ISAÍAS 64.6), así que, ¿Qué es lo que posiblemente podríamos presentarle a Él que es santo? La santidad es una parte de la naturaleza inmutable y eterna de Dios. Dios era santo antes de que el pecado entrase al universo, y Dios seguirá siendo santo cuando el pecado se desvanezca para siempre.[19] Pablo nos muestra en parte lo que le podemos presentar a nuestro Salvador: nosotros mismos:

> *Así que, hermanos, os ruego por las misericordias de Dios, que presentéis vuestros cuerpos en sacrificio vivo, santo, agradable a Dios, que es vuestro culto racional. No os conforméis a este siglo, sino transformaos por medio de la renovación de vuestro entendimiento, para que comprobéis cuál sea la buena voluntad de Dios, agradable y perfecta* (ROMANOS 12.1–2).

Pablo está describiendo cuatro etapas sucesivas en el proceso de nuestra presentación delante del Señor:

1. Presentando nuestros cuerpos en sacrificio vivo sobre el altar de Dios. El altar santifica lo que se le pone encima.

2. No conformándonos al mundo. En lugar de eso, separándonos de la vanidad y del pecado.

3. Transformándonos por medio de la renovación de nuestras mentes: Aprendiendo a pensar de una forma totalmente nueva y con valores diferentes.

4. Conociendo personalmente la voluntad de Dios para nuestras vidas. Esta revelación de la voluntad de Dios es otorgada sólo a la mente renovada. La mente vieja y carnal no podrá jamás conocer y entender la perfecta voluntad de Dios.

Note cuán importante es la Palabra de Dios en este proceso.

Derek Prince lo dijo mejor: «Una vez Jacob soñó con una escalera que estaba apoyada en tierra y su extremo tocaba el cielo, para el cristiano, el equivalente a esa escalera se encuentra en la Palabra de Dios. Su pie está apoyado en la tierra, pero su cabeza llega al cielo, el plano del Ser Supremo. Cada peldaño de la escalera es una promesa. Cuando nos aferramos de las manos y de los pies de la fe sobre las promesas de la Palabra de Dios, nos levantamos a nosotros mismos por ellas y nos salimos del reino terrenal y nos acercamos más al reino celestial. Cada promesa de la Palabra de Dios, al reclamarla, nos levanta más alto que la corrupción de la tierra y nos imparte más de la naturaleza de Dios».[20]

Las Escrituras simplemente describen el proceso de ascenso como tener «la mente de Cristo» (1 CORINTIOS 2.16).

La santificación es por fe. La fe verdadera nos permite presentarnos al Padre como sacrificio vivo y agradable; por lo tanto, nosotros como creyentes en el Cumplidor de Promesas de todos los cumplidores de promesas, debemos esforzarnos para madurar en nuestra jornada divina con Él:

Y a vosotros también, que erais en otro tiempo extraños y enemigos en vuestra mente, haciendo malas obras, ahora os ha reconciliado en su cuerpo de carne, por medio de la muerte, para presentaros santos y sin mancha e irreprensibles delante de él; si en verdad permanecéis fundados y firmes en la fe, y sin moveros de la esperanza del evangelio que habéis oído, el cual se predica en toda la creación que está debajo del cielo; del cual yo Pablo fui hecho ministro. A quien anunciamos, amonestando a todo hombre, y enseñando a todo hombre en toda sabiduría, a fin de presentar perfecto en Cristo Jesús a todo hombre (COLOSENSES 1.21–23 Y 28).

Somos llamadas a prepararnos, purificarnos y presentarnos ante nuestro Padre Celestial. Este proceso empieza en la era, el altar de Dios, y se logra a través del *mikveh*, el agua pura de la Palabra de Dios, hasta que verdaderamente seamos las hijas del Rey.

Capítulo doce

LA BENDICIÓN

Aunque Booz era un hombre rico, también era un hombre justo. Para poder compartir el sufrimiento del pueblo durante la prolongada hambruna dio bastante de su comida a los más desafortunados y permaneció en Belén durante todo ese tiempo de escasez. No obstante, las cosas hoy eran diferentes. Hoy, comió hasta que se sintió satisfecho. ¡Él y el pueblo de Belén tuvieron suficiente y les sobró!

Booz bromeó con sus segadores y saludó a sus familias. Era un tiempo de fiesta y, de acuerdo a la ley de la Torá, con mucho cariño guió a su gente en una oración de acción de gracias por la bendición que *Hashem* les había dado.

«Bendecido seas, Adonai, nuestro Dios, Gobernante del universo, que creas muchas formas de alimentos. Bendecido seas, Adonai, nuestro Dios, Gobernante del universo, que creas el fruto de la viña. Entramos a tus atrios con corazones humildes para alabarte y darte gracias por tu abundante provisión. Te bendecimos, Jehová Dios de Israel, porque tu justicia permanece para siempre. Eres fiel a tu pacto y fiel para acordarte de tu pueblo. Te damos gracias por la buena tierra que nos has dado. Nos has redimido de la destrucción y nos coronaste con tu bondad y tu entrañable misericordia. Haz hecho que nuestras bocas se satisfagan con cosas buenas. Te bendecimos, Señor, y todas tus grandes obras, porque estás vestido de honor y majestuosidad. Amén».

Cansado por el largo día de trabajo, Booz les dio las buenas noches
a sus invitados y se fue a una esquina de la era, cerca de una pila de
atados, y se acostó allí. Puso su cabeza sobre la paja y se durmió rápidamente. Dios fue bueno, porque la modestia y la humildad de Booz
hicieron que se fuera lejos de sus criados, lo cual permitió a Rut acer-
cársele sin ser vista por nadie.

En la oscuridad, Rut vino silenciosamente, tapándose el rostro con
su chal para evitar que la descubrieran. Caminó suavemente hacia los
pies de Booz, y allí se acostó.

Por la medianoche, Booz se despertó porque estaba acostumbrado
a pararse en medio de la noche para alabar a Dios y estudiar la Torá,
lo cual era una tradición de sus padres. Se sorprendió al descubrir que
alguien se había acostado a sus pies. ¡Sacó la mano y sintió la cabeza
de una mujer!

«¿Quién eres?» preguntó.

«Soy Rut, tu sierva. Por favor extiende la punta de tu ropa sobre
tu sierva porque eres un familiar cercano». Rut habló con la voz
temblorosa, porque no estaba segura de lo que Booz le respondería,
pero mantuvo su confianza en el Señor. «Las alas de Dios son sus
justos, que con sus méritos protegen al mundo. Concédeme refugio
bajo tu ala».

El rostro de Rut, iluminado por el brillo suave de la luna, estaba
radiante como el de una mujer enamorada. Booz quedó encantado por
su belleza y por su inocencia. Así como Noemí lo esperaba, la vulne-
rabilidad de Rut despertó la compasión de Booz. Rut estaba acostada
a sus pies como un pajarito sin un nido o sin el ala de la madre donde
refugiarse.

Booz estaba abrumado por la bondad que le mostraba Rut a
Noemí, por el deseo que ella tenía de su Dios, y ahora, por su amor
para con él. ¡Muchos hombres más jóvenes y más fuertes habrían
estado encantados de tomar a esta doncella como su esposa, pero ella
lo había elegido a él! Se arrodilló, tomó el rostro de Rut en sus manos,
y con lágrimas en los ojos le habló suavemente:

«¡Bendita seas tú de Jehová, hija mía! Que Jehová haga contigo
misericordia, como la has hecho con los muertos. Que tu recompensa
sea completa en el Señor, bajo cuyas alas has venido a refugiarte, y en

el cuidado de Noemí, la desamparada. Tu bondad es ahora más grande que esta bondad. Porque no has ido tras hombres jóvenes, sean pobres o ricos».

Entonces Booz colocó su prenda de vestir de cuatro lados con flecos sobre los hombros de Rut. La hermosa mujer joven sonrió con satisfacción al sentirse segura bajo su capa. Esta era la única noche que había estado lejos de Noemí, pero sabía que Dios no estaría avergonzado que se le acercara a Booz en medio de la noche, porque su intención era pura, y *Hashem* conocía sus intenciones.

Rut quería la voluntad de Dios para su vida. Nunca había pensado en nada más que la voluntad de Dios. *Hashem* estaba presente para siempre en sus acciones y en sus pensamientos, y hoy sería recompensada.

ESTUDIO BÍBLICO

Y cuando Booz hubo comido y bebido, y su corazón estuvo contento, se retiró a dormir a un lado del montón. Entonces ella vino calladamente, y le descubrió los pies y se acostó.

Y aconteció que a la medianoche se estremeció aquel hombre, y se volvió; y he aquí, una mujer estaba acostada a sus pies.

Entonces él dijo: ¿Quién eres? Y ella respondió: Yo soy Rut tu sierva; extiende el borde de tu capa sobre tu sierva, por cuanto eres pariente cercano.

Y él dijo: Bendita seas tú de Jehová, hija mía; has hecho mejor tu postrera bondad que la primera, no yendo en busca de los jóvenes, sean pobres o ricos (RUT 3.7–10).

Y cuando Booz hubo comido. Después de haber aventado su grano y haber visto su abundancia, Booz comió hasta hartarse por primera vez en años. Bendijo su comida antes de comer y dio gracias en oración después de comer, cumpliendo el mandamiento de la Torá:

Y comerás y te saciarás, y bendecirás a Jehová tu Dios por la buena tierra que te habrá dado (DEUTERONOMIO 8.10).

He estado en la casa de unos rabinos ortodoxos y me he quedado con la boca abierta al ver cómo ellos daban gracias a Dios antes y después de las comidas. La oración judía es la parte más importante de la vida diaria de un judío que observa o guarda la Ley. Antes de que un judío se acueste a dormir, le pide a Dios que proteja sus sueños. Cuando un judío se levanta por la mañana, le da gracias a Dios por haberlo protegido durante la noche. Un judío bendice antes de comer y da gracias después de comer.

Me acuerdo también cómo me sentí al ver a mis amigos judíos lavarse las manos antes de comer. Desde el momento en que se lavaron las manos no le hablaron a nadie sino a Dios en oración. Después me explicaron que ellos no hablan desde el momento en que oran sobre el ritual de purificar sus manos hasta cuando bendicen el pan. De esta manera se abstienen de corromper sus labios con palabras vanas antes de bendecir la comida y compartir el pan. Sin embargo, el ritual de la purificación y de la oración sobre los alimentos sobrepasa el dar gracias; Ezequiel comparó el altar del Señor a una mesa:

La altura del altar de madera era de tres codos, y su longitud de dos codos; y sus esquinas, su superficie y sus paredes eran de madera. Y me dijo: Esta es la mesa que está delante de Jehová (EZEQUIEL 41.22).

El altar es donde el sumo sacerdote sirve al Señor. Los judíos creen que la mesa donde compartimos nuestros alimentos simboliza el altar. Lavarse las manos y orar por los alimentos es un símbolo que demuestra la preparación y la capacidad de servir a Dios continuamente. La purificación y el compartir en la mesa van unidos, así como la preparación y el servir en el altar del Señor. Este acto hermoso de purificación, preparación y agradecimiento ante el Señor, hace posible que todos, no solo el rabino, podamos ser sacerdotes del templo en miniatura, el cual es el hogar. En última instancia, el ritual de purificación conecta la comida (el sacrificio), la persona (el sacerdote) y la mesa (el altar).

Su corazón estuvo contento. Los sabios judíos dicen que Booz estaba contento porque estudiaba la Palabra de Dios. Porque su corazón estaba lleno del Espíritu de Dios, no se sintió tentado a hacerle daño a la hermosa mujer que estaba acostada a sus pies cuando se despertó a la medianoche para orar. Su mente estaba llena de pensamientos puros así que podía oír la voz de Dios y hacer lo que era correcto para con Rut.[1]

A la medianoche. Como mencioné más arriba, Booz era un hombre justo que observaba la Ley judía y sus tradiciones. Cada noche, se levantaba a la medianoche para estudiar la Torá.

A medianoche me levanto para alabarte por tus justos juicios. Compañero soy yo de todos los que te temen y guardan tus mandamientos (SALMOS 119.62–63).

Los antepasados de Booz le pasaron esta tradición a él y está documentado que él la pasó a su heredero.[2] No obstante, el versículo ocho tiene más que decirnos que el tiempo en que estaban sucediendo estos hechos. Este versículo es exactamente la mitad del libro de Rut, lo cual lo ata al hecho simbólico de que estos eventos épicos tuvieron lugar en la mitad de la noche.

Las expresiones: «Aconteció a la medianoche» y «A la medianoche» son mencionadas tres veces en el Antiguo Testamento:

Y aconteció que a la medianoche Jehová hirió a todo primogénito en la tierra de Egipto… (ÉXODO 12.29).

Mas Sansón durmió hasta la medianoche; y a la medianoche se levantó, y tomando las puertas de la ciudad con sus dos pilares y su cerrojo, se las echó al hombro, y se fue y las subió a la cumbre del monte que está delante de Hebrón (JUECES 16.3).

Y aconteció que a la medianoche se estremeció aquel hombre, y se volvió; y he aquí, una mujer estaba acostada a sus pies (RUT 3.8).

Lo que tienen en común estas tres instancias es el comienzo de la redención, o la adquisición de la libertad, porque los judíos creen que las oraciones son contestadas a la medianoche. El segundo hilo en común que está entretejido en estas tres incidencias es que todas ocurrieron en la noche de Pascua.

El Talmud, el cual es una recopilación de comentarios bíblicos y resoluciones legales, dice que nuestra futura redención sucederá en la Pascua, «a la medianoche», lo cual tiene un valor numérico de *190* como lo tiene la palabra fin, el término designando el Fin como lo conocemos y el principio de la era Mesiánica.[3]

Bajo tu ala. La palabra *ala* significa el borde de un vestido: *extiende el borde de tu capa sobre tu sierva.* Esencialmente, Rut le estaba pidiendo a Booz lo siguiente: «Por favor, pon el borde de tu capa sobre mí como una señal de matrimonio». La palabra ala también es vista como una metáfora prestada de los pájaros que usan sus alas como protección durante el apareamiento. En este sentido, estas palabras son usadas como símbolo de matrimonio.[4]

El aspecto de refugio del matrimonio se simboliza con una prenda de cuatro lados con flecos, la cual refleja un doselete nupcial o *chupah.* Tres de nuestros cinco hijos se han casado bajo un doselete matrimonial, lo cual incorporó el chal de oración que significa mucho para mi esposo.

Así como Rut buscó la protección de su redentor, nosotros, la esposa de Cristo, también buscamos la protección de nuestro Redentor.

> *¡Cuán preciosa, oh Dios, es tu misericordia! Por eso los hijos de los hombres se amparan bajo la sombra de tus alas. Serán completamente saciados de la grosura de tu casa, y tú los abrevarás del torrente de tus delicias. Porque contigo está el manantial de la vida; en tu luz veremos la luz* (SALMO 36.7–9).

«Bendita seas tú». Dios le dijo a Abraham: «…Y serán benditas en ti todas la familias de la tierra» (GÉNESIS 12.3). Los eruditos de la Torá creen que esta bendición se refiere a todos los convertidos justos que van a ser «injertados» en el árbol de Israel. Así que, cuando Booz se refirió a Rut como a «su hija», le estaba diciendo que ella era más que una de sus siervas; era una convertida justa.

Cuando Booz bendijo a Rut, también la estaba elogiando por la costumbre que ella tenía de ser bondadosa. Primero, había ayudado a sepultar a su esposo en la forma correcta de la tradición judía (RUT 1.8). Segundo, había mostrado bondad al cuidar de Noemí (RUT 2.11). Tercero, había mostrado bondad a su alma cuando adoptó el judaísmo (RUT 2.12).

La conversión es considerada como una buena obra. En el judaísmo, existen tres tipos de convertidos. Uno se convierte para comer:

...Al extranjero que está en tus poblaciones la darás, y él podrá comerla... (DEUTERONOMIO 14.21)

Otros se convierten para poder recibir limosnas:

Y no rebuscarás tu viña, ni recogerás el fruto caído de tu viña; para el pobre y para el extranjero lo dejarás... (LEVÍTICO 19.10)

Pero otros se convierten para ir al cielo:

Un mismo estatuto tendréis vosotros de la congregación y el extranjero que con vosotros mora; será estatuto perpetuo por vuestras generaciones; como vosotros, así será el extranjero delante de Jehová (NÚMEROS 15.15).

El otro acto bondadoso de Rut involucraba a Booz. Ella buscó casarse con Booz porque lo amaba y le había encantado su bondad. La decadencia general y la inmoralidad de la generación de ese tiempo hubiera llevado a Rut a buscar un hombre rico, pero ella escogió casarse con un hombre justo que amaba al Señor Dios de Israel. De esta buena obra, Booz tomó debida nota.

Por no haber ido tras los hombres jóvenes y ricos, Rut demostró que se había convertido puramente para ir al cielo, y por eso fue bendecida por Dios, quien ama a los convertidos sinceros.[5]

Harás congregar al pueblo, varones y mujeres y niños, y tus extranjeros
que estuvieren en tus ciudades, para que oigan y aprendan, y teman a
Jehová vuestro Dios, y cuiden de cumplir todas las palabras de esta ley
(DEUTERONOMIO 31.12).

En un tiempo u otro, estos tres tipos de convertidos han entrado a la
iglesia «Cornerstone». La primera clase entra a nuestro rebaño fingiendo
tener motivos sinceros, y en unos meses están introduciendo programas
para hacerse ricos de la manera más rápida, atrayendo a las ovejas
confiadas dentro de sus diseños con promesas de prosperidad instan-
tánea. Mi esposo tiene un agudo sentido del olfato, y me dice que él
puede distinguir con mucha precisión a los que huelen a cabras y a los
que huelen a ovejas. En la mayoría de las circunstancias, él les pide a este
tipo de individuos que escojan entre ir a la iglesia a alabar a Dios y por la
hermandad, o que se lleven sus negocios de conspiración a otro lugar.

Otros convertidos entran con una gran necesidad. Son aceptados
con mucho entusiasmo y se les provee comida, ropa y lo esencial para
su mantenimiento diario. Con el tiempo, notamos que no quieren ir a
las clases o a los grupos de ayuda que hemos creado para ayudarlos a
salir de ese pasado de «escasez y necesidad». Quieren quedarse en
ese lugar de necesidad. Les buscamos entrevistas para conseguir un
trabajo, pero están muy ocupados para poder llegar a la cita. Tratamos
de ponerlos en unos programas de industria, pero sienten que no son
adecuados para «ese tipo de trabajo». Simplemente quieren limosnas
sin enseñanza ni responsabilidad.

Pero otros son convertidos verdaderos que traen gracia al altar de
nuestra iglesia cada domingo. Nunca me canso de ver a esas preciosas
personas venir al altar del perdón y clamar a su Redentor. Ellos
anhelan que su manto caiga sobre su pasado y les dé nuevas esperanzas para el mañana. No buscan nada más que una relación con el
Dios de Abraham, Isaac y Jacob. Son también como pajaritos sin nido,
buscando refugio bajo las alas del Todopoderoso. Son los que hacen
que nuestro ministerio sea gratificante. Ellos serán bendecidos por
Dios, porque Él ama a los convertidos sinceros.

Por tanto, acordaos de que en otro tiempo vosotros, los gentiles en cuanto a la carne, erais llamados incircuncisión por la llamada circuncisión hecha con mano en la carne. En aquel tiempo estábais sin Cristo, alejados de la ciudadanía de Israel y ajenos a los pactos de la promesa, sin esperanza y sin Dios en el mundo. Pero ahora en Cristo Jesús, vosotros que en otro tiempo estábais lejos, habéis sido hechos cercanos por la sangre de Cristo (EFESIOS 2.11–13).

LECCIONES PARA LA VIDA

PRIMERA LECCIÓN PARA LA VIDA: NUESTRO REDENTOR NOS CUBRE CON SU CAPA DE JUSTICIA

Booz, el redentor y esposo, puso su ~~prenda~~ *capa* sobre Rut, la gentil y prometida. Este gesto de adoración simbolizaba su amor por ella y el deseo de protegerla. La súplica de Rut para protección representó al máximo lo que es ser flexible:

En gran manera me gozaré en Jehová, mi alma se alegrará en mi Dios; porque me vistió con vestiduras de salvación, me rodeó de manto de justicia, como a novio me atavió, y como a novia adornada con sus joyas (ISAÍAS 61.10).

Cristo, el Redentor y novio, pone la capa de justicia alrededor de la iglesia, la gentil y esposa.

Para Booz y Rut este acto de amor y devoción ocurrió en la era, el lugar donde se separa el grano de la paja. Para Cristo y el pecador, este acto ocurre en la cruz, nuestro lugar de separación del mundo.

Pero lejos esté de mí gloriarme, sino en la cruz de nuestro Señor Jesucristo, por quien el mundo me es crucificado a mí, y yo al mundo (GÁLATAS 6.14).

Cuando nosotros, los pecadores, venimos a la cruz de Cristo y nos entregamos a su amor, nuestro redentor pone su capa de justicia blanca y pura sobre nuestras vidas y tapa nuestros pecados con su pureza. Es así de sencillo. El acto de redención, el acto de liberación de los pecados y sus castigos, se pone en marcha:

No temas, porque yo te redimí; te puse nombre, mío eres...
(ISAÍAS 43.1)

Ahora llegamos a ser una obra en progreso. Mientras más convencidos estamos de nuestras ofensas, más buscamos arrepentimiento y purificación. Al madurar en Cristo, nos damos cuenta que tenemos una herencia porque somos las hijas del Rey. Él promete darnos los deseos de nuestro corazón, porque hemos sido comprados por un precio muy alto:

Porque el que en el Señor fue llamado siendo esclavo, liberto es del Señor; asimismo el que fue llamado siendo libre, esclavo es de Cristo. Por precio fuisteis comprados; no os hagáis esclavos de los hombres. Cada uno, hermanos, en el estado en que fue llamado, así permanezca para con Dios (1 CORINTIOS 7:22–24).

¡Cristo dio su vida para que nosotras pudiésemos tener la nuestra! Él nos ha dado una herencia inestimable. ¡La túnica blanca de justicia del Hijo de Dios es colocada alrededor de nuestras vidas pecaminosas, dándonos acceso al trono del Padre donde Él nos ve a través de su Hijo y no a través de nuestros pecados! ¡Somos las hijas del Rey! Debemos empezar a pensar como hijas del Rey. Debemos empezar a actuar como hijas del Rey. ¡Debemos empezar a vivir como hijas del Rey!

Use su capa de justicia con orgullo; sin embargo, recuerde siempre esta verdad: Usted no se la ganó. Jesús lo hizo.

SEGUNDA LECCIÓN PARA VIDA:
HAY PODER EN DAR UNA BENDICIÓN

El propósito de Dios para la bendición es de redención y es un ejemplo de la «sustitución divina». Este plan está claramente demostrado en la bendición de Jacob sobre sus nietos Efraín y Manasés en Génesis 48. El hijo de Jacob, José, trajo sus hijos a su padre:

> *Y los tomó José a ambos, Efraín a su derecha, a la izquierda de Israel, y Manasés a su izquierda, a la derecha de Israel; y los acercó a él.*
>
> *Entonces Israel extendió su mano derecha, y la puso sobre la cabeza de Efraín, que era el menor, y su mano izquierda sobre la cabeza de Manasés, colocando así sus manos adrede, aunque Manasés era el primogénito.*
>
> *Y bendijo a José, diciendo: El Dios en cuya presencia anduvieron mis padres Abraham e Isaac, el Dios que me mantiene desde que yo soy hasta este día, el Ángel que me liberta de todo mal, bendiga a estos jóvenes; y sea perpetuado en ellos mi nombre, y el nombre de mis padres Abraham e Isaac, y multiplíquense en gran manera en medio de la tierra* (GÉNESIS 48.13–16).

Muchas de ustedes han oído sobre «la imposición de manos», pero no entienden su significado completamente. Yo tampoco lo entendía hasta que mi esposo, Derek Prince, y nuestro querido amigo, el pastor Bill Ligon, me enseñaron. «La imposición de manos» es un acto en el cual una persona con autoridad espiritual pone sus manos sobre otra, con un propósito espiritual definido, el cual puede tener una de tres intenciones o una combinación de las tres:

1. Para transmitir bendiciones o autoridad espiritual.

2. Para reconocer públicamente la bendición o autoridad espiritual particular que Dios le ha dado a una persona.

3. Para comprometer a una persona públicamente a Dios, para hacer una tarea o un ministerio especial.[6]

Vamos a hablar sobre el primer propósito de dar una bendición con «la imposición de manos». Cuando José trajo a sus hijos Efraín y Manasés a su padre Jacob, el patriarca bendijo a sus nietos por la imposición de manos sobre sus cabezas. Era la tradición poner la mano derecha sobre el mayor y la mano izquierda sobre el menor. Jacob trasmitió su bendición personal a sus nietos, pero con las manos cruzadas.

Viendo que su padre cruzaba sus manos, José pensó que el patriarca de avanzada edad había cometido un error; asi es que trató de cambiar el orden al ponerle la mano derecha de su padre, la bendición mayor sobre su primer hijo Manasés, y la mano izquierda, la bendición menor, sobre el segundo hijo Efraín, pero Jacob se rehusó.

Mas su padre no quiso, y dijo: Lo sé, hijo mío, lo sé; también él vendrá a ser un pueblo, y será también engrandecido; pero su hermano menor será más grande que él, y su descendencia formará multitud de naciones (GÉNESIS 48.19).

Toda esta experiencia es un «tipo y sombra» de Cristo y el pecador viniendo a la cruz del Calvario. Cuando un pecador viene a la cruz, está pidiendo que Dios lo bendiga. Dios oye la oración del pecador pidiendo misericordia, y por su amor puro, bendice al pecador al impartir la bendición de su primogénito, Jesucristo.

El gran efecto de la bendición de salvación es que Dios el Padre sustituye la vida de su hijo, Jesús, por la muerte de un pecador. El pecador (usted y yo), quien merece morir, vive, y el Salvador en cambio, quien es puro y merece vivir, muere.

Dios muestra divina preferencia cuando Él le da vida eterna al pecador, porque nosotros recibimos la vida de resurrección de la vida de su primogénito como la bendición más grande.[7] Gálatas describe así este hermoso intercambio:

Cristo nos redimió de la maldición de la ley, hecho por nosotros maldición (porque está escrito: Maldito todo el que es colgado en un madero) [Deuteronomio 21.2] para que en Cristo Jesús la bendición de Abraham alcanzase a los gentiles, a fin de que por la fe recibiésemos la promesa del Espíritu (GÁLATAS 3.13–14).

El acto de Jesús renunciando a su primogenitura, por voluntad propia, se refleja en sus palabras:

Como el Hijo del Hombre no vino para ser servido, sino para servir, y para dar su vida en rescate por muchos (MATEO 20.28).

Este gran intercambio se hizo en su cruz:

Jesús fue *castigado* para que fuésemos *perdonadas.*
Jesús fue *herido* para que fuésemos *sanadas.*
Jesús fue hecho *pecado* con nuestro *estado pecaminoso* para que fuésemos *justificadas* con su *justicia.*
Jesús murió nuestra *muerte* para que recibiésemos su *vida.*
Jesús se hizo *maldición* para que pudiésemos compartir su *abundancia.*
Jesús cargó nuestra *vergüenza* para que pudiésemos compartir su *gloria.*
Jesús toleró nuestro *rechazo* para que pudiésemos tener su *aceptación* con el Padre.
Jesús había sido *separado* por la muerte para que pudiésemos estar *unidos* a Dios eternamente.
Nuestro *viejo hombre* fue sentenciado a muerte en Él, para que el *nuevo hombre* pueda resucitar dentro de nosotras.[8]

El pecado ya no tiene dominio sobre nosotras porque Cristo, en su expiación, en su intercambio en la cruz, hizo posible para que el pecador pudiese morir al pecado, pero vivir en Dios y su justicia.[9]

Un hombre llamado Nikolai Berdayev abandonó el marxismo por el cristianismo. Cuando le preguntaron qué fue lo que lo trajo a la fe cristiana, insistió que no era la historia, ni la teología, ni la iglesia, sino puramente las acciones de una mujer, una cristiana a la que llamaban Madre María.

Nikolai estaba en un campo de concentración cuando los nazis estaban matando a los judíos en las cámaras de gas. Cuando el oficial nazi arbitrariamente escogía quien iría a la línea de la vida y quien iría a la línea de la muerte, a una madre desesperada la mandaron a la línea de la vida, mientras que a su indefenso bebé lo mandaron a la línea que iba hacia la «cámara de muerte». Llorando en agonía, la madre desesperada rehusó separarse del bebé, así que se unió a él en la «línea de la muerte».

La Madre María, a la cual habían escogido para que viviera, se dio cuenta que el oficial sólo estaba interesado en cumplir la cuota de judíos muertos; por lo tanto, discretamente cambió de lugar con una mujer y su bebé.[10] De esta manera, escogió la muerte para que otros pudieran vivir.

Este acto de sacrificio personal reveló a Berdayev qué es lo que la expiación realmente significa, lo cual es el centro del cristianismo.

Capítulo trece

LA ROMANCE

*L*a era permanecía tranquila y silenciosa. En un rincón lejano, cerca de donde se hacinaban los contenedores de cebada, Booz y Rut estaban arrodillados uno delante del otro. Booz le hablaba a Rut en voz muy baja con tiernos susurros: «Rut, ten la seguridad que no te rechazaré. No temas, porque no me avergüenza casarme con una moabita convertida. Yo sé que eres una mujer bondadosa y virtuosa y el pueblo de Belén puede percibir que eres justa y digna de casarte con un juez de Israel».

Booz quería hacer todo lo posible para que Rut no se preocupara, así que continuó asegurándole que sus acciones eran motivadas por Dios: «No temas pensando que has dañado tu reputación por venir aquí esta noche. Nadie te va a condenar por lo que hiciste, porque todos saben que todo lo que haces es por Dios».

Luego, le empezó a explicar un poco de lo que sabía sobre su situación: «Yo sé que hay un familiar más cercano a Noemí que yo».

Rut miró a Booz a los ojos con mucha curiosidad. Trataba desesperadamente de entender lo que le estaba diciendo.

Booz pudo ver que la noticia de otro redentor la había desalentado. La expresión de preocupación de Rut, le rompió el corazón: «Ten la seguridad de que voy a encargarme de resolver esta situación lo más pronto posible», le dijo. Y para darle más seguridad y confianza en sus intenciones, le hizo una promesa: «Mientras Dios viva, yo me casaré contigo si el familiar más cercano rehúsa hacerlo». Luego le pidió que se quedara a su lado hasta la mañana.

Rut sabía que Booz era un hombre justo, y aunque no podía entender bien todo lo que estaba ocurriendo, confiaba en él. Se acostó, pues, a los pies de Booz con mucha preocupación acerca del futuro. Estaba exhausta porque el día había sido más difícil de lo que ella había esperado. Finalmente, se durmió.

Booz se mantuvo despierto por lo que quedaba de la noche, angustiado por la profanación que le podría traer al nombre de Dios si hubiese tan sólo una leve sospecha de que él y Rut habían actuado inmoralmente. Él amaba demasiado a Dios para que esto sucediera y amaba a Rut de una manera tan pura, que no quería que su casta reputación quedara manchada, así que siguió orando hasta el amanecer.

Una niebla translúcida y gris estaba extendiéndose levemente sobre la tierra, como si al fin el alba estuviera considerando despertarse. Booz terminó de orar y despertó a Rut quien se levantó rápidamente y empezó a prepararse para regresar a casa mientras todavía estaba tan oscuro que ni siquiera un amigo cercano habría podido reconocer al otro.

Antes de que Rut se fuera, Booz le dio seis medidas de cebada para que se los llevara a casa. Al mirar la cebada que él le había puesto en su manto, Booz supo que Rut reconoció que su ofrenda era suficiente comida como para más que un día. Él le aseguró a su amada que ella solo necesitaría una ración más de comida antes de entrar a la casa de su esposo.

Mientras el sol empezaba a salir en el horizonte, Rut se fue por el camino que la llevaba de regreso a la casa de Noemí con seis medidas de cebada que Booz le había dado. Se sentía feliz de volver a ver a Noemí, porque se sentía segura en su presencia. Su camino a casa estaba lleno de expectación por lo que había ocurrido en el día. Pensaba una y otra vez en la promesa que Booz le había hecho: «Mientras Dios viva, voy a cumplir con mi deber».

ESTUDIO BÍBLICO

Ahora pues, no temas, hija mía; yo haré contigo lo que tú digas, pues toda la gente de mi pueblo sabe que eres mujer virtuosa.

Y ahora, aunque es cierto que yo soy pariente cercano, con todo eso hay pariente más cercano que yo.

Pasa aquí la noche, y cuando sea de día, si él te redimiere, bien, redímate; mas si él no te quisiere redimir, yo te redimiré, vive Jehová. Descansa, pues, hasta la mañana.

Y después que durmió a sus pies hasta la mañana, se levantó antes que los hombres pudieran reconocerse unos a otros; porque él dijo: No se sepa que vino mujer a la era.

Después le dijo: Quítate el manto que traes sobre ti, y tenlo. Y teniéndolo ella, él midió seis medidas de cebada, y se las puso encima; y ella se fue a la ciudad (RUT 3.11–15).

«Pariente más cercano que yo». El pariente-redentor más cercano a Noemí y Rut se llamaba Tov. Salmón, padre de Booz, Elimelec y Tov eran hermanos; por eso Tov era un familiar más cercano que Booz, el cual era sobrino de ellos.[1]

El nombre de Tov no se menciona en el texto bíblico, aunque documentos genealógicos muestran que sí existió. A él simplemente se le trata como *Ploni Almoni*, que en hebreo significa *el que*. Los eruditos judíos creen que la no mención de su nombre se debe a que no era necesario pues decidió no redimir a la hermosa convertida de Moab.[2]

«Yo te redimiré». Booz no tenía autoridad para concederle el pedido a Rut inmediatamente. Pero el amor que sentía hacia ella era tan puro, que no sólo le aseguró que haría lo que ella necesitaba, sino que le pidió perdón por no poder casarse con ella tan rápidamente como ambos lo deseaban.

Se le tenía que dar la opción al familiar más cercano, «el que», de redimir el campo de Mahlón y su esposa, aunque él había tenido la oportunidad de hacerlo antes, pero no lo había hecho.[3]

«Vive Jehová» Esta expresión indica una promesa. Booz le dio su palabra de honor a Rut para que tuviera paz. Aunque trató de convencerla de que tenía la situación bajo control y que cuidaría de ella,

pudo ver que Rut estaba preocupada por su futuro y la futura seguridad de su suegra.[4]

Durmió a sus pies. Los eruditos judíos enseñan que Booz se postró delante de Dios en oración durante toda la noche mientras Rut dormía a sus pies. Si la gente se enteraba de la visita de Rut y sospechaban de conducta inmoral, el nombre de Dios sería profanado y eso era algo que Booz no quería.[5] Por eso se mantuvo en oración para que ningún pensamiento impuro corrompiera su mente.

Seis medidas de cebada. El texto original en hebreo dice: «seis medidas o seis granos de cebada». Una interpretación de este versículo es que Rut y Noemí sólo tendrían suficiente para una comida, indicando así que Booz tenía la intención de redimir a las dos mujeres al final del día.[6]

Aunque el significado inicial del versículo ilustra más el compromiso que le hizo Booz a Rut, el versículo también tiene un significado profético, el cual es más revelador. Vamos a hablar de este significado en el próximo capítulo.

LECCIONES PARA LA VIDA

PRIMERA LECCIÓN PARA LA VIDA:
AMAR ES REDIMIR

Permítame compartir una hermosa historia de amor con usted. Como el libro de Rut, esta historia es acerca del amor de una madre hacia sus hijos, el amor de un hombre por una mujer y la redención sobrenatural de una familia.

Su nombre era Leah. Nació a principios de los 1900, en un pequeño pueblo llamado Kregly. En ese tiempo, este territorio le pertenecía a Rusia. Luego, en 1914, la armada polaca ocupó la tierra y la controló por veinticinco años.

Cuando Leah tenía dieciséis años, se enamoró de un hombre casado que se llamaba Naftali Hemerling. Juntos, Leah y Naftali se mudaron a una ciudad más grande llamada: Baranovichy, donde abrieron una tienda, proveyéndoles a los de la armada polaca, ropa, comestibles y artículos en general. Al pasar de los años tuvieron mucho éxito y pudieron tener artículos de lujo. No podía irles mejor. Los Hemerlings fueron bendecidos con tres hijas: Renia, Hannah, y Feigela; y un hijo Shmulek. La vida era alegre en este hogar judío lleno de gracia y de amor. Leah se sentía tan afortunada de tener tantas bendiciones que compartir con los demás y le daba gracias a Dios muy a menudo por su bondad, al invitar a soldados judíos cada viernes por la noche a su mesa para celebrar el día de reposo.

La vida fue abruptamente interrumpida cuando en 1941 una armada alemana invadió Baranovichy. Instantáneamente, la gente se volvió temerosa y preocupada, porque los nazis trajeron consigo una presencia endemoniada que parecía impregnar hasta el aire que respiraban. La vida era incierta.

A los diez días de haber sido ocupados por los alemanes, los soldados SS de Hitler capturaron a más de cien ciudadanos. Los interrogaron brutalmente y les exigieron que les dieran los nombres de las familias más ricas de la ciudad. Aterrorizados por las consecuencias, los ciudadanos temerosos dieron los nombres. Leah y Naftali eran parte de esa lista.

Les dijeron a los representantes de esas familias que si llevaban diez kilogramos de oro y cincuenta kilogramos de plata a un lugar específico fuera de la ciudad, ellos y sus familias evitarían el castigo de los nazis. Naftali y los otros llevaron la cuota del rescate a los Judenraad, que eran judíos intermediarios designados para tratar con los judíos. Una vez que los alemanes confiscaron el oro y la plata, los hombres fueron llevados al bosque. Allí, delante de un hueco que acababan de cavar, los SS los mataron.

Leah estaba esperando que Naftali regresara. Llegó la medianoche y todavía no había noticias de su esposo amado. Ansiosamente se paró junto a la ventana de la sala oscura, mirando a través de las hermosas cortinas australianas que tenían mucho valor porque Naftali se las había regalado para su aniversario. De pronto, un amigo de la familia salió de las sombras y se presentó en la puerta de la casa de Leah.

Le dijo que a su esposo lo habían matado los nazis. Fue como si el tiempo se hubiese detenido. Los pulmones de Leah rehusaron

tomar aire. Quería gritar pero no le salía ningún sonido. Se había entu-
mecido, y Naftali se había ido. Pronto, el dolor de Leah se transformó
en pánico al pensar en sus hijos. ¡Debo salvar a mis hijos!
Despertó a Renia, Hannah, Feigela y a Shmulek, y les dijo que
irían a visitar a su tía Sara. Los vistió con varias capas de ropa y
empacó un pequeño fardo para que cada uno de ellos llevara en el
viaje a la ciudad de Kletzk, a treinta kilómetros de allí, donde vivía su
hermana con su esposo y sus cuatro hijas.

El día después que Leah llegó, una amiga de su hermana le
informó que al día siguiente habría en Kletzk una gran masacre de
judíos. Leah inmediatamente empezó su viaje de regreso a casa.
Apenas Leah se había ido, los hombres de Kletzk fueron asesinados
en las afueras de la ciudad y Sara y sus cuatro hijas fueron deportadas
a Siberia.

No bien regresaron a Baranovichy, los sacaron de sus casas. Leah
tomó a su madre, Mary, a sus cuatro hijos y una pequeña bolsa con sus
pertenencias y se fueron al área de la ciudad que los nazis habían
declarado como ghetto judío. En un día, miles de personas se encontraron viviendo en una ciudad de sólo seis cuadras.

Mientras estaban en el ghetto, Leah llegó a compartir un cuarto de
una pequeña casa con otras dieciséis personas. A las personas saluda-
bles las dejaban salir del ghetto durante la mañana para ir a trabajar,
pero los enfermos, los ancianos y los niños pequeños tenían que
quedarse dentro de las paredes de esa área asquerosa e infestada de
enfermedades.

Día tras día las condiciones en el ghetto se ponían peor debido a
la escasez de agua y de comida. Leah era afortunada de trabajar en
una panadería; ella escondía pan discretamente en su cuerpo y se lo
traía a la mamá y a sus cuatro hijos que estaban hambrientos. Mientras
estaba en la panadería, Leah se hizo amiga de un hombre ruso que
quedó encantado con ella por su espíritu bondadoso y por su extraordinaria belleza.

Cada mañana, Leah y Renia, su hija mayor que tenía doce años
por ese entonces, eran escoltadas por los SS para ir a trabajar. Las dos
estaban muy agradecidas de poder salir de ese ghetto tan hediondo

durante el día, pero se sentían tristes de dejar atrás a Mary con Hannah, Feigela, y Shmulek. Pronto los nazis construyeron una cerca alrededor del ghetto, y cada noche revisaban a los trabajadores en la entrada, así que Leah ya no pudo seguir trayendo pan para su familia.

Un día en que Leah y Renia estaban trabajando, Mary recibió la aterradora noticia de que los nazis estaban matando a todos los que se les pusieran por delante, así que rápidamente juntó a Hannah, a Feigela, a Shmulek y a los otros niños pequeños para esconderlos en el sótano del edificio que habitaban.

Al tercer día después de Yom Kippur tuvo lugar la masacre que todos temían. Los soldados vinieron al lugar donde Mary y sus amados niños estaban escondidos.

Lamentablemente, un bebé que estaba en el grupo empezó a llorar. Su madre trató de consolarlo pero el niño siguió gritando. La mujer sabía que su llanto expondría a todos los que estaban en el sótano, así es que, con lágrimas en los ojos, le tapó la boca a su bebé hasta que finalmente paró de llorar. Lo había sofocado para salvar a los demás.

Pero había sido demasiado tarde. Los nazis oyeron el llanto del bebé y encontraron el lugar donde Mary y sus preciosos nietos se habían escondido. La familia aterrorizada siguió las órdenes de los SS que gritaban: «¡Raus! ¡Raus!» «¡Fuera! ¡Fuera!»

Luego Leah se enteró de que cuando se los estaban llevando al lugar de fusilamiento, Mary guió a sus nietos en el *Sh'ma Israel* (Oye Israel).

El *Sh'ma* es la primera oración que aprende un niño judío y la última oración que un judío dice antes de dormirse cada noche; es también la última oración que el judío dice antes de morir. El *Sh'ma* es lo más cerca que se puede llegar a la declaración de la fe judía. Está compuesto de tres párrafos basados en Deuteronomio 6.4–9 y Números 15.37–41.[7] Uno de los componentes más importantes de esta oración sagrada es el principio: «*Sh'ma, Israel, Adonai Eloheinu, Adonai Echad*». «Oye, O Israel, el Señor nuestro Dios, el Señor Uno es». La horrible visión de Mary y sus tres hijos acuclillados en oración mientras esperaban la muerte ocupó el pensamiento de Leah por el resto de su vida.

Muy pronto, las condiciones en el ghetto se pusieron intolerables. No había comida, ni agua potable. Los cuerpos estaban tirados en las calles donde la muerte los alcanzaba. Las enfermedades impregnaban el aire como una manta sofocante. Leah y Renia lloraban al tratar de evadir los cadáveres de hombres, mujeres y niños para ir a trabajar.

Un día, aún en medio de aquel angustioso sufrimiento, la protección sobrenatural de Dios estuvo sobre Leah y Renia. En el camino de regreso al ghetto, en la oscuridad de la noche, Leah y Renia escaparon del grupo que estaba siendo escoltado. Milagrosamente, como si se hubiesen hecho invisibles, las dos mujeres se fueron y nadie se dio cuenta. ¡Definitivamente que la mano de Dios las protegió!

Durante una semana permanecieron escondidas en los campos helados de Baranovichy. Finalmente, desesperada, Leah les pidió a sus amigos cristianos, la familia Sleizen, que las escondieran. Los Sleizen sabían que serían deportados a un campo de concentración o asesinados de inmediato si escondían a judíos, pero decidieron hacer lo correcto ante los ojos de Dios.

En una noche fría, Leah y Renia llegaron a la casa de los Sleizen. Sufrían dolores terribles porque la piel de sus pies rojos, hinchados y ensangrentados se les caía a pedazos. No tenían zapatos. Pero aún en medio de ese sufrimiento tan grande, las fugitivas sintieron un gran alivio al encontrar un lugar para refugiarse del enemigo.

Para poder esconder eficazmente a las dos mujeres, los Sleizen cavaron un hueco en el piso de su dormitorio y lo cubrieron con una alfombra y un sofá. Aquello parecía una tumba. El espacio era lo suficientemente grande como para acomodar a una persona del tamaño de Leah y lo suficientemente ancho como para que madre e hija pudieran acostarse cómodamente una al lado de la otra. Este sepulcro frío, húmedo y oscuro se convirtió en su refugio.

Cada mañana a las 3 a.m., la señora Sleizen las sacaba de su tumba, les daba de comer, les permitía que estiraran sus cuerpos apretujados y que pudieran hacer sus necesidades básicas.

Día tras día, madre e hija permanecieron escondidas allí. Cuando, desesperada, Renia se ponía a llorar, Leah la acariciaba y le decía: «La guerra acabará pronto. Vamos a salir de aquí. Vamos a regresar a casa. Todo va a estar bien. ¡Jehová Dios lo va a hacer, mi amor!»

Finalmente, después de 840 días —veintiocho largos meses de tortura— madre e hija salieron de su sepultura y recibieron pasaportes y certificados de nacimiento con nombres cristianos que los Sleizen pudieron conseguir.

El día en que Leah y su hija fueron liberadas de su escondite, los alemanes empezaron a retirarse del territorio. Había caos por todos lados. Los nazis disparaban a todo el que estuviera corriendo desesperadamente por las calles. Trataban de matar a cuantos judíos pudieran de entre los que habían sobrevivido su devastadora ocupación.

Mientras los disparos iban y venían, Leah mantuvo a Renia apegada a su cuerpo. Si habrían de morir, prefería que las dos murieran por la misma bala, para evitar tener que pasar por la agonía de la pérdida de una de las dos.

En medio del caos, Leah se reencontró con el hombre ruso que se había hecho amigo de ella en la panadería. Le suplicó que le ayudara a que liberaran de Siberia a su hermana Sara y a sus cuatro hijas. Inexplicablemente, el hombre estuvo de acuerdo y Sara y sus cuatro hijas fueron liberadas del campo de trabajo en Siberia y pudieron volver a reunirse con Leah. Una vez más, la mano de Dios estaba con Leah y su familia.

Los partisanos judíos que se habían escondido en el bosque para escapar de los sanguinarios SS también regresaron a la ciudad desierta de Baranovichy. Allí se organizaron para luchar contra los alemanes que quedaban. Los que regresaban buscaban desesperadamente a sus seres queridos, pero fueron muy pocos a los que pudieron encontrar. Más tarde, Leah supo que de la población de 45.000 personas, Renia y otro jovencito habían sido los únicos niños que habían sobrevivido a la masacre demoníaca y a las privaciones de los nazis avaros.

Entre los valientes que sobrevivieron estaba Samuel Bratkovsky quien perdió a su esposa y a sus dos hijos pequeños durante la ocupación nazi. El sufrimiento llegó a ser el compañero constante de

Samuel mientras resistía a los SS. Su soledad parecía que lo consumía hasta que conoció a Leah quien aun conservaba mucho de su hermosura. Samuel quedó prendado de ella.

Lo que Booz sintió por Rut lo sintió Samuel por Leah. Él quería protegerla a ella y a Renia. Se enamoró del interés que ella tenía por otras personas y por la bondad innata que irradiaba de sus ojos tan atractivos. Sin embargo, Leah todavía estaba muy angustiada por la muerte de Naftali y aún estaba muy enamorada de su amado esposo.

Otro partisano que se enamoró de las mujeres Hemerling fue Pesach Burzak. Renia, que ahora tenía diecisiete años de edad, se sintió atraída instantáneamente por este joven guapo de tez morena y él, a su vez, quedó impresionado por la belleza inocente de esta mujer joven y delicada. Su amistad, sin embargo, fue corta y tristemente tuvieron que despedirse porque Pesach se unió a un grupo de partisanos que estaban saliendo de Rusia.

El desorden endémico prevalecía y Leah empezó a sentirse insegura en medio de este caos horrible. Se reunió con otros supervivientes judíos y partisanos, y todos decidieron, por unanimidad, irse de Baranovichy.

En la larga y peligrosa travesía por las montañas escarpadas el grupo viajaba de noche y descansaba por el día para evitar que las tropas SS que deambulaban por allí los detectaran cuando rastreaban las laderas.

Una tarde, a la puesta del sol, cuando el grupo se despertó y se estaba preparando para el viaje de la noche, Sara se dio cuenta que la pequeña Carmella de cuatro años de edad había desaparecido. De algún modo, se había ido a caminar mientras los demás dormían. La buscaron desesperadamente por todos lados, pero no la encontraron. El grupo decidió por unanimidad que sería muy riesgoso regresar en su búsqueda porque pondría a todo el grupo en peligro. Así es que, desconsolados, decidieron dejarla.

Al día siguiente, el que había desaparecido era Samuel. Leah supuso que había decidido quedarse en un pueblo cercano. Era un buen hombre y extrañaría su bondad, pero sus sentimientos hacia

Samuel estaban reprimidos por la profunda pena que sentía por la pequeña Carmella.

Durante dos días, el grupo anduvo por los Alpes entre Italia y Austria. Al amanecer del tercer día, vieron a un hombre que venía caminando hacia ellos. Cuando la figura solitaria se acercó más, Leah pudo distinguir a un hombre que llevaba a alguien en sus brazos. ¡Era Samuel cargando a Carmella! ¡Había arriesgado su vida para salvar a una pequeña niña indefensa del bosque y de una muerte segura!

Samuel amaba a Leah tanto que arriesgó su propia vida para encontrar a Carmella. No podía soportar ver a Leah sufrir otra pérdida en su familia. Al redimir a Carmella, Samuel despertó un amor en Leah que duraría por toda la vida.

Cuando llegaron a Milán, tomaron un tren hacia Roma. Leah no tenía dinero para el pasaje; lo único que tenía era unas páginas sueltas y hechas jirones de un libro de oraciones judío.

Cuando pasó el conductor pidiendo los boletos, Leah respiró hondo, oró silenciosamente y le dio una de las páginas rotas. Sorprendentemente, el conductor aceptó el pedazo de papel como si hubiesen sido los pasajes. Esta era otra señal del Todopoderoso de que su mano estaba sobre sus vidas.

Una vez en Roma, el grupo se instaló en el vestíbulo de una sinagoga vieja y abandonada. Allí compartieron sus sueños y sus esperanzas para el futuro. Hacía ya mucho tiempo que no tenían esperanzas y hablar acerca del futuro que iban a tener juntos era un regalo que todos apreciaban. Fue allí, en esa sinagoga, un símbolo terrenal del Dios Eterno, donde se efectuó el matrimonio de Leah Hemerling y Samuel Bratkovsky.

Un viernes frío por la noche, después de las oraciones del día de reposo, Leah y Renia reclamaron sus nombres judíos. La nueva familia se hizo una promesa: «Nunca más nos vamos a separar. Vamos a vivir libremente como judíos y nos vamos a mudar a Israel, la patria de nuestros patriarcas Abraham, Isaac y Jacob».

Los judíos iban y venían por el vestíbulo de la antigua sinagoga donde vivían Leah, Samuel, Sara, las hijas de Sara y Renia. Uno de ellos era el buen mozo Pesach Berzak de quien Renia se había enamorado unos meses atrás. Los dos se habían vuelto a encontrar y en unas cuantas semanas se casaron en la antigua sinagoga romana. La familia de Leah estaba siendo restaurada y estaban a punto de irse a Israel para una jornada de libertad.

Israel, conocida como Palestina durante ese tiempo, estuvo bajo el régimen británico desde 1917 hasta 1948. La inmigración a Israel era virtualmente imposible por la política del papel blanco que había sido implementada por los británicos en 1939, la cual decía que no más de 5.000 judíos podían inmigrar a Palestina al año. Judíos que llegaban a Palestina sin los «papeles británicos apropiados», eran arrestados inmediatamente por los británicos y devueltos a Europa por barco a manos del enloquecido Hitler y su cámara de gas mortal. Durante la guerra, el dictador nazi asesinó a más de 20.000 judíos al día, de acuerdo con su «solución final», que eventualmente tomó la vida de más de 6.000.000 de judíos. Dos millones de ellos eran niños.

Los judíos que habían sobrevivido a Hitler veían a Palestina como su salvación. Un grupo ilegal de inmigración clandestina llevaba a los judíos a Israel, si estos prometían vivir en un *kibbutz*, un lugar de vida comunitaria en donde los sobrevivientes del holocausto podían empezar su vida de nuevo y construir una patria judía. Las visas falsificadas de inmigración eran como oro, aún así, la gracia de Dios permitió que Leah reservara un pasaje a Israel.

A Renia, quien estaba embarazada con su primer hijo, le dieron prioridad para irse en barco. Una semana después de que su hija y su yerno se hubieron ido, Leah y Samuel abordaron, llenos de esperanzas, un barco de carga antiguo para irse a la Tierra Prometida.

Lamentablemente, apenas vieron las luces de su destino amado en el horizonte, el barco y su carga ilegal fue interceptado por la armada británica y los desviaron a Chipre. Allí, a este hombre y a esta mujer que habían perdido tanto —y que habían compartido entre ellos todo lo que les había quedado— les dieron alojamiento en un campo provisional de detenidos.

Leah enfermó gravemente con tifoidea. Samuel se quedó en vela las veinticuatro horas del día cuidando a esta hermosa mujer a la que amaba con todo su ser. Con el amor y el cuidado que Samuel le dio y con el toque de sanidad de Dios, Leah se recobró milagrosamente y los dos se quedaron en el campo de detenidos por aproximadamente un año, cuando finalmente los pusieron en otro barco que iba a Israel.

Llegaron a Israel para reunirse con Renia y Pesach, y para conocer a su nieta Henia, que ya tenía nueve meses. Esta bebita tan adorable era una señal de que Dios todavía no estaba cansado de la humanidad.

No obstante, su corto tiempo de paz fue interrumpido nuevamente por la guerra. Samuel y Pesach lucharon en la Guerra de 1948 por la independencia de Israel. Ellos, junto con miles de otros judíos, más la mano del Dios Todopoderoso, tuvieron éxito en traer un renacimiento a su patria judía, *Eretz Israel*, la tierra de Israel.

El Señor Dios de Israel había prometido a los judíos que vivirían en Jerusalén para siempre (1 CRÓNICAS 23.25) *y, además, que un día iba a nacer una nación:*

¿Quién oyó cosa semejante? ¿Quién vio tal cosa?
¿Concebirá la tierra en un día?
¿Nacerá una nación de una vez? Pues en cuanto Sion estuvo de parto,
dio a luz sus hijos (ISAÍAS 66.8).

¡El 14 de mayo de 1948 las promesas se cumplieron!

Durante cincuenta y dos años Leah y Samuel permanecieron unidos hasta que Leah falleció a la edad de ochenta y nueve años. Samuel vivió hasta los 101. Henia, la nieta de Leah, hija de Renia, nunca supo que Samuel no era su abuelo biológico hasta el día en que se casó en 1968.

Después de la sorpresa, se dio cuenta que este hombre increíble era más que un pariente. Samuel había sido un regalo para su querida abuela, Leah, del Dios que le mostró gracia al protegerla a ella y a su hija Renia de los estragos durante la guerra de Hitler contra los judíos.

Renia dijo que ella siempre sintió que Dios estaba con ellas. «Tanto de lo que pasó fue por pura gracia de Dios. No hay ninguna otra explicación. Las peticiones de algunas personas fueron rechazadas; y las de otras personas, no». A menudo, Renia y su madre se preguntaban por qué se tomaban esas decisiones. Nada simplemente «sucedía» en las vidas de estas mujeres escogidas. La mano soberana de Dios guiaba sus pasos y las redimió de la muerte.

Hoy, Henia es una de mis queridas amigas, y tuve el gran honor de conocer a Samuel, un hombre bondadoso que se dedicó a Leah y a la familia de ella. Samuel era un hombre que amaba al Señor y valoraba la vida al máximo, y sigue siendo un miembro muy querido de la familia. Lo extrañamos muchísimo, pero hasta el día de hoy todavía se habla del amor desinteresado que le tenía a su preciosa esposa Leah.

Henia tiene fotografías de Leah, Samuel, Renia, y su padre, Pesach, en su uniforme partisano polaco. También tiene fotos de su abuela Leah con sus cuatro hijos: Renia, Hannah, Feigela, y Shmulek. Estos recuerdos preciosos no desaparecieron gracias a que Leah escondió estas fotos valiosas en su corsé junto con su más sagrada posesión: el libro de oración hecho jirones.

El Señor Dios de Israel continúa bendiciendo a Leah y a Samuel a través del legado que dejaron. Su preciosa Henia se casó con Richard Leibman, y tienen tres hijos: Bryan, Lara, y Neville. Bryan se casó con Eleonora, y tienen dos hijos: Julia Leah y Daniel Isaac.

Hitler no extinguió este noble linaje judío; no pudo, ya que fue redimido por la mano de Dios. La intervención de Dios permitió que la tataranieta de Leah—Julia Leah—pudiera nacer.

Julia Leah vive en libertad como judía en un país que honra la justicia y la libertad de religión. La familia nunca más se separará. Como lo dijo Bryan Leibman: «Julia Leah estará orgullosa de continuar el legado de Leah».

Pesach (en uniforme militar),
Renia, Leah, Samuel

arriba-Renia,
a la izquierda-Hannah,
en el centro-Shumlek,
a la derecha-Feigela

Capítulo catorce

LA PROFECIA

Noemí no pudo dormir en toda la noche. Estaba acostada pero su mente bullía de preguntas que la estaban atormentando mientras esperaba impaciente la llegada de Rut. *¿Habré hecho lo correcto en mandar a Rut a la era? ¿Reconoció y apreció Booz el propósito de Rut? O, que el Señor no lo permita, ¿la habrá humillado? ¿Habrá aún esperanza alguna para Ruth? ¿Habrá alguna esperanza para mí?*

Finalmente, se levantó de su angustia. Su cuerpo estaba temblando por la incertidumbre. Empezó a caminar de arriba abajo frente a la ventana, mirando hacia el horizonte por lo que parecía ser un sinnúmero de veces.

Finalmente, pudo distinguir una sombra humana acercándose a su casa. Cuando la primera luz de la mañana empezó a brillar, pudo ver que la forma era de una mujer. ¡Era Rut!

Cuando Rut llegó a la casa, Noemí quería hacerle miles de preguntas, pero se contuvo y guardó silencio.

La joven miró a Noemí a los ojos y Noemí le devolvió la mirada con compasión. Le hizo una pequeña pregunta con mucho cuidado y con verdadera preocupación maternal: «¿Eres tú, hija mía?»

En ese momento, a Rut se le hacía imposible decirle a Noemí todas las cosas que tenía acumuladas dentro de su corazón, sobre todo lo que había ocurrido en la era. Estaba tratando de poner en orden todo lo que pasó esa noche; además, se sentía muy cansada por la noche tan larga que había tenido. Rut le respondió a su suegra suavemente y con voz baja: «Sí... soy yo, tu nuera, y tengo algo para ti». Esta respuesta calmó a Noemí de inmediato.

Como alguien que está interpretando un dulce sueño en el cual una esperanza inactiva se despierta, Rut le entregó la evidencia de la provisión de Booz que tenía dentro de su manto y le dijo todo lo que Booz había dicho y hecho; luego, añadió: «Booz también te mandó un mensaje. Dijo: «No te vayas a donde tu suegra con las manos vacías».

Noemí vio las seis medidas de cebada y las aceptó como un regalo de consolación por parte de Booz, porque fue ella la que se paró en las puertas de la ciudad y dijo: «Me fui llena y el Señor me trajo vacía». No obstante, siendo Noemí una mujer sabia y virtuosa, percibió que había algo más que bondad en el regalo que Booz le había enviado.

Ella sabía que el sí de un hombre justo era sí y su no era no porque Rut le informó que Booz había dicho que no iba a descansar hasta que terminara esta obra «hoy mismo». Esa era garantía suficiente para que Noemí se sintiera segura de cómo iba a terminar el día. Le aseguró a Rut que Booz iba a actuar en su favor, pero en cuanto a las seis medidas de cebada, ella sabía que el mensaje que contenían iba más allá de lo que se podía imaginar: dentro de ellas había una palabra profética por parte de *Hashem*.

ESTUDIO BÍBLICO

Y cuando llegó a donde estaba su suegra, ésta le dijo: ¿Qué hay, hija mía? Y le contó ella todo lo que con aquel varón le había acontecido.

Y dijo: Estas seis medidas de cebada me dio, diciéndome: A fin de que no vayas a tu suegra con las manos vacías.

Entonces Noemí dijo: Espérate, hija mía, hasta que sepas cómo se resuelve el asunto; porque aquel hombre no descansará hasta que concluya el asunto hoy (RUT 3.16–18).

«*¿Qué hay?*» Noemí le estaba preguntando a Rut: «¿Eres mía todavía o ya le perteneces a Booz?[1]

Seis medidas de cebada. Como lo dije en el capítulo anterior, las seis *efas* eran seis medidas de cebada suficientes para que Rut y Noemí pudieran comer por un día. Esta era una señal para las dos mujeres que para el fin del día estarían bajo el cuidado de su pariente-redentor que se encargaría de ellas para siempre. Sin embargo, los seis granos de cebada también traían un mensaje profético. Los descendientes de Rut incluirían seis *tzaddikim*, o seis hombres caritativos, cada uno de ellos con seis atributos justos y extraordinarios. Los nombres de estos seis hombres serían: David, Ananías, Misael, Azarías, Daniel, y el Mesías.[2]

Los seis rasgos de David están descritos en 1 Samuel:

Entonces uno de los criados respondió diciendo: He aquí yo he visto a un hijo de Isaí de Belén, que sabe tocar, y es valiente y vigoroso y hombre de guerra, prudente en sus palabras, y hermoso, y Jehová está con él (1 SAMUEL 16.18).

Se cree que estas seis virtudes están representadas en el Escudo de David que tiene seis puntas, el *Magen* David, que aparece en la bandera de Israel.[3]

Las seis virtudes, características que se le asignan al Mesías se encuentran en Isaías, cuando él describe el reinado del hijo de Isaí:[4]

Saldrá una vara del tronco de Isaí, y un vástago retoñará de sus raíces. Y reposará sobre él el Espíritu de Jehová; espíritu de sabiduría y de inteligencia, espíritu de consejo y de poder, espíritu de conocimiento y de temor de Jehová.

Y le hará entender diligente en el temor de Jehová. No juzgará según la vista de sus ojos, ni argüirá por lo que oigan sus oídos; sino que juzgará con justicia a los pobres, y argüirá con equidad por los mansos de la tierra; y herirá la tierra con la vara de su boca, y con el espíritu de sus labios matará al impío. Y será la justicia cinto de sus lomos, y la fidelidad ceñidor de su cintura (ISAÍAS 11.1–5).

El mensaje profético dentro de las seis medidas de cebada se puso en marcha: un día, Rut iba a ser la Madre de la Realeza.

Aquel hombre no descansará. Este capítulo empezó con Noemí buscando descanso para Rut, y concluye consiguiendo el descanso. Booz prometió que no iba a parar hasta que encontrase descanso para Ruth.⁵ Noemí no envió a su nuera en otra misión para encontrar seguridad; al contrario, le aconsejó que se quedara en casa y que disfrutara la garantía que otro habría de proveer. Le dijo a Rut que sacara todos los pensamientos de ansiedad de su mente, «porque Booz se ha puesto inquieto por ti».

Hasta que concluya el asunto. Noemí le estaba aconsejando a Rut como madre y como *casamentera*. Es muy probable que la palabra casamentera le traiga a la memoria la imagen de *Yente* de la película *El violinista en el tejado*, pero esta no es la imagen que la Torá da de una verdadera casamentera.

Ser casamentera es una obra justa, una *mitzvah*, y a Dios mismo le interesa. No es sencillo encontrar a un compañero para toda la vida. La Biblia describe a Isaac, uno de los solteros más cotizados de las Escrituras, y su búsqueda dificultosa de su alma gemela. Pertenecía a la mejor familia de su generación. Era sumamente rico. Era guapo e inteligente pero no podía encontrar esposa. Estoy segura de que muchas mujeres querían casarse con él, pero a su *basherte* –la destinada para él– no se la podía encontrar.

Su padre Abraham le encargó a Eliezer, su albacea, el sirviente en el cual más confiaba, que le encontrara una esposa a su hijo. Aunque Eliezer estaba cargado de riquezas y representaba a un soltero digno, aún así le pidió ayuda a Dios para traer a la esposa perfecta para Isaac:⁶

Y dijo: Oh Jehová, Dios de mi señor Abraham, dame, te ruego, el tener hoy buen encuentro, y haz misericordia con mi señor Abraham.

He aquí yo estoy junto a la fuente de agua, y las hijas de los varones de esta ciudad salen por agua.

Sea, pues, que la doncella a quien yo dijere: Baja tu cántaro, te ruego, para que yo beba, y ella respondiere: Bebe, y también daré de beber a tus camellos; que sea ésta la que tú has destinado para tu siervo

Isaac; y en esto conoceré que habrás hecho misericordia con mi señor
(GÉNESIS 24.12–14).

Dios fue fiel y le trajo a Eliecer la esposa que Él eligió para Isaac.
Eliecer encontró una *shidduch*, una buena pareja para Isaac, Su nombre
era Rebeca.

Rebeca era la *basherte* de Isaac —la destinada para él— y fue traída
a Eliecer por Dios mismo. ¡Cuando Dios hace la pareja, puede estar
segura de que será una buena pareja!

Y con la ayuda de Dios, Noemí hizo un plan para juntar a Rut y a
Booz. No obstante, el Dios soberano de todo lo creado ya tenía un
plan.

En Deuteronomio 2.9, Dios le dio una orden a Moisés:

*Y Jehová me dijo: No molestes a Moab, ni te empeñes con ellos en
guerra…*

¿Por qué Dios habrá dicho esto sobre este país que había sido un rival
de Israel? Él lo dijo porque Rut, la joya preciosa, la «Madre de la
Realeza», no se había creado aún, porque Rut sólo entró en la historia
durante el período de los jueces. Ella nació como la hija del rey de
Moab. Cuando su padre Eglon murió, otro rey fue nombrado sobre la
región, y Rut quedó a su cargo en su casa y en el campo de Moab
hasta que Elimelec llegó a Moab. Con el tiempo, Mahlón, el hijo de
Elimelec, se casó con ella y Noemí, su suegra, la llevó a Belén.[7]

Más adelante, Belén recibiría a David, el nieto de Rut y, finalmente, al Mesías, porque dentro de las paredes de Belén, nacería un
bebé, que era Dios encarnado.

LECCIONES PARA LA VIDA

LECCIÓN PARA LA VIDA:
SU PARIENTE-REDENTOR LE DARÁ DESCANSO

El descanso que nuestro pariente-redentor representa es el descanso
que un pecador sólo puede encontrar en la redención. Después que

Dios creó los cielos y la tierra, descansó. A esto se le conoce como el descanso de la creación. Todo era bueno, y no había que hacer nada para mejorarlo.

Luego, el hombre pecó y Dios puso fin a su descanso de creación. Puso a andar su plan de redención para sacar al hombre del abismo de sus transgresiones. Desde ese día en el huerto hasta hoy, Dios no ha descansado; en lugar de eso, ha caminado con nosotros a través de nuestras dificultades, así como le aseguró a Moisés:

> *...Mi presencia irá contigo, y te daré descanso* (ÉXODO 33.14).

Jesús les dio la misma seguridad a sus discípulos:

> *...Mi Padre hasta ahora trabaja, y yo trabajo* (JUAN 5.17).

Dios no descansará sino hasta que la redención esté terminada y el pecado haya sido destruido. Booz es el único ejemplo en las Escrituras que encaja con el aspecto de pariente-redentor de la redención, la cual es esencial para la expiación.[8] El pueblo de Dios ha estado anhelando la expiación:

> *Perdona a tu pueblo Israel, al cual redimiste, oh Jehová...* (DEUTERONOMIO 21.8).

Pero no hasta que Alguien mayor que Booz vino, que el pueblo de Dios recibió la expiación:

> *...en quien tenemos redención por su sangre, el perdón de pecados según las riquezas de su gracia* (EFESIOS 1.7).

Como nuestro Booz, Cristo vino y nos redimió para que pudiéramos tener descanso de redención del castigo por nuestros pecados. Él vive hoy dentro de nuestros corazones para que encontremos descanso en su poder. Así como Booz, Él se ha inquietado por nosotros hasta que paremos de hacer nuestras propias obras y confiemos en Él.

Por tanto, queda un reposo para el pueblo de Dios. Porque el que ha entrado en su reposo, también ha reposado de sus obras, como Dios de las suyas (HEBREOS 4.9–10).

Este tipo de descanso viene cuando ya no confiamos en nuestras obras para nuestra redención. Este descanso viene cuando recibimos las obras de redención de Cristo en la cruz como el castigo por nuestros pecados.[9] Este descanso viene cuando confiamos en Él diariamente y le damos nuestros problemas y dificultades al dejarnos guiar por su Palabra:

> *Bienaventurado el hombre a quien tú, JAH, corriges, y en tu ley lo instruyes, para hacerle descansar en los días de aflicción* (SALMO 94.12–13).

¿Por qué debe usted preocuparse e inquietarse sobre sus problemas cuando el Dios Todopoderoso promete caminar a su lado? ¿Acaso ha olvidado lo que Cristo ha hecho por usted? Confíe en Él y Él le dará descanso.

Jeremías, él profeta, les dijo a los israelitas que tenían este dilema:

> *Ovejas perdidas fueron mi pueblo; sus pastores las hicieron errar, por los montes las descarriaron; anduvieron de monte en collado, y se olvidaron de sus rediles* (JEREMÍAS 50.6).

Jesús es «nuestro lugar de descanso». Él va a proveer una renovación de las luchas que tenemos en nuestras vidas y las cargas que llevamos diariamente. Si permanecemos en Él, en amor y en fe, también descubriremos en Él «nuestro lugar de descanso».

Nuestro redentor nos llama y nos pide que encontremos descanso en Él:

> *Venid a mí todos los que estáis trabajados y cargados, y yo os haré descansar* (MATEO 11.28).

Capítulo quince

EL REDENTOR

*T*al como Noemí lo había predicho, Booz se apareció en las puertas de la ciudad a la mañana siguiente en nombre de Rut y de Noemí, para cumplir su promesa.

No anunció su presencia a los ancianos de la ciudad, así que los diez hombres estaban sorprendidos al verle. Después de intercambiar cortesías, tomó su lugar en la puerta y esperó. Miró hacia los cielos y le habló a Dios: *Señor, he hecho lo humanamente posible, lo demás te lo dejo a ti.* Apenas Booz terminó su oración de fe y súplica, Tov, el familiar más cercano de Elimelec, se apareció en la puerta como si hubiese sido llevado allí por la providencia divina.

Booz no podía llamarle por su nombre, que significaba «bueno»; en cambio, lo llamó *Pelonv Almony.* Tov se volvió y reconoció a Booz que estaba sentado con los otros diez ancianos cerca de la puerta. Tratando de contenerse para no mostrar el desagrado que sentía hacia él por negarse a hacer lo que era correcto para Noemí y para Rut, lo saludó y le pidió que se sentara.

Booz tenía un plan, y el Señor Dios de Israel le había ayudado a poner el plan en marcha. Como si estuviera en un tribunal de justicia que iba a decidir el destino de la humanidad, Booz empezó su petición de manera vehemente en nombre de la mujer que amaba.

ESTUDIO BÍBLICO

Booz subió a la puerta y se sentó allí; y he aquí pasaba aquel pariente de quien Booz había hablado, y le dijo: Eh, fulano, ven acá y siéntate. Y él vino y se sentó.

Entonces él tomó a diez varones de los ancianos de la ciudad, y dijo: Sentaos aquí. Y ellos se sentaron.

Luego dijo al pariente: Noemí, que ha vuelto del campo de Moab, vende una parte de las tierras que tuvo nuestro hermano Elimelec.

Y yo decidí hacértelo saber, y decirte que la compres en presencia de los que están aquí sentados, y de los ancianos de mi pueblo. Si tú quieres redimir, redime; y si no quieres redimir, declárAmelo para que yo lo sepa; porque no hay otro que redima sino tú, y yo después de ti. Y él respondió: Yo redimiré.

Entonces replicó Booz: El mismo día que compres las tierras de mano de Noemí, debes tomar también a Rut la moabita, mujer del difunto, para que restaures el nombre del muerto sobre su posesión.

Y respondió el pariente: No puedo redimir para mí, no sea que dañe mi heredad. Redime tú, usando de mi derecho, porque yo no podré redimir.

Había ya desde hacía tiempo esta costumbre en Israel tocante a la redención y al contrato, que para la confirmación de cualquier negocio, el uno se quitaba el zapato y lo daba a su compañero; y esto servía de testimonio en Israel.

Entonces el pariente dijo a Booz: Tómalo tú. Y se quitó el zapato (RUT 4.1–8).

Booz subió a la puerta. Booz se fue él mismo a la puerta. No envió a un emisario, porque no quería que sus palabras fuesen alteradas o malinterpretadas. Los estudiosos judíos creen que él se estaba aferrando a la creencia: «El que hace una tarea por sí mismo, se apresura para terminarla». Era aún más meritorio desempeñar la redención él mismo, que hacer que un agente lo hiciera por él.[1]

Y se sentó allí. A pesar del gran deseo que tenía Booz de resolver este asunto, estaba obligado a darle al otro redentor la oportunidad de ejercer por ley su derecho de redención. Booz no fue a donde el redentor mismo sino que fue a las puertas de la ciudad y se sentó. Allí esperó, como si dijera: «He hecho todo lo que puedo hacer. El resto le corresponde a Dios».[2]

¡Allí fue cuando Dios empezó a lucirse!

He aquí,... el pariente... vino. ¡Qué coincidencia más asombrosa! El pariente cercano simplemente pasó justo en el momento en que Booz se sentaba como uno de los ancianos en las puertas de la ciudad. ¿Suena imposible para usted? Esta no es una coincidencia, porque los eruditos judíos creen que si aun el familiar hubiese estado en «el otro lado del mundo, Dios habría hecho que viajara, por así decirlo, para presentarse allí y así quitarle a Booz, el justo, la ansiedad que sentía».[3]

El comentario de Midrash dice que aunque los hechos ocurrieron en forma fortuita, «Booz hizo su parte, Rut la de ella, Noemí hizo la suya, con lo cual el Dios Santo, bendito sea Él, dijo: «Yo también debo hacer mi parte».[4]

La Escritura estaba orquestando el orden de los acontecimientos, porque cuando Booz le dijo a Rut: «Descansa, pues, hasta la mañana» (RUT 3.13), a la mañana siguiente, «He aquí... aquel pariente... vino» (RUT 4.1). Se cree que la propia confesión de redención de Booz causó que la divina providencia lo confirmara.[5]

Booz confesó que la redención de Rut iba a venir en la mañana (RUT 3.13). Como hombre justo, él sabía que la Torá hablaba del matrimonio levirato (DEUTERONOMIO 25.25). Él confesó la Palabra de Dios y tuvo fe que todo iba a salir bien. El lenguaje del Nuevo Testamento usa la expresión *confesar.* Confesar significa: «Decir lo mismo que». Esto significa que como creyentes nosotros decimos con nuestras bocas lo mismo que dice Dios en su Palabra. Alineamos lo que decimos para que coincida con la Palabra de Dios. Nuestra bendición y autoridad sacerdotal son derramadas sobre nuestras palabras cuando confesamos la Palabra del Dios Viviente.[6]

Booz era más honorable que otros hombres; por lo tanto, Dios oyó y contestó sus oraciones, tal como lo describen las Escrituras en este versículo de Job:

El Todopoderoso será tu defensa, y tendrás plata en abundancia... Orarás a él, y él te oirá; y tú pagarás tus votos. Determinarás asimismo una cosa, y te será firme, y sobre tus caminos resplandecerá luz (JOB 22.25–28).

«*Ven acá y siéntate*». El nombre del pariente era Tov, como está documentado en los registros genealógicos; sin embargo, Booz no lo llamó por su nombre, el cual significa «bueno» en hebreo. Algunos comentaristas dicen que el pariente no merecía ser llamado por su nombre sino *Pelonv Almony* que en hebreo significa «Eh, fulano», o «Eh tú», o en términos más comunes «señor tal y tal». Este saludo informal daba a entender que el pariente ya había ofendido a Noemí y a Rut por no habérsele acercado antes.[7]

Diez varones se sentaron. Booz reunió a diez hombres, un *minyan*, que es el quórum requerido para discutir públicamente la halacha, las regulaciones orales de la ley, que permitía que una moabita convertida se casara con un judío.

Estos mismos diez hombres también habrían de servir como el cuerpo oficial, siendo testigos de la ceremonia nupcial si en efecto el matrimonio se llegaba a realizar.

«*Redímela*»... «*Yo la redimiré*». Booz presentó su caso convincentemente. El pariente cercano oyó todo lo concerniente a la tierra de Elimelec, la cual Noemí tenía que vender para poder proveer para ella y para Rut. Tov estuvo de acuerdo en redimir la tierra para añadirla a su propia herencia, pero no sabía de las condiciones adicionales en cuanto a Rut.[8]

«*Debes tomar también a Rut*». ¡Booz le tendió la trampa! Cuando oyó que el pariente estaba dispuesto a comprar el campo, le informó que había una condición conectada al compromiso de readquisición: El pariente también debía casarse con Rut.

Booz, como el gran defensor que era, empezó a explicarle a Tov y a los ancianos que el pariente cercano no cumplió con su obligación cuando estuvo de acuerdo en comprar el campo de Noemí, porque ella sólo era dueña de tres cuartas parte de la tierra.

Cuando Rut se convirtió, automáticamente heredó lo que le pertenecía a su esposo Mahlón; por lo tanto, un cuarto del campo le pertenecía a ella junto con el otro cuarto que pertenecía al patrimonio de Quelión. Él había muerto y su viuda Orfa no se convirtió al judaísmo sino que regresó a Moab y no pudo ser parte del linaje escogido. Perdió su herencia y, consecuentemente, su porción pasó a ser de Noemí.

Booz dividió el patrimonio legalmente y le informó al pariente que era esencial que redimiera la porción que le correspondía a Rut cuando redimiera la porción de Noemí. Además, le dijo que Rut no estaba dispuesta a vender su porción a menos que el pariente cercano se casara con ella. ¡Se puede sentir la tensión que había en esa puerta! Estaba Booz, un buen orador, defendiendo el caso de la mujer que amaba y de Noemí, su pariente. Estaba el pariente cercano palideciendo por la proposición que le habían planteado. Estaban los ancianos, listos para ser testigos del siguiente paso. Y había una gran multitud que ahora estaba reunida alrededor de los doce hombres, esperando el resultado con mucha curiosidad. Muchas de las que estaban en la multitud eran antiguas amigas de Noemí. Sólo nos podemos imaginar lo que estaba pasando por sus mentes.

Booz continuó con su recapitulación final. Le hizo claro a Tov que el propósito principal de la transacción era perpetuar el nombre del difunto. La adquisición del campo era algo secundario.[9]

Una vez que hubo presentado los hechos, Booz se sentó y esperó que el pariente respondiera. ¡Para ese tiempo, todo Belén estaba esperando la respuesta!

«No puedo redimir». El pariente cercano dio varias razones por las cuales no podía seguir con la transacción. Primero, no quería tener otra esposa porque destruiría la armonía en su hogar. Segundo, estaba preocupado de que si se casaba con la joven moabita y tenía hijos con ella, contaminaría su linaje y pondría en peligro la herencia de sus propios hijos. El hijo que tuviera con Rut sería legalmente considerado como hijo de Rut y Mahlón, no suyo.[10]

Consecuentemente, si no podía redimir a la mujer, tenía que renunciar al derecho sobre el campo.

«Redime tú, usando de mi derecho». El pariente cercano sabía que el matrimonio de levirato sería un obstáculo para su alma, porque si

participaba sin el propósito desinteresado de perpetuar el nombre del difunto, la Ley decía que eso era similar a un yibum o incesto.[11]

El pariente cercano sabía que Booz era un hombre poderoso y muy respetado, y que su carácter y acciones nobles serían confirmados por tribunales futuros. Por otra parte, Tov era un hombre común. Él sabía que su decisión de casarse con una moabita sería impugnada, y que tal vez él y sus descendientes correrían el riesgo de ser sacados de la sociedad judía. Por lo tanto, decidió renunciar a su posición y le pidió a Booz que tomara su derecho de redención.

Se quitó el zapato. Samuel, el autor de esta conmovedora historia, se toma un tiempo para informarnos que el acto que estaba por realizarse, el *halizah*, no era de origen bíblico, sino que era una antigua costumbre (Rut 4.7), la cual tenía la fuerza de la ley de la Torá.[12]

La costumbre que estaba bajo discusión era la de la venta (redención) o la permuta (intercambio) de un artículo, donde el vendedor se quitaba el zapato y se lo daba al comprador para así simbolizar la transferencia de los bienes. El acto, más allá de ser simbólico, tenía fuerza legal. Con él, la transacción quedaba oficialmente cerrada. «Esta era una confirmación en Israel». Los testigos del acto observaban y testificaban para confirmar que la transacción era legal y permanente.[13]

El pariente cercano pública y verbalmente cedió su derecho de redimir la tierra y a Rut al quitarse el zapato y dárselo a Booz. Le dijo: «Yo no puedo redimir... cómpralo tú». La transacción que Booz esperaba y por la que había orado, estaba sellada.

LECCIONES PARA LA VIDA
Primera lección para la vida:
Nuestro Pariente-Redentor está relacionado

Booz era el único pariente-redentor que decidió redimir a Rut y a Noemí. Cumplía los requisitos porque era familiar de Elimelec por sangre y era pariente-redentor por exclusión ya que la presencia de Rut en la transacción excluyó al otro redentor.

Tenemos a un Redentor que es más grande que Booz, el Señor Jesucristo de quien Job dijo lo siguiente:

Yo sé que mi Redentor vive, y al fin se levantará sobre el polvo (JOB 19.25).

Debido a que Booz es el único pariente-redentor que es un tipo de Cristo, nuestro Pariente-Redentor, ocupó una posición importante para Noemí y Rut, así como Cristo ocupa una posición importante para el hombre. Cuando la redención del hombre atrajo la atención de Dios, Él mandó a su Hijo:

Pero cuando vino el cumplimiento del tiempo, Dios envió a su Hijo, nacido de mujer y nacido bajo la ley, para que redimiese a los que estaban bajo la ley, a fin de que recibiésemos la adopción de hijos (GÁLATAS 4.4–5).

La respuesta a la pregunta: ¿Por qué Dios se hizo hombre? se define con una palabra: redención. La Palabra se hizo carne para poder pagar el rescate por los pecados del hombre. Jesús, quien es la Palabra, es también el:

- Redentor. «Nuestro Redentor, Jehová de los ejércitos es su nombre, el Santo de Israel» (ISAÍAS 47.4).

- Cordero del mundo. «…He aquí el Cordero de Dios, que quita el pecado del mundo» (JUAN 1.29).

- Rescate por todos. «Porque hay un solo Dios, y un solo mediador entre Dios y los hombres, Jesucristo hombre, el cual se dio a sí mismo en rescate por todos…» (1 TIMOTEO 2.5–6).

Cuando su creación pecó, Dios el Padre no se distanció del pecador; Al contrario, Él vino como una semejanza de la carne pecadora para redimir al pecador. Cristo se hizo hombre y habitó bajo la tienda de la carne humana, lo cual fue el principio del trabajo de redención. El hombre intentó ser como Dios en el Huerto y fracasó; Cristo quiso ser como el hombre y tuvo éxito. Él se relacionó con nosotros para así poder redimirnos:[14]

> *El Espíritu mismo da testimonio a nuestro espíritu, de que somos hijos de Dios. Y si hijos, también herederos; herederos de Dios y coherederos con Cristo, si es que padecemos juntamente con él, para que juntamente con él seamos glorificados* (ROMANOS 8.16–17).

Por nuestra fe en Cristo nos convertimos en hijas e hijos adoptivos de Dios, quien nos ama tanto como a su propio Hijo.

Dos jovencitos vinieron a la clase de la escuela dominical por primera vez. Cuando se estaban inscribiendo para la clase, su maestra les preguntó cuántos años tenían y cuáles eran las fechas de sus cumpleaños. Uno de los niños contestó: «Los dos tenemos siete años. Mi cumpleaños es el 8 de abril de 1998 y el de mi hermano es el 14 de abril de 1998».

«¡Eso es imposible!» le contestó la maestra.

«¡Oh, no, no lo es!» respondió el niño: ¡Uno de nosotros es adoptado!»

«¿Cuál?» quiso saber la maestra.

Los muchachitos se miraron y sonrieron. Entonces uno de ellos respondió muy orgullosamente: «No sabemos». ¡Le preguntamos a papá y él nos dijo que nos amaba tanto a los dos que no podía recordar cuál de nosotros era el adoptado!»[15]

Como somos hijos de Dios el Padre, completamente adoptados y completamente redimidos, compartimos la misma herencia de su Hijo, Jesucristo. Para poder calificar como nuestro pariente-redentor, Él tiene que estar relacionado a nosotros. Nuestro redentor está relacionado por sangre.

El pariente-redentor debe estar relacionado y el pariente-redentor debe estar dispuesto.

SEGUNDA LECCIÓN PARA LA VIDA:
NUESTRO REDENTOR ESTÁ DISPUESTO

Una de las características notables que Booz poseía era el deseo y la disposición de querer redimir a Rut a cualquier precio. La ley mosaica no le adjudicaba una responsabilidad obligatoria al redentor: él podía o no, tomar la decisión de redimir. La única restricción era que debían estar relacionados por sangre.

Si el amor por el pariente perdido no motivaba a un redentor, no había ley que lo pudiese obligar a redimir. En el caso de Rut, el «otro redentor» estaba dispuesto a redimir la tierra, pero no a la mujer. Aunque Rut era el elemento de redención que provocó al «otro redentor» a abstenerse de redimir, Rut fue también el componente que motivó a Booz a actuar.

Booz se enamoró de Rut desde la primera vez que la vio en el campo. Como su verdadero pariente-redentor, decidió poner en acción su acto de redención. Booz estaba más que dispuesto a convertirse en el libertador de Rut; estaba ansioso por librarla de su pobreza y de su soledad. Fue su amor por ella lo que motivó sus acciones.

Tenemos a un Redentor más grande que Booz, a un Redentor que está dispuesto y es capaz de redimir a la humanidad. Cristo, nuestro Pariente-Redentor, no fue obligado a asumir su posición propiciatoria; aceptó libremente la comisión. De ahí que les dijera a los fariseos:

> *Por eso me ama el Padre, porque yo pongo mi vida, para volverla a tomar. Nadie me la quita, sino que yo de mí mismo la pongo. Tengo poder para ponerla, y tengo poder para volverla a tomar. Este mandamiento recibí de mi Padre* (JUAN 10.17–18).

Para poder lograr la redención satisfactoriamente, Booz tenía que readquirir la tierra de Noemí y de Rut, y tenía que casarse con Rut y proveer para ella y su familia. Para que Cristo pudiese lograr nuestra redención, Él tuvo que sufrir la cruz; no buscó evadir la cruz sino que estuvo dispuesto a dar su vida en ella:

Puestos los ojos en Jesús, el autor y consumador de la fe, el cual por el gozo puesto delante de él sufrió la cruz, menospreciando el oprobio, y se sentó a la diestra del trono de Dios (HEBREOS 12.2).

Cristo sabía que su muerte proveería el pago por la redención de un pecador y lo libraría de los castigos de sus transgresiones. Jesús les dijo a Santiago y a Juan, los hijos de Zebedeo:

Como el Hijo del Hombre no vino para ser servido, sino para servir, y para dar su vida en rescate por muchos (MATEO 20.28).

El profeta Isaías describe la muerte de Cristo con gran detalle:

Angustiado él, y afligido, no abrió su boca; como cordero fue llevado al matadero; y como oveja delante de sus trasquiladores, enmudeció, y no abrió su boca (ISAÍAS 53.7).

Los cuatro Evangelios confirman la descripción de Isaías sobre la muerte de Cristo (MATEO 27.13–14, MARCOS 15.3, LUCAS 23.8–9, JUAN 19.8–9).

Cristo no protestó en su propio juicio ni trató de escapar del castigo que sus enemigos quisieron infligirle. Nuestro Pariente-Redentor se paró frente a frente con sus acusadores, aceptó el veredicto, no pidió ayuda, y soportó el castigo injusto que le impusieron. Indudablemente, era el «Cordero de Dios que quita el pecado del mundo» y fue un sacrificio dispuesto, como «cordero mudo delante del que lo trasquila».

Cristo es nuestro Pariente-Redentor, dispuesto a pagar el precio de redención. Él deliberadamente tomó la copa, ansiosamente soportó la cruz, y pacientemente aceptó su Pasión por el bien de los que amaba.[16]

Mi Redentor dio su vida por su amor por mí.

Durante la Segunda Guerra Mundial, un soldado le pidió permiso a su oficial para ir a la «tierra de nadie» entre las trincheras de la batalla acalorada para traer a uno de sus compañeros que estaba seriamente herido. «Puedes ir», le dijo el oficial, «Pero no vale la pena. El soldado probablemente esté muerto y vas a sacrificar tu vida por gusto».

No obstante, el soldado decidió ir. De alguna manera, pudo llegar a donde estaba su compañero, lo puso sobre sus hombros y lo trajo de regreso a las trincheras. A tropezones se metió en la trinchera cayendo al lado del oficial que permanecía en el fondo de la trinchera.

Este corrió para ayudar a los soldados. Los examinó. Luego miró tiernamente al rescatador y le dijo: «Te dije que no iba a valer la pena. Tu amigo está muerto y ahora tú estas mortalmente herido».

Con su último aliento, el soldado le dijo: «Sí valió la pena, señor».

«¿Cómo que valió la pena? ¡Te estoy diciendo que tu amigo está muerto!» le contestó el oficial.

«Sí, señor», respondió el joven. «Sí valió la pena, porque cuando llegué a donde estaba mi amigo, él aún estaba vivo y me dijo: "Jim, sabía que vendrías por mí"».

Y con eso, el joven soldado murió.[17]

Hemos sido heridos por nuestro pecado, pero aún así, todavía estamos vivos, y nuestro Redentor sacrificó su vida para salvarnos.

Como pariente-redentor, Booz tenía que estar relacionado, tenía que estar dispuesto y tenía que ser capaz de redimir.

TERCERA LECCIÓN PARA LA VIDA: NUESTRO REDENTOR ES CAPAZ

A Booz lo llamaban «hombre de riquezas y de poder». Como hombre rico que era, podía pagar lo que se necesitara para redimir la tierra; como hombre de valor, poseía los valores morales para redimir a Rut; como juez, estaba preparado para hacerle frente a ambos requerimientos legales.

El «otro redentor» poseía la ventaja sobre Booz en que era un familiar más cercano, pero no tenía la disposición ni la habilidad de redimir ni la tierra ni a Rut.

La ley de Deuteronomio mantuvo a Rut fuera de la mancomunidad de Israel, pero Booz usó su habilidad para redimirla del poder de la ley. A ella la miraban como una extranjera, sin los privilegios que Dios le da a su pueblo, pero un «hombre de riquezas y de poder» pagó el precio y la trajo a la nación, a su casa, a su corazón y a su destino.

Tenemos un Redentor que es más grande que Booz, y su nombre es Jesucristo. A Cristo lo conocían como Rabí, que enseñaba a los que le seguían (JUAN 3.2).

A Cristo lo conocían como Maestro. Los diez leprosos hablaron sobre esto en Lucas 17.13. A Cristo se le conoce como el Rey de reyes y Señor de señores (APOCALIPSIS 19.16).

Sin embargo, de todos los títulos que posee, el más poderoso es el de Redentor, el cual realza el significado de todos los otros. Job lo usó: «…Yo sé que mi Redentor vive» (JOB 19.25) y también lo usó Isaías: «Y vendrá el Redentor a Sion…» (ISAÍAS 59.20). Pero en ninguna parte del Nuevo Testamento le dan a Cristo el título de Redentor. Sin embargo, Él tiene un nombre que define profundamente el título de Redentor. Ese nombre es Jesús. El nombre en hebreo es *Joshua*, que significa: «La salvación de Jehová» o, «Jehová es un Salvador».

José, el padre terrenal de Cristo, recibió una profecía de un ángel que dijo:

> *Y dará a luz un hijo, y llamarás su nombre JESÚS, porque él salvará a su pueblo de sus pecados* (MATEO 1.21).

Sólo a través del nombre de Jesucristo fue que el título de Redentor encontró un cumplimiento adecuado. El nombre de Jesús es reservado para Aquel que colgó de una cruz para la redención de nuestros pecados. Él es nuestro Redentor hoy por su obra redentora, la cual fue lograda en la cruz más de 2.000 años atrás. El Hijo de Dios tomó este nombre porque vino a la tierra a redimir. El nombre humano implica todo lo que el término *Pariente-Redentor* implica.

Jesús es más poderoso que Booz, porque es capaz de redimir a los pecadores perdidos. Es capaz, porque Él era Dios encarnado, y puede hacer todo lo que Dios puede hacer. Jesús fue el Redentor Omnipotente, quien trajo a la obra de redención toda la sabiduría y todo el poder de Dios, su Padre.

Dos pasajes de las Escrituras manifiestan la habilidad que tiene Jesús de redimir a los pecadores perdidos. El primero se encuentra en Juan:

> *También tengo otras ovejas que no son de este redil; aquéllas también debo traer, y oirán mi voz; y habrá un rebaño, y un pastor. Por eso me ama el Padre, porque yo pongo mi vida, para volverla a tomar... Mis ovejas oyen mi voz, y yo las conozco, y me siguen, y yo les doy vida eterna; y no perecerán jamás, ni nadie las arrebatará de mi mano. Mi Padre que me las dio, es mayor que todos, y nadie las puede arrebatar de la mano de mi Padre. Yo y el Padre uno somos* (JUAN 10.16–17; 27–30).

El segundo pasaje de las Escrituras revela más acerca de la habilidad que tiene nuestro Redentor para redimir:

> *Por lo cual puede también salvar perpetuamente a los que por él se acercan a Dios, viviendo siempre para interceder por ellos* (HEBREOS 7.25).

El apóstol Pablo nos dice que Cristo iría al fin del mundo para salvar a un pecador de la destrucción. Estamos perdidos, sin esperanza, y sin Dios. Entonces Dios levanta su poderoso brazo de redención y empieza a moverse en defensa del pecador, y la sangre de Cristo, la cual fue derramada en la cruz por voluntad propia, nos hace uno con Él.

Cuando Jesucristo, nuestro Redentor, nuestro Booz, nos vio por primera vez, estábamos cubiertos con el hedor del pecado y estábamos fuera de los pactos de Israel. Como gentiles, estábamos separados de Dios, sin esperanza. Nuestro pecado y la categoría de extranjeros que teníamos nos impedían entrar a la presencia del Señor:

> *En aquel tiempo estabais sin Cristo, alejados de la ciudadanía de Israel y ajenos a los pactos de la promesa, sin esperanza y sin Dios en el mundo. Pero ahora en Cristo Jesús, vosotros que en otro tiempo estabais lejos, habéis sido hechos cercanos por la sangre de Cristo* (EFESIOS 2.12–13).

Por otra parte, como Rut, había la oportunidad para que «otro pariente» nos redimiera. La Ley se convierte en el «otro redentor» en este plan de salvación. La Ley es el «familiar más cercano» a la humanidad, como Tov era el familiar más cercano a Noemí que Booz.

Sin embargo, los dos familiares cercanos no hubiesen podido redimir ni a la humanidad ni a Rut, sin poner en peligro su propia herencia. La Ley no habría podido redimir al hombre a menos que bajara sus criterios para conformarse a la poca capacidad que tiene este de guardarla. Si la Ley tuviera que comprometerse para que el hombre pudiera vivir bajo sus mandatos, entonces ya no sería Ley, sino sólo un sistema de concesiones con bajas exigencias:

> *Porque todos los que dependen de las obras de la ley están bajo maldición, pues escrito está: Maldito todo aquel que no permaneciere en todas las cosas escritas en el libro de la ley, para hacerlas. Y que por la ley ninguno se justifica para con Dios, es evidente, porque: El justo por la fe vivirá; y la ley no es de fe, sino que dice: El que hiciere estas cosas vivirá por ellas* (GÁLATAS 3.10–12).

La salvación por obras es un plan para redención, pero no es el plan de Dios de redención porque la Ley no puede perdonar el pecado:

> *Ya que por las obras de la ley ningún ser humano será justificado delante de él; porque por medio de la ley es el conocimiento del pecado* (ROMANOS 3:20).

Si Noemí y Rut hubieran confiado en la habilidad del familiar más cercano de redimirlas, hubieran estado perdidas para siempre porque él no tenía ni la habilidad ni el deseo de redimirlas. Fue sólo en Booz que encontraron descanso. La salvación por obras es un intento poco convincente de salvar un alma perdida, y es insensato confiar en tal redentor. Las obras no pueden perdonar al hombre; solo el Dios que promete que no nos desamparará ni nos dejará, incluso después de todo lo que hemos hecho, puede perdonar nuestras transgresiones:

> *Porque él dijo: No te desampararé, ni te dejaré* (HEBREOS 13.5).

La salvación por fe en Cristo Jesús es el único plan de redención que es capaz de redimir:

Sabiendo que el hombre no es justificado por las obras de la ley, sino por la fe de Jesucristo, nosotros también hemos creído en Jesucristo, para ser justificados por la fe de Cristo y no por las obras de la ley, por cuanto por las obras de la ley nadie será justificado (GÁLATAS 2.16).

La fe en nuestro Pariente-Redentor es el único plan de salvación efectivo, porque tenemos un Redentor que es capaz de salvar hasta al más vil pecador.[18]

Durante la Segunda Guerra Mundial, un hombre murió en una batalla cerca de un pueblito en Francia. Dos amigos suyos quisieron darle una honrosa sepultura en un pequeño cementerio católico que encontraron en las afueras del pueblo. Cuando hablaron con la encargada de los terrenos del cementerio, le dijeron que el difunto había sido protestante por lo que pidieron un permiso especial para enterrarlo en aquel cementerio.

La encargada rechazó el pedido porque violaba la ley que gobernaba a la iglesia. Sin embargo, conmovida por la desilusión que los dos mostraron frente a la noticia de su rechazo, les permitió enterrar a su amigo fuera de la cerca del cementerio. Agradecidos, así lo hicieron.

Varios meses después, pasaron nuevamente por el pueblo francés y decidieron visitar la tumba de su amigo. Pero la buscaron sin encontrarla. Confundidos, fueron a hablar con la encargada. Tampoco la encontraron, pero sí encontraron al sacerdote a cargo de la capilla del cementerio. Le explicaron la siltuación. El sacerdote sonrió y los llevó dentro de las cercas del cementerio donde les mostró la tumba de su amigo. Los hombres no podían creer lo que veían. ¡Alguien había movido la tumba!

El sacerdote que, aunque compadecido seguía sonriendo, les explicó que desde su oficina donde se encontraba, los había escuchado cuando pidieron a la encargada permiso para sepultar a su amigo dentro de las puertas del cementerio. Sabiendo que la encargada no iba a comprometer la ley de la iglesia, no dijo nada. Pero, más tarde, esa misma noche, mucho después de que todos se habían ido a dormir, él, que tenía el poder y la habilidad para hacerlo, movió la cerca del cementerio para dejar adentro la tumba del protestante.[19]

Nuestro Redentor también es capaz de mover «la cerca de la ley» y de redimir a los que no se lo merecen.

De acuerdo con la ley judía, el pariente-redentor tenía que estar relacionado, tenía que estar dispuesto, tenía que ser capaz de redimir, y tenía que tener la libertad para hacerlo.

CUARTA LECCIÓN PARA LA VIDA: NUESTRO REDENTOR ES LIBRE

El pariente-redentor tiene que estar libre de las maldiciones que hacen que la redención sea necesaria para otro. Booz no hubiese podido actuar en la capacidad de un redentor si se hubiera vendido como esclavo o si hubiese sido un moabita.

Booz era un «hombre poderoso de la ley». Observaba la ley y hacía todos los sacrificios debidos que aquella requería. Así que no había nada que impidiera que él fuera un redentor. Booz era del linaje escogido. La redención pondría a Rut dentro de la genealogía de David, la cual vinculaba a David con la tribu de Judá. Esta misma genealogía era la de Cristo, la que le dio el derecho legal al trono de David. También era la de Booz que le daba acceso a todo lo que pertenecía a David y a Cristo:

> *Que son israelitas, de los cuales son la adopción, la gloria, el pacto, la promulgación de la ley, el culto y las promesas; de quienes son los patriarcas, y de los cuales, según la carne, vino Cristo, el cual es Dios sobre todas las cosas, bendito por los siglos* (ROMANOS 9.4–5).

No podía haber ninguna objeción hacia Booz como redentor porque él pertenecía al linaje escogido. También era un hombre rico que no le debía nada a nadie y que nunca tuvo que vender su propiedad para poder pagar una deuda.

Sin embargo, nosotros tenemos un Redentor que es más grande que Booz, quien cumplió totalmente los requisitos, porque Él estaba libre de la maldición del pecado. Jesús les dijo a sus discípulos:

No hablaré ya mucho con vosotros; porque viene el príncipe de este mundo, y él nada tiene en mí (JUAN 14.30).

La ley no pudo silenciar a Jesús porque Él no la rompió; al contrario, la cumplió en todos sus puntos. Además, se aseguró que sus discípulos entendieran esto. Por eso les dijo:

No penséis que he venido para abrogar la ley o los profetas; no he venido para abrogar, sino para cumplir (MATEO 5.17).

Cristo no era un gentil que nunca intentó seguir las instrucciones de la ley. Él fue «hecho bajo la ley» y se mantuvo dentro de sus pautas:

Pero cuando vino el cumplimiento del tiempo, Dios envió a su Hijo, nacido de mujer y nacido bajo la ley, para que redimiese a los que estaban bajo la ley, a fin de que recibiésemos la adopción de hijos (GÁLATAS 4.4-5).

Cristo fue un Salvador sin pecado. Fue el Cristo impecable. No tenía ningún pecado inherente y, por lo tanto, no tenía una naturaleza pecaminosa:

Porque tal sumo sacerdote nos convenía: santo, inocente, sin mancha, apartado de los pecadores, y hecho más sublime que los cielos; que no tiene necesidad cada día, como aquellos sumos sacerdotes, de ofrecer primero sacrificios por sus propios pecados, y luego por los del pueblo; porque esto lo hizo una vez para siempre, ofreciéndose a sí mismo. Porque la ley constituye sumos sacerdotes a débiles hombres; pero la palabra del juramento, posterior a la ley, al Hijo, hecho perfecto para siempre (HEBREOS 7.26–28).

Jesucristo, nuestro Redentor, era libre para redimirnos porque no estaba involucrado en el pecado del hombre. Cristo no le debía nada al pecado. Vemos el poder del «gran intercambio», porque cuando Él fue a la cruz, tomó nuestro pecado y «fue hecho pecado», para que nosotros pudiésemos ser justos:

Al que no conoció pecado, por nosotros lo hizo pecado, para que nosotros fuésemos hechos justicia de Dios en él (2 CORINTIOS 5.21).

Cuando vino a la tierra, Jesucristo presentó todas las credenciales de un pariente-redentor, de la misma manera que Booz presentó sus credenciales a los ancianos en la puerta de la ciudad. Como Booz, Él era un hombre libre. Cristo no nació bajo la esclavitud del pecado. Él fue capaz de pagar por el castigo del pecado porque no estaba sometido a él.[20]

A finales del siglo pasado había una escuela con un solo cuarto, donde a los estudiantes los controlaban mediante una severa disciplina. Al finalizar el recreo del mediodía, el maestro interrogó a la clase acerca de la desaparición del almuerzo de una niña. Después de algunos minutos de amenazas verbales y exigencias, se escuchó un sollozo en la parte de atrás del cuarto. Era el pequeño Billy, un niñito flaco, débil y desnutrido. Su familia era la más pobre de los pobres.

«¿Tú tomaste el almuerzo de Mary?», le preguntó el maestro.

«Sí, señor», contestó Billy a través de sus lágrimas. «Tenía hambre».

Sin conmoverse, el maestro le dijo: «¡De todas maneras, tú hiciste mal en robar y debes ser castigado!»

Tomó la gruesa correa de castigo de su lugar en la pared y le ordenó a Billy que pasara al frente y que se quitara la camisa. Alzó el brazo, listo para infligir el castigo sobre el cuerpo doblado y tembloroso del pequeño Billy.

Pero de repente, alguien gritó desde la parte de atrás del cuarto, «¡Espere, maestro!» El gran Jim caminó por el pasillo, quitándose la camisa al venir «Déjeme tomar su lugar», suplicó.

El maestro estaba sobrecogido, pero creyendo que la justicia debía ser respetada, aceptó el pedido y azotó con su correa la espalda del gran Jim con tanta fuerza que la sangre brotó de la piel de este joven. Cuando el muchacho se estremeció del dolor, el pequeño Billy se echó a llorar por el amor que estaba viendo. Billy nunca se olvidó del día en que el gran Jim tomó su lugar.[21]

Mi Redentor no estaba pagando un castigo por algo que Él hubiese hecho. Él murió por mi pecado y por el pecado que usted cometió.

El pariente-redentor tenía que estar relacionado, tenía que estar dispuesto, tenía que ser capaz de redimir, tenía que ser libre para redimir, y tenía que tener la forma de pagar el precio por la redención.

QUINTA LECCIÓN PARA LA VIDA: NUESTRO REDENTOR PAGÓ EL PRECIO

El pariente-redentor tiene que tener el precio que es la cantidad aceptable acordada por ambas partes para lograr la liberación.

Para Booz, el pariente rico, no era difícil redimir la pequeña propiedad de Elimelec. Simplemente fue a sus cofres, aseguró la tierra de Elimelec y expresó su voluntad de casarse con Rut. Pero nosotros tenemos a un Redentor que es más grande que Booz, y el precio que Él pagó por nuestra redención en el Calvario fue el de su sangre preciosa:

Sabiendo que fuisteis rescatados de vuestra vana manera de vivir, la cual recibisteis de vuestros padres, no con cosas corruptibles, como oro o plata, sino con la sangre preciosa de Cristo, como de un cordero sin mancha y sin contaminación (1 PEDRO 1.18–19).

Para poder comprender mejor el pago que Cristo hizo para lograr la redención del hombre, primero debemos entender qué pasó la noche de la primera Pascua, lo cual marcó el tiempo de redención para Israel. La noche de la redención de Israel era también la fecha de nacimiento de una nación.

Dios les dijo a los judíos que tomaran un cordero macho sin mancha en su primer año por cada familia y lo degollaran. Luego Moisés les indicó que tomaran la sangre de este cordero y la pusieran en, arriba y por encima de la puerta de la casa de cada judío. Con esto, cada hogar judío estaba sellado con la sangre del cordero.

Luego, como lo prometió, en el catorceavo día del mes de Nisan (llamado también Abib, por marzo o abril)[22] Dios ejecutó su palabra final de poder sobre todos los dioses de Egipto. Al pasar a través de la tierra de Egipto, dio muerte a todos los primogénitos de las familias egipcias, tanto de hombres, como de bestias. Pero cuando Dios vio la sangre del cordero sin mancha en la puerta de los hogares judíos, pasó sobre ellos y dejó con vida a los primogénitos de esas familias. La señal de la Pascua era la sangre. La propuesta legal aceptable de la redención de los judíos en la primera noche de Pascua fue la sangre de corderos sin mancha.

¿Por qué la sangre tiene tanta prominencia en el acto de redención? Porque la sangre representa la vida:

Porque la vida de la carne en la sangre está, y yo os la he dado para hacer expiación sobre el altar por vuestras almas; y la misma sangre hará expiación de la persona (LEVÍTICO 17.11).

Derramar la sangre de animales establece un sacrificio de vida en sustitución por el que está haciendo el sacrificio. ¿Por qué era necesario que el hombre tuviera un sustituto que derramara la sangre por él?

La humanidad estuvo en desobediencia a la voluntad de Dios, en rebelión contra su autoridad, en traición hacia el gobierno de Dios, y en ingratitud al amor de Dios. La humanidad pecó contra Dios:

Por cuanto todos pecaron, y están destituidos de la gloria de Dios, siendo justificados gratuitamente por su gracia, mediante la redención que es en Cristo Jesús (ROMANOS 3.23–24).

Si Dios es el gobernante moral del universo, debe haber un castigo para este pecado.

He aquí que todas las almas son mías; como el alma del padre, así el alma del hijo es mía; el alma que pecare, esa morirá (EZEQUIEL 18.4).

Si cada hombre es un pecador, y cada alma que peca debe morir, entonces toda la humanidad debe morir físicamente.

Y de la manera que está establecido para los hombres que mueran una sola vez, y después de esto el juicio (HEBREOS 9.27).

¿Pero y qué de la muerte espiritual, la cual es la separación eterna de Dios?

La única esperanza que tiene el pecador de evitar la muerte espiritual y tener vida eterna en Cristo, es que alguien pague por el castigo del pecador, y que sea satisfactorio para Dios. Tiene que haber un acuerdo en cuanto al costo. Es razonable suponer que la muerte de los animales no podía expiar al pecador:

Porque la sangre de los toros y de los machos cabríos no puede quitar los pecados» (HEBREOS 10.4).

Si no es el sacrificio de animales, entonces debemos llegar a la conclusión de que un hombre debe estar dispuesto a pagar con su sangre el precio de redención por el castigo del pecado de un hombre. Entonces es necesario encontrar a alguien que sea satisfactorio para Dios.

Ya hemos dicho que el redentor debe estar relacionado por sangre, pero si tiene la sangre de Adán en él, es corrupto. También necesita un redentor. En sus propias fuerzas, el hombre está perdido sin esperanzas, porque ningún hombre puede pagar el precio que es aceptable a Dios.

Aquí es donde Dios entra al cuadro de la redención con el único precio aceptable del cielo. Dios personalmente emitió la moneda que redimió al hombre:

Por lo cual, entrando en el mundo dice: Sacrificio y ofrenda no quisiste; mas me preparaste cuerpo. Holocaustos y expiaciones por el pecado no te agradaron. Entonces dije: He aquí que vengo, oh Dios, para hacer tu voluntad, como en el rollo del libro está escrito de mí.

Diciendo primero: Sacrificio y ofrenda y holocaustos y expiaciones por el pecado no quisiste, ni te agradaron (las cuales cosas se ofrecen según la ley), y diciendo luego: He aquí que vengo, oh Dios, para hacer tu voluntad; quita lo primero, para establecer esto último.

En esa voluntad somos santificados mediante la ofrenda del cuerpo de Jesucristo hecha una vez para siempre (HEBREOS 10.5–10).

La sangre de toros y cabras no podía redimir al hombre. La sangre de un hombre no podía redimir al hombre. Por lo tanto, Dios tomó para Él un cuerpo humano que no estaba contaminado por la naturaleza pecaminosa porque la sangre corrupta no fluía a través de él. La sangre de una virgen no fluía a través de su cuerpo, porque esa sangre era corrupta; sólo la sangre de su Padre, la cual era pura e incorruptible.

La única moneda de curso legal que era el precio aceptable para la redención era la sangre de Jesucristo, Dios encarnado, nuestro Redentor. Nosotros medimos el valor de una moneda por lo que ésta puede comprar. Un viejo refrán dice: «No me interesa el dinero, pero sí lo que el dinero puede comprar».

La moneda de curso legal del cielo, la preciosa sangre de Jesucristo, ha comprado vida eterna para el pecador a través de la redención del pecado. Literalmente, millones de mártires han muerto por la fe, pero sólo un Redentor vive, quien ha muerto por el pecador y pagado el castigo del pecado con su sangre.[23]

Un renombrado erudito de la Biblia tuvo un sueño en el cual se veía de pie frente a Dios en el día del juicio. Satanás estaba allí para acusarlo. Satanás abrió sus libros llenos de acusaciones, señalando transgresiones, una tras otra, de las cuales este hombre era culpable. Mientras el juicio seguía su curso, el corazón del hombre se le estaba hundiendo en desesperación.

Entonces se acordó de la cruz de Cristo y volviéndose a Satanás, le dijo: «Tienes algo escrito en tu libro que no has mencionado, Satanás».

El diablo contestó: «¿Qué?»

«¡Es esto la sangre de Jesucristo, su Hijo, nos limpia de todo pecado!» Y con eso, el diablo se fue.[24]

En cuanto la sangre de Cristo es presentada contra su pecado, no hay deuda, porque el precio fue pagado en su totalidad.

¿Qué puede limpiarme del pecado? ¡Sólo la sangre de Jesús![25]

Capítulo dieciséis

EL PACTO

Booz había estado planeando por meses la reunión que se iba a dar en la puerta de la ciudad, y ahora tenía el fruto de esa reunión en sus manos: el zapato de Tov. Uno de los fundamentos de la Torá era aclarar los hechos, precisamente para que no hubiera lugar a confusión. Él presentó su caso a los ancianos y a los testigos con muchos detalles para asegurarse de que era el dueño exclusivo de toda la propiedad de Elimelec.

Como ya había terminado con la transacción de la tierra, Booz ahora se podía concentrar en la verdadera razón por la cual estaba en la puerta de la ciudad: Tener a Rut como su esposa. Presentó sus motivos con vehemencia delante de los ancianos: «Yo sé que muchos de ustedes me van a juzgar por tomar como esposa a una mujer tan joven y tan hermosa, porque yo soy mucho mayor que ella. Juro delante de ustedes y de estos testigos que mis motivos son puros. Vine hoy para cumplir el *mitzvah* de la Torá y perpetuar el nombre del difunto».

Todos los que estaban presentes sabían que el corazón de Booz era puro así que su intención sincera fue aprobada por los ancianos y los testigos por igual. Booz sonrió al pedirle a Rut que viniera a su lado. Tomando su mano en la suya, fueron y tomaron su lugar bajo el dosel matrimonial. Allí proclamaron sus votos solemnemente, y los testigos y los diez ancianos les dieron las siete bendiciones del matrimonio.

La gente estaba tan conmovida por la unión de este redentor justo y la hermosa gentil convertida, que les dieron bendiciones adicionales.[1]

«Somos testigos ante Dios y todas las futuras generaciones, de que este acto es tan virtuoso como aquellos en los que participaron Jacob y Raquel, y Judá y Tamar. Nosotros les bendecimos con las mismas bendiciones. Que tú y tu esposa continúen edificando la casa de Israel y que la realeza de la tribu de Judá se revele a través de tu sagrada unión».

Rut permaneció junto a su nuevo esposo, asombrada de *Hashem* y su bondad. Primero, ella había nacido moabita, desconociendo los pactos de promesa, sin esperanza y sin Dios. Después, la Providencia la puso dentro del pueblo escogido en el camino al arrepentimiento donde aceptó al Dios de Abraham, Isaac y Jacob y Noemí, como suyo. Llegó a ser judía.

Luego, «ocurrió» que fue traída al campo de Booz y puesta bajo las alas del Dios de Israel. Después se encontró en la era donde afirmó su derecho de tener un pariente-redentor. Y ahora estaba ante las puertas de la ciudad, frente a los ancianos y testigos como la esposa de su redentor. Rut lloró lágrimas de alegría porque *Hashem* había sido muy bueno con ella.

ESTUDIO BÍBLICO

Y Booz dijo a los ancianos y a todo el pueblo: Vosotros sois testigos hoy, de que he adquirido de mano de Noemí todo lo que fue de Elimelec, y todo lo que fue de Quelión y de Mahlón.

Y que también tomo por mi mujer a Rut la moabita, mujer de Mahlón, para restaurar el nombre del difunto sobre su heredad, para que el nombre del muerto no se borre de entre sus hermanos y de la puerta de su lugar. Vosotros sois testigos hoy.

Y dijeron todos los del pueblo que estaban a la puerta con los ancianos: Testigos somos. Jehová haga a la mujer que entra en tu casa como a Raquel y a Lea, las cuales edificaron la casa de Israel; y tú seas ilustre en Efrata, y seas de renombre en Belén.

Y sea tu casa como la casa de Fares, el que Tamar dio a luz a Judá,
por la descendencia que de esa joven te dé Jehová (RUT 4.9–12).

«Vosotros sois testigos». Esta frase se repite dos veces, una vez en el
versículo nueve y una vez en el versículo diez. Los eruditos judíos
creen que Booz llamó a dos grupos de testigos, uno para la transacción
de la tierra y el otro para el pacto nupcial. Al hacer eso, Booz tomó
todas las precauciones posibles para asegurarse de la legalidad de los
procedimientos. Su precisión detallada también refutaría cualquier
pregunta que se diera luego sobre la validez de la genealogía de
David.[2]

Quelión y Mahlón. Sus nombres están registrados al revés en compara-
ción con los otros lugares en que se han mencionado antes. En este
versículo, Quelión y Mahlón están en el orden en que murieron y la
sucesión de su heredad. Los eruditos piensan que Booz mencionó la
propiedad de Quelión primero para enfatizar que su propiedad
también había sido redimida; por lo tanto, ningún descendiente de su
viuda, Orfa, podría jamás cuestionar que Booz era el propietario
absoluto del patrimonio de Elimelec.[3]

«Rut… mi esposa». Booz mencionó a Rut por separado porque una
esposa judía es una respetada y querida compañera en el sagrado
mandamiento de edificar un hogar. Por lo tanto, Booz mencionó su
pacto matrimonial por separado para hacerlo bien claro a los testigos
que él no estaba asociando a Rut con la adquisición de la tierra en la
misma transacción.[4]

«Rut, la moabita». Booz hizo hincapié en que Rut era moabita. Quería
estar seguro que los testigos entendían que la Ley Oral permitía que
las mujeres moabitas convertidas entraran a la familia de Israel.

Booz también puso el énfasis en Rut como «la moabita», que
significa «del padre», un tributo a Abraham, el padre de una multitud
de naciones (GÉNESIS 17.5). Fue Lot, el sobrino de Abraham, y las
hijas de Lot quienes concibieron la semilla de la nación de Moab, y

esa misma semilla eventualmente concibió al rey David. Abraham había estado afligido por la revelación en el «Pacto de las partes», que decía que sus descendientes iban a sufrir exilio y esclavitud (GÉNESIS 15.13). Después Dios prometió que así como los iba a esparcir, los reuniría, y así como los haría esclavos, los redimiría:

> *Di, por tanto: Así ha dicho Jehová el Señor: Yo os recogeré de los pueblos, y os congregaré de las tierras en las cuales estáis esparcidos, y os daré la tierra de Israel* (EZEQUIEL 11.17).

Rut fue el fruto de la promesa a Abraham: De ella se levantaría la casa de David se levantaría, culminando en el Redentor, nuestro Mesías.[5]

Viuda de Mahlón. A Rut aún se la consideraba la esposa de Mahlón, porque se creía que el espíritu del esposo vivía dentro de ella. Booz perdonó el pecado de Mahlón contra Israel cuando se casó con Rut, exonerando así a Rut también.[6]

«Testigos somos». Los versículos once y doce contienen una serie de bendiciones espontáneas que fueron ofrecidas al unísono por todos los presentes. Los ancianos y los testigos observaron los procedimientos y bendijeron a Booz de tres maneras:

Primero, la bendición sobre la mujer: «Que el Señor haga a la mujer que está entrando a tu casa como a Raquel y a Lea, las dos que edificaron la casa de Israel». (v.11). La bendición enfatizó que aunque Rut venía de una estirpe y educación foráneas, por el solo hecho de haber venido a un hombre justo como Booz, sería como Raquel y como Lea —también extranjeras, hijas de Labán, el arameo— quienes se casaron con Jacob y edificaron la casa de Israel. La bendición decía que Rut era digna de tener descendientes justos, tal como estas mujeres extranjeras dieron nacimiento a las doce tribus de Israel.

Segundo, la bendición sobre Booz: «Que seas ilustre en Efrata y seas de renombre en Belén» (v.11). Esta bendición se le dio al nombre de la familia de Booz y la futura gloria de su familia, que traería elogios a Belén.

Tercero, la bendición sobre la casa de Booz: «Y sea tu casa como la casa de Fares, el que Tamar dio a luz a Judá» (v. 12). Así como la casa de Fares, el hijo de Tamar, le fue dada a Judá, así sea la casa de Booz honrada y distinguida por el hijo que *Hashem* le iba a dar a través de esta mujer.[7]

«Seas ilustre en Belén». Esta bendición se extendía a Rut. «Que a ella ya no se le conozca como Rut de Moab, sino como a Rut de Belén».[8]

«Como Raquel y Lea». A Rut se la compara con estas dos mujeres porque ellas también vinieron de parientes que no eran justos. Rut, al igual que Raquel y Lea, dejó sus parientes para aferrarse al Dios de un esposo justo.

Los ancianos también le dieron su bendición sobre los futuros descendientes de la unión de Rut y Booz. Raquel había sido estéril y luego se le concedió la concepción; Rut también había sido estéril durante los diez años de casada con Mahlón. ¡Qué milagro que haya concebido a los cuarenta años de edad con un esposo de ochenta![9]

«Como la casa de Fares». Los ancianos y los testigos querían compartir en el *mitzvah*, la buena obra que hizo Booz al casarse con Rut. Hicieron eso al darle la bendición a Booz y a su futura familia y, por tanto, bendiciendo la posteridad de la realeza del Mesías.

Cuando se pronunciaban las bendiciones a Booz y a Rut, parecía como si el espíritu de santidad hubiese estado sobre el pacto nupcial que se llevaba a cabo en Belén. Rut había entrado a la comunidad de Israel desde el campo de Moab, y fue puesta como una preciosa perla en la corona de Israel. Un día sería llamada la «Madre de la Realeza».

Los eruditos judíos creen que mientras los padres de nuestra fe estuvieron distraídos con la vida: los ancestros tribales estaban ocupados vendiendo a José; José y Jacob pasaban sus tribulaciones en saco y ceniza; y Judá no pensaba en otra cosa que en encontrar una esposa, el Santo, bendecido sea Él, estaba ocupado creando la luz del Mesías. Todos estos eventos condujeron al nacimiento de nuestro Redentor, aunque parecieran no estar relacionados.[10]

Si los eruditos judíos me preguntaran por qué Booz se casó con Rut, yo les contestaría: «¡Por una sencilla razón, para que mi Redentor pudiese entrar en el mundo y sacarme de una vida de pena y pecado, y llevarme a una vida eterna!» Si estos mismos hombres me preguntaran por qué la luz del Mesías vino, yo les contestaría: «Para que Jesucristo la Luz del Mundo, mi Mesías, me sacara de la oscuridad hacia su luz.»

Otra vez Jesús les habló, diciendo: Yo soy la luz del mundo; el que me sigue, no andará en tinieblas, sino que tendrá la luz de la vida (JUAN 8.12).

LECCIONES PARA LA VIDA
PRIMERA LECCIÓN PARA LA VIDA:
EL CORDÓN DE TRES DOBLECES NO SE ROMPE FÁCILMENTE

Dios apareció por primera vez en la escena de la historia humana como un shadkhan, un casamentero:

Y de la costilla que Jehová Dios tomó del hombre, hizo una mujer, y la trajo al hombre (GÉNESIS 2.22).

En el teatro de mi mente, yo veo al gran Creador, al Maestro Arquitecto del mundo y de la humanidad, llevándole a Eva del brazo a Adán, y poniéndolos a ambos bajo su dosel matrimonial, el cual estaba hecho de hojas verdes exuberantes de los árboles que había formado con sus manos. ¡Qué escena!

Moisés, que es meramente el humano que escribió el libro de Génesis, nunca hubiese empezado el primer libro de la Biblia con ese acto de intimidad tan asombroso: La intimidad entre Dios y el hombre, y entre el hombre y la mujer. No, este relato fue inspirado sobrenaturalmente.[11]

Debemos notar que Dios no se queda como espectador en el pacto del matrimonio. Él inicia el concepto del matrimonio y lo concluye.

Cuando Jesús vino a la tierra, reflejó la pasión y el respaldo que Dios da al matrimonio, tanto así que su primer milagro lo hizo en una boda. ¿Qué inspiró a Jesús para que su primer milagro lo hiciera allí?

Él quería que la boda fuera un éxito. Si se les hubiese acabado el vino en medio de la celebración, los novios se habrían visto humillados, y la boda no habría sido una celebración feliz sino una gran desilusión y vergüenza para todos. Por eso Jesús decidió hacer del agua el vino más fino. Jesús no quiso que los invitados vieran su milagro para que su atención estuviera en los novios, como debía ser.

Jesús trajo controversia a su ministerio terrenal, en parte por su posición en lo que se refiere al matrimonio. La Ley le permitía a los hombres divorciarse de sus mujeres por cualquier razón. Pero Cristo se mantuvo firme en la Palabra de Dios:

Él, respondiendo, les dijo: ¿No habéis leído que el que los hizo al principio, varón y hembra los hizo, y dijo: Por esto el hombre dejará padre y madre, y se unirá a su mujer, y los dos serán una sola carne? Así que no son ya más dos, sino una sola carne; por tanto, lo que Dios juntó, no lo separe el hombre (MATEO 19.4–6).

Jesucristo mantuvo el plan de matrimonio que Dios, su Padre, había establecido en el Huerto:

Y de la costilla que Jehová Dios tomó del hombre, hizo una mujer, y la trajo al hombre. Dijo entonces Adán: Esto es ahora hueso de mis huesos y carne de mi carne; esta será llamada Varona, porque del varón fue tomada. Por tanto, dejará el hombre a su padre y a su madre, y se unirá a su mujer, y serán una sola carne (GÉNESIS 2.22–24).

Jesús quería asegurarse que el concepto del matrimonio, el cual fue divinamente ordenado por el Padre, todavía era la única norma que existía. Este concepto del matrimonio explicado en Génesis, revela cuatro verdades importantes:

Primero, es que el matrimonio se originó con Dios; el matrimonio fue su idea. Segundo, es que Dios supo exactamente qué clase de compañera necesitaba Adán, y eso explica cómo y por qué formó a

Eva. Tercero, es que Adán no tuvo que buscar a Eva sino que Dios se la presentó. Y cuarto, es que Dios determinó la forma en que Adán y Eva se habrían de relacionar el uno con el otro: en perfecta unidad.[12]

Dios no cambia, y su Palabra tampoco. Por lo tanto, estas cuatro verdades todavía están vigentes hoy. Como resultado, cuando un cristiano o una cristiana se casan, no debería ser porque es su decisión, sino porque es la de Dios. Los cristianos deben confiar en Dios para que Él escoja a su compañera perfecta: su *basherte* o su destinada.

Los cristianos que caminan en la voluntad de Dios también van a saber que Dios les va a traer a su «destinada», la *basherte* que Él ha estado preparando para ellos; por eso no tienen que salir en busca de esta persona. Finalmente, los cristianos deben saber que el propósito del matrimonio todavía es lo que Dios había predestinó que fuera para Adán y Eva: una perfecta unidad.[13]

La declinación o restauración de cualquier cultura está acompañado por el deterioro o la restauración de su percepción acerca del matrimonio. Dios les advirtió sobre esto a los judíos a través del profeta Jeremías:

> *Y haré que desaparezca de entre ellos la voz de gozo y la voz de alegría, la voz de desposado y la voz de desposada, ruido de molino y luz de lámpara.*
> *Toda esta tierra será puesta en ruinas y en espanto…*
> (JEREMÍAS 25.10–11).

Una cultura que ya no valora el pacto del matrimonio está condenada o está en camino a la condenación.[14] Sin embargo, Jeremías también dice que la generación que honra la santidad y la restauración del matrimonio, será restaurada:

> *Así ha dicho Jehová: En este lugar, del cual decís que está desierto sin hombres y sin animales, en las ciudades de Judá y en las calles de Jerusalén, que están asoladas, sin hombre y sin morador y sin animal, ha de oírse aún voz de gozo y de alegría, voz de desposado y voz de desposada, voz de los que digan:*
> *Alabad a Jehová de los ejércitos,*

porque Jehová es bueno,
porque para siempre es su misericordia;
Voz de los que traigan ofrendas de acción de gracias a la casa de Jehová.
Porque volveré a traer los cautivos de la tierra como al principio, ha
dicho Jehová (JEREMÍAS 33.10–11).

Por los principios de las Escrituras, la restauración de la gente es incompleta, a menos que vya acompañada por las «voces de la esposa y el esposo».[15]

No obstante, nosotros debemos tener más que reglamentos que acompañen a esta hermosa unión, porque sin la gracia de Dios, puede, al igual, haber un efecto dañino sobre el sacramento del matrimonio. La Palabra de Dios incluye también romance y pasión como parte integral de un matrimonio. Vemos esta verdad a través del libro de Cantares. Un matrimonio que no tiene pasión, termina en frustración, y el que no tiene romance, es sólo deseo de la carne.[16]

Dios ordenó el matrimonio para que tuviera como fundamento el amor de un hombre por una mujer, el amor de una mujer por un hombre, y el amor del hombre y de la mujer por Dios. Esta clase de amor tiene la fuerza de un cordón de tres dobleces:

...Y cordón de tres dobleces no se rompe pronto (ECLESIASTÉS 4.12).

La palabra hebrea para amor es *ahavah*, que proviene de la raíz, *hav* (dar). El significado de la palabra implica que amar es dar. En el estudio del hebreo gematria (numerología), cada letra del alfabeto hebreo tiene un valor numérico. El valor de la palabra *ahavah* es trece, y el de la palabra *echod*, que significa «uno», también es trece. Por lo tanto, de su correlación aprendemos que el amor verdadero significa dar y sentir unidad con su consorte y con Dios.[17]

Dios, el Gran Casamentero, valora tanto al matrimonio que no solo empieza la historia humana con un matrimonio, sino que también Él trae la historia humana, como la conocemos, a la cúspide con el matrimonio:

Gocémonos y alegrémonos y démosle gloria; porque han llegado las bodas
del Cordero, y su esposa se ha preparado. Y a ella se le ha concedido que

se vista de lino fino, limpio y resplandeciente; porque el lino fino es las acciones justas de los santos. Y el ángel me dijo: Escribe: Bienaventurados los que son llamados a la cena de las bodas del Cordero. Y me dijo: Estas son palabras verdaderas de Dios (APOCALIPSIS 19.7–9).

Así como el Dios Todopoderoso, el Creador y Soberano del universo presidió el primer matrimonio de Adán y Eva, también va a presidir el matrimonio de su hijo y de su redimida, la iglesia.

Así como una esposa se prepara para su esposo, así la iglesia debe prepararse para la venida del Mesías. Nosotros debemos adornarnos con la vestimenta de nuestras obras justas, las cuales son el fruto de haber sido justificados por la fe en nuestro Redentor. Sin esta preparación, tendríamos una vida de soledad, sin la anticipación de un descanso futuro y la seguridad que sólo se puede hallar en la unidad con nuestro Redentor. Debemos hacer espacio en nuestros corazones para la presencia de nuestro Redentor, porque Él es manifestación viviente de *Hashem*, el Nombre sobre todo nombre. Nosotros, la esposa del Redentor, entonces seremos parte del cordón de tres dobleces con el esposo y el Casamentero.

SEGUNDA LECCIÓN PARA LA VIDA: DIOS NOS LLAMA A LA PUREZA EN EL MATRIMONIO

El libro de Rut santifica el hogar y enfatiza la importancia de las promesas de lealtad. A través de toda la Biblia, Dios hace claro que debemos mantenernos puros en el pacto del matrimonio.

Booz sabía que Rut se había mantenido pura en los días que estuvo en sus campos, y él prometió ser su pariente-redentor. Dijo: «…Pues toda la gente de mi pueblo sabe que eres mujer virtuosa» (RUT 3.11).

Dios nos llama a la pureza en el matrimonio. Pablo les dijo a los primeros cristianos: «Honroso sea en todos el matrimonio, y el lecho sin mancilla; pero a los fornicarios y a los adúlteros los juzgará Dios» (HEBREOS 13.4).

Noemí le dio instrucciones a Rut de «bañarse» para purificarse de las impurezas del pasado. ¿Qué medidas preventivas ha puesto para proteger la santidad de su matrimonio? ¿Procura no estar sola en un lugar privado con un hombre que no es su esposo? ¿Evita tener una relación íntima con otro hombre? ¿Evita tener un espíritu de coquetería? Apenas Eva le habló a la serpiente, ya le estaba siendo desleal a Adán, su esposo, y a Dios, su Creador.

Así como nuestro Redentor es fiel hacia nosotros, debemos emular a nuestro Redentor y ser fiel a nuestro consorte. Haciendo esto, nos mantendremos fieles a su Palabra:

> *Conoce, pues, que Jehová tu Dios es Dios, Dios fiel, que guarda el pacto y la misericordia a los que le aman y guardan sus mandamientos, hasta mil generaciones* (DEUTERONOMIO 7.9).

Dios nos promete que si somos puros en nuestros matrimonios, tendremos paz en nuestros hogares. El escritor de los Salmos dice:

> *Mucha paz tienen los que aman tu ley, y no hay para ellos tropiezo* (SALMO 119.165).

Una vez que somos parte del pacto sagrado del matrimonio, tenemos que hacer que nuestros hogares sean como un cielo aquí en la tierra. Cuando nuestro esposo y nuestras familias entren por esa puerta, deben sentir el amor del Señor Jesucristo. Deben sentirse estables y seguros; deben sentir la armonía y la protección de su Pariente-Redentor. Deben sentir la presencia y la unción del Espíritu Santo. Hasta un extraño que entre en nuestros hogares debe sentir la paz dentro de sus portales. Esta es una gran responsabilidad y también una gran oportunidad de compartir el regalo de la salvación que Dios nos ha dado con tanta liberalidad.

Capítulo diecisiete

LA RESTAURACIÓN

*E*ra una mañana hermosa. El sol brillaba intensamente como si estuviera anunciando más que el amanecer de un nuevo día, también el comienzo de una nueva esperanza. Noemí se preparó para recibir a sus invitadas. Se mantenía ocupada, asegurándose que sus bizcochos de miel estuvieran listos para las mujeres que le habían dicho adiós más de doce años atrás.

Se sentía un poco preocupada. Las mismas mujeres que habían llorado su partida, estaban ahora resintiendo su regreso a Judá con la gentil de Moab. Pero hoy sería diferente. Hoy vendrían a bendecirla a ella y a bendecir a Rut de Belén y a Obed, su nieto. Hoy la consolarían por la muerte de Booz y quizás —sólo quizás— hasta la perdonaran por haberse ido de Belén.

Se sentó a descansar un momento y miró por el gran ventanal de la hermosa casa que compartía con Rut, con su nieto, y con muchos, muchos sirvientes. Booz había sido bueno con ellas; antes de morir, se había encargado de las necesidades futuras de su nueva familia.

Mientras esperaba que llegaran sus invitadas, empezó a recordar. Se acordó del día en que salió de su querida Belén. Se acordó de la muerte de su esposo y de sus hijos en aquella espiritualmente árida tierra de Moab. Se acordó de cómo el Espíritu del Dios viviente la había persuadido para que regresara a la tierra que tanto amaba. Se acordó de la mirada que tenía Rut cuando recibió al Dios de Abraham, Isaac y Jacob como su propio Dios. ¡Ay, con cuánta claridad podía recordar ese precioso momento!

Se le salían las lágrimas al recordar la vergüenza que sintió al regresar a la ciudad. ¡Qué día tan difícil había sido aquel! Recordó los retorcijones de hambre y de la desolación que había sentido al regresar al hogar que había abandonado.

Luego recordó cómo la esperanza había renacido milagrosamente dentro de ella cuando Rut regresó de los campos con más que suficiente comida para las dos. ¡Qué buenos recuerdos eran esos! Se acordó de ese día tan especial con mucho cariño, porque había sido el día en que supo que la mano de Dios aún estaba sobre ella.

Sonrió al recordar la boda de Rut y Booz, que había sido aún más hermosa que la suya. ¡Ay, qué día aquel! Había sido un día de amor y de celebración. El pueblo de Belén se alegró con bendiciones en sus labios por la unión del pariente-redentor justo con su hermosa gentil convertida. Se echó a reír como si estuviera compartiendo un secreto con el Señor, al recordar que había sido ella la que había juntado a aquella pareja.

Estaba soñando despierta; de repente, el llanto de su precioso nieto la levantó. Se dirigió a la cuna de Obed, lo tomó en sus brazos y lo puso cerca de su pecho. Sintió que el espíritu maternal se despertaba dentro de ella. Sintió que ese espíritu no había muerto cuando sus hijos murieron. Es un espíritu que ninguna madre puede apagar. Al mirar a la cara a este hermoso regalo, alabó a Dios por su bondad. Todo el dolor de los pasados doce años se borró de su memoria al observar aquel rostro inocente. En su corazón sólo había esperanza para el futuro que este niño habría de traer.

Empezó a cantar una canción de agradecimiento a Dios. «¡Bendito sea tu Nombre desde ahora y para siempre! ¡Desde que nace el sol hasta la puesta del mismo, yo alabaré tu nombre continuamente! Señor, me has sacado del polvo y de las cenizas. Has sustituido lo que las langostas se habían comido, y me has puesto con la realeza. Le has concedido a la mujer estéril un hogar de una mujer alegre con niños. ¡Bendito sea tu santo Nombre!»

Su canción calmó a Obed, que ahora permanecía acurrucado en sus brazos. Al ver la expresión dulce y pacífica de su nieto, Noemí casi pudo ver la cara de Mahlón, su querido hijo.

ESTUDIO BÍBLICO

Booz, pues, tomó a Rut, y ella fue su mujer; y se llegó a ella, y Jehová le dio que concibiese y diese a luz un hijo. Y las mujeres decían a Noemí: Loado sea Jehová, que hizo que no te faltase hoy pariente, cuyo nombre será celebrado en Israel; el cual será restaurador de tu alma, y sustentará tu vejez; pues tu nuera, que te ama, lo ha dado a luz; y ella es de más valor para ti que siete hijos. Y tomando Noemí el hijo, lo puso en su regazo, y fue su aya (RUT 4.13–16).

Booz tomó a Rut. Rut se convirtió en la esposa de Booz. Lo dos se pararon bajo el dosel nupcial o *chupah*, el cual fue diseñado por Dios y simbolizaba el nuevo hogar de la pareja, que estaba abierto a la comunidad, en el cual ahora iban a estar incluidos y querrían incluirlo en su nueva vida juntos. El *chupah* no puede ser más que un *talit* o chal de oración, el cual es sostenido por cuatro postes. La ceremonia del matrimonio judío consistía de *kiddushin*, un vínculo contractual de consagración, simbolizado al darse los anillos y el nesuin, las siete bendiciones que son recitadas por los testigos que están presentes en la boda.

Jehová le dio que concibiese. Ni Booz ni Rut tenían hijos de sus matrimonios anteriores. Pero juntos, con la intervención Divina de *Hashem*, dieron origen a una dinastía que habría de durar tanto como la humanidad.

Como el matrimonio se dio para cumplir la voluntad de Dios y fue consumado con los motivos más puros, la Escritura no dice: «Ella concibió y tuvo un hijo». En vez de eso, las palabras son: «Jehová le dio que concibiese». Booz era un anciano y Rut había sido estéril en un matrimonio de diez años, así que necesitaban la ayuda divina y Hashem la proveyó.[1]

El libro de Rut no vuelve a mencionar el nombre de Booz. Los historiadores judíos y los eruditos religiosos creen que Booz murió la noche de su boda; y, por lo tanto, Booz hizo su *mitzvah*, su buena obra, conforme al tiempo de Dios. Si hubiese esperado un día para redimir a Rut, la raíz de la casa de David y el Mesías no hubiese sucedido. La Escritura afirma la importancia de actuar en el tiempo apropiado:

Todo tiene su tiempo, y todo lo que se quiere debajo del cielo tiene su hora. Tiempo de nacer, y tiempo de morir; tiempo de plantar, y tiempo de arrancar lo plantado (ECLESIASTÉS 3.1–2).

Aquellos que postergan hacer un *mitzvah*, una buena obra, diciendo: «Todavía hay tiempo», no cumplen la Torá. Si Booz hubiese postergado redimir a Rut aunque hubiese sido un día, habría muerto sin heredero.[2]

Y diese a luz un hijo. Estas palabras son otra verificación de que Booz estaba muerto cuando su hijo nació, porque si hubiese estado vivo, se leería en la Escritura: «Ella le dio un hijo a él».[3]

Booz era un hombre honorable, reconocido por haber hecho muchas obras buenas, como ayudar a través de sus oraciones de intercesión a Jehová a que la hambruna en Judá se terminara, guiado a Israel al ser un juez justo y venciendo a los enemigos de Israel. Pero su mayor logro fue plantar la semilla de la casa de David. Una vez que Rut concibió, los sabios piensan que el alma de Booz había cumplido su misión, y que Booz murió porque la Providencia Divina dirige el destino de cada ser humano.[4]

Como Booz, después del versículo trece no se hace mención del nombre de Rut; sin embargo, los sabios judíos creen que Rut vivió para ver a su bisnieto, Salomón, tomar el trono de Israel después de la muerte de su padre, David. Por lo tanto, se concluye que su misión, casándose con Booz y dando a luz a un hijo que llevaría al trono real del Mesías también se cumplió.[5]

«*Que hizo que no te faltase hoy pariente*». Las mujeres les están dando bendiciones a Noemí, a Rut y a Obed. Le están diciendo a Noemí: «Ya que el niño que Rut dio a luz lleva el alma de tu hijo Mahlón, él va a redimirte en tu vejez. En otras palabras, si este niño no hubiese nacido de Rut, Noemí hubiese estado desposeída ahora y en su vejez.[6]

«Cuyo nombre será celebrado en Israel». Las mujeres oraron para que el niño recién nacido se convirtiera en un gran hombre como su padre, Booz, del cual su nombre estaría constantemente en los labios del pueblo de Israel. El pueblo le haría caso a sus opiniones y a sus consejos como lo hizo con su padre, y les pondría su nombre a sus hijos porque sería conocido como el *tzaddik*, el justo.[7]

En hebreo, esta bendición final sobre un niño se refiere a la palabra *rey* para sugerir que así como Booz redimió a Rut, así sus descendientes iban a redimir a Israel.

Además, así como el sol gobierna los cielos «este día», así la semilla de Rut gobernará sobre Israel para siempre.

Generaciones después, la reina madre Atalía habría de destruir toda semilla de la realeza, excepto un niño —Joás— quien escapó para continuar la dinastía real (2 REYES 11). Hasta este día, los sabios judíos declaran que fue la bendición de las mujeres — «Que hizo que no te faltase hoy pariente»— la que salvó a la semilla de David de ser destruida.[8]

«Restaurador de tu alma y sustentará tu vejez». Las bendiciones continuaron fluyendo de los corazones de las mujeres. Ellas oraron para que el niño nacido de Rut trajera alegría al corazón de Noemí y restaurara su espíritu. Oraron para que Obed cuidara a Noemí cuando envejeciera y que fuera él que la enterrara cuando muriera. Es más, si Noemí le enseñaba a ser justo delante de Dios, el alma de ella encontraría recompensa en la eternidad:[9]

> *Como aquel a quien consuela su madre, así os consolaré yo a vosotros, y en Jerusalén tomaréis consuelo* (ISAÍAS 66.13).

Es más, la palabra en hebreo para *restaurador* se traduce literalmente como «restaurador del alma», que alude a la resurrección de los muertos que sucederá durante el reinado de los descendientes de

David, el Redentor de todos lo redentores, ¡el Mesías![10] Sí, tenemos buenas noticias. Un día todos vamos a ser restaurados:

> *Porque si creemos que Jesús murió y resucitó, así también traerá Dios con Jesús a los que durmieron en él. Por lo cual os decimos esto en palabra del Señor: que nosotros que vivimos, que habremos quedado hasta la venida del Señor, no precederemos a los que durmieron. Porque el Señor mismo con voz de mando, con voz de arcángel, y con trompeta de Dios, descenderá del cielo; y los muertos en Cristo resucitarán primero. Luego nosotros los que vivimos, los que hayamos quedado, seremos arrebatados juntamente con ellos en las nubes para recibir al Señor en el aire, y así estaremos siempre con el Señor. Por tanto, alentaos los unos a los otros con estas palabras* (1 TESALONICENSES 4.14–18).

«Es de más valor para ti que siete hijos». Era bien sabido por todos los de Belén que Rut amaba a Noemí con un amor que pocos podían igualar. Las mujeres le estaban enfatizando este punto a Noemí, al decirle que el amor de Rut era mejor que el amor de siete hijos, y que el hijo que nació de ella la iba a amar como la amó su nuera.[11]

Además, las mujeres estaban diciendo que el niño iba a ser justo porque era producto de siete generaciones de hombres justos o tzaddikim que le precedieron: Fares, Hezrón, Ram, Aminadab, Naasón, Salmón, y Booz. La séptima línea es conocida como «santa», pero la octava aún más. «Es de más valor para ti que siete hijos».[12]

«Y fue su aya». A diferencia de otras mujeres nobles y ricas, que les daban sus hijos a una niñera, Rut le dio su hijo a Noemí para que lo arrullara, lo guiara y lo cuidara. Rut confiaba en Noemí y sabía que le enseñaría los caminos de Hashem. Y Noemí lo hizo así: Le enseñó a su nieto lo que les había enseñado a sus hijos y a sus nueras: a ser justos y a servir a Dios.[13]

Noemí tuvo el privilegio de cuidar a su nieto física, emocional y espiritualmente. Dios restauró todo lo que el enemigo le había quitado.

LECCIONES PARA LA VIDA

Lección para la vida: Nuestro Redentor va a restaurar todo lo que el enemigo le ha quitado, y más

Una cantidad grande de ustedes que están leyendo este libro han perdido mucho a lo largo de sus vidas. Han perdido a un pariente o a un esposo, quizás hasta a un hijo. Otras habrán perdido sus matrimonios por el divorcio, por infidelidad o por negligencia. Aún otras habrán perdido sus casas y la mayoría de sus posesiones por su revés financiero. Habrán perdido la salud y estarán luchando contra una enfermedad. Algunos de sus hijos han sido dominados por los demonios del alcohol o de las drogas. Se sienten abrumadas y atrapadas por la desesperación; sencillamente, han perdido las esperanzas y se están ahogando en el mar de la depresión. Cualquiera que sea su problema, hay una respuesta en la Palabra de Dios.

Las Sagradas Escrituras hacen que la promesa de la restauración de Dios sea bien clara. Él reitera esta promesa a través del Antiguo Testamento:

Y os restituiré los años que comió... la langosta... (JOEL 2.25).

Volveos a la fortaleza, oh prisioneros de esperanza; hoy también os anuncio que os restauraré el doble (ZACARÍAS 9.12).

Cuando proclame la promesa de la restauración de Dios, acuérdese de las tres verdades espirituales: La primera es que una vez que haya sido redimida, ya no tiene que pagar por el castigo de su pecado. Jesús le está hablando directamente con estas palabras:

De cierto, de cierto os digo: El que oye mi palabra, y cree al que me envió, tiene vida eterna; y no vendrá a condenación, mas ha pasado de muerte a vida (JUAN 5.24).

Lamentablemente, muchas de nosotras seguimos pagando un castigo auto impuesto por nuestros pecados, aún después de habernos arrepentido y nuestros pecados sido perdonados y olvidados. Hemos estado cautivas por suficiente tiempo ya. Debemos empezar una nueva temporada en nuestras vidas, una temporada de nuevos comienzos y nuevas esperanzas.

Debemos aprender a proclamar la Palabra de Dios sobre nuestras vidas para así encontrar fuerza y dirección para un nuevo día.

En latín la palabra *proclamar* significa «dar un grito». Es una palabra fuerte. Proclamar la Palabra de Dios es confesar lo que Él promete, de una manera agresiva, con seguridad. Cuando proclamamos la Palabra de Dios, estamos desatando la autoridad de su poderosa Palabra en cualquier situación de nuestras vidas.[14]

> *Porque como desciende de los cielos la lluvia y la nieve, y no vuelve allá, sino que riega la tierra, y la hace germinar y producir, y da semilla al que siembra, y pan al que come, así será mi palabra que sale de mi boca; no volverá a mí vacía, sino que hará lo que yo quiero, y será prosperada en aquello para que la envié* (ISAÍAS 55.10–11).

¡Ahora es el tiempo de proclamar la Palabra de Dios sobre su vida! Ore la proclamación que se encuentra aquí abajo, que ha sido tomada directamente de la Palabra de Dios, para ayudarle a encontrar dirección y una esperanza renovada para su vida.

PROCLAMACIÓN DE LIBERTAD DEL CASTIGO DEL PECADO

> *Mi Dios me ha redimido de la mano del enemigo. He sido purificada y santificada por la sangre de mi Redentor. No le debo nada al enemigo porque Dios me ha perdonado y Jesucristo ha pagado el precio del castigo por mi pecado en su totalidad. El enemigo no tiene poder sobre mí, porque Cristo murió por mí y hace intercesión por mí.* (Tomada de SALMO 107.2, 1 JUAN 1.7, HEBREOS 13.12, ROMANOS 3.23–25, Y 8.34.)

La segunda verdad espiritual es que una vez que ha sido redimida, ha sido liberada del poder del pecado. Satanás ya no la puede reclamar. Oiga a Jesús hablándole directamente a usted:

He aquí os doy potestad de hollar serpientes y escorpiones, y sobre toda fuerza del enemigo, y nada os dañará (Lucas 10.19).

El apóstol Juan también pudo tranquilizar a los cristianos al hablarles sobre el poder que tienen sobre el pecado. Estoy segura que también proclamó su liberación del poder del pecado para sí mismo:

Pero si andamos en luz, como él está en luz, tenemos comunión unos con otros, y la sangre de Jesucristo su Hijo nos limpia de todo pecado (1 Juan 1.7).

Nuestro Redentor no es un vendedor de esclavos en el mercado del pecado, y ya nosotros tampoco somos esclavos de los deseos del mundo. No podemos ser vendidos al mundo nuevamente, porque hemos sido comprados con un precio tan grande, que nadie más lo puede igualar. Por este gran sacrificio debemos aprender a caminar en los frutos del Espíritu y no en las obras de la carne, porque no hay un terreno intermedio para el creyente.[15]

Al declarar la siguiente proclamación, reclame esta posición para usted misma o para alguien a quien ama:

PROCLAMACIÓN DE LIBERACIÓN DEL PECADO

Estoy liberada de mis transgresiones. Estoy lavada, santificada y justificada en el Nombre del Señor Jesús y por el Espíritu de Dios que vive en mí. He sido redimida de la mano del diablo por la sangre del Cordero y por la palabra de mi testimonio. El Señor siempre me librará de hacer lo malo y me protegerá para sus propósitos.

¡No caminaré en la carne, sino en el Espíritu, porque el Espíritu de Dios vive en mí! (Tomada de Salmo 39.8, 1 Corintios 6.11, Efesios 1.7, Apocalipsis 12.11, 2 Timoteo 4.18, y Romanos 8.9.)

Finalmente, la tercera verdad espiritual es que una vez que haya sido redimida, el pecado no está en usted. El pecado es la provocación de la justicia de Dios, la violación de su misericordia, el abuso de su gracia, la burla de su paciencia, la ridiculización de su poder, y la condescendencia de su amor. Es imposible existir en Dios y existir en pecado. Debemos ser redimidas de la presencia del pecado. Otra vez, escuche la Palabra de Dios:

> *Así que, si el Hijo os libertare, seréis verdaderamente libres* (JUAN 8.36).

Entonces declare esta libertad, así como lo hizo Pablo:

> *Porque la ley del Espíritu de vida en Cristo Jesús me ha librado de la ley del pecado y de la muerte* (ROMANOS 8.2).

McGee define la redención como la «Proclamación de la emancipación» para los pecadores, la cual está escrita en la sangre de Cristo.[16] No solo hemos sido comprados y liberados por la sangre del Cordero sin mancha sino que ¡hemos sido transformados! Hemos sido movidos de la posición de «esclavos al pecado» y hemos sido puestos como herederos y coherederos en el Reino de Dios. Tome ahora un momento para proclamar su libertad o la libertad de alguien a quien usted ama:

PROCLAMACIÓN DE LIBERTAD DE LA PRESENCIA DEL PECADO

Todo lo que haga, sea de palabra o de hecho, lo haré en el nombre de Jesús, mi Señor. A través del sacrificio de Jesús en la cruz, he sido liberada de la maldición y he entrado en la bendición de Abraham.

Soy hija de Dios. Voy a ser como Él, y me voy a purificar, así como Él es puro, porque tengo esta esperanza. Dios es amor y si yo permanezco en amor, yo permanezco en Él y Dios permanece en mí. Mi espíritu da testimonio al Espíritu de Dios, ¡Y yo soy heredera y cohere-

dera con Cristo! (Tomada de COLOSENSES 3.17, GÁLATAS 3.13–14,
GÉNESIS 24.1, 1 JUAN 3.2–3, 1 JUAN 4.16 Y ROMANOS 8.16–17.)

Una vez que haya sido redimida, debe ir más allá de la cruz, debe ir a
la tumba vacía del Redentor. La cruz representa nuestro pecado y su
sufrimiento. ¡La tumba vacía representa nuestra promesa de vida
eterna y su victoria sobre la muerte, el infierno y el sepulcro!
Usted tiene un propósito en Cristo y Él tiene un propósito para
usted. Noemí cumplió su propósito: Ella mostró amor incondicional a
Rut en su condición pecaminosa y la introdujo pacientemente a
Hashem y a sus leyes. El amor de Noemí le dio a Rut el deseo de
seguirla al lugar donde nació: la tierra de Judá. Por la pura emanación
de amor que Noemí le mostró a Rut, Dios le restauró todo lo que el
enemigo le había quitado.

Así como a Noemí, Dios va a restaurar en su vida lo que ha perdido
por el pecado y sus consecuencias. Debe alabar a su Redentor por
todo lo que Él ha hecho, está haciendo y va a hacer, así como lo hizo
David:

Has cambiado mi lamento en baile; desataste mi cilicio, y me ceñiste de
alegría. Por tanto, a ti cantaré, gloria mía, y no estaré callado. Jehová
Dios mío, te alabaré para siempre (SALMO 30.11–12).

Tome el consejo del pastor Santiago, que animó a su iglesia diciéndole:

Hermanos míos, tened por sumo gozo cuando os halléis en diversas
pruebas, sabiendo que la prueba de vuestra fe produce paciencia. Mas
tenga la paciencia su obra completa, para que seáis perfectos y cabales,
sin que os falte cosa alguna (SANTIAGO 1.2–4)

¡El Señor promete que «no le faltará nada»! ¡Póngase de pie y
póngase a danzar de alegría! Nuestro Redentor no puede mentir.
Todo lo que ha prometido le va a venir cuando tenga fe en su Palabra
y en el poder que tiene de hacer lo que su Palabra dice que hará. ¡Su

Palabra va a hacer obras maravillosas en su vida! Lo único que tiene que hacer es creer y, como Noemí, va a lograr su propósito divino.

Rut cumplió su propósito. Su deseo solemne de conocer al Dios de Noemí, la llevó a denunciar a sus ídolos y caminar en las promesas de Abraham. El destino de Rut no empezó cuando se casó con Mahlón. No empezó cuando él murió y ni siquiera cuando se casó con Booz. No, el destino de Rut fue determinado antes que el tiempo hubiere sido documentado; empezó antes de la creación, porque su destino fue predestinado por Dios, quien predestina todos nuestros destinos. Todos empezaron en el corazón de Dios antes que el tiempo existiera.

Pero Rut tenía que escoger ser sumisa y obediente, y permitir que Dios creara un descanso y una seguridad para su futuro, y también que produjera dentro de ella una parte del hilo escarlata que traería no sólo su propio destino sino el destino divino de una nación entera.

Booz cumplió su propósito. Por el amor que le tenía a Dios y a su Justicia, Dios pudo usarlo como el redentor de Rut. Él amaba a Rut con una pureza que pocos hombres tenían hacia una mujer y Dios lo recompensó. Su buena disposición de obedecer los mandatos de Dios y cumplir su voluntad hizo posible que el Dios de toda la creación le diera a Booz un heredero que produciría el trono real del Mesías.

¿Cuál es su propósito? Usted es redimida. Ha sido comprada con un precioso precio. Ha sido hecha nueva, libre de vergüenza y pecado. ¡Todo lo que el ladrón le ha quitado será restaurado, y usted tiene un destino en Cristo, su Redentor! Alégrese en su redención y sepa que Dios la conoce a usted íntimamente. Él conoce sus fuerzas y sus debilidades. Él conoce su potencial y tiene un propósito divino para su vida.

Dios no es simplemente un observador o un juez que constantemente está tomando notas de todas sus indiscreciones para determinar si usted amerita ir al cielo o al infierno como recompensa justa. Él es el Más Alto Poder en su vida, el cual ha diseñado su destino. Dios conoce cada fibra de su ser y cada pensamiento y deseo que usted tiene. Cuando Dios hace su parte, usted debe hacer la suya, la cual es dejar que la guíe en los caminos que ha escogido para usted.

Alguien describió que su relación con Dios era similar a manejar una bicicleta tándem. Ella estaba en la silla de adelante dirigiendo el curso, y Dios estaba en la parte de atrás ayudándole a pedalear. De tiempo en tiempo, me he imaginado esta experiencia. Me he esforzado al máximo para encontrar mi propio camino, dependiendo en que Dios iría pedaleando atrás, que iría apoyando todas las decisiones que yo estuviera haciendo por el sendero de la vida. Casi puedo recordar el día en que finalmente cambié de posición con Él y dejé que Él tomara las riendas. La vida ha sido mucho mejor para mí desde que hice que el cambio sucediera.

¡Desde que dejé que dirigiera nuestro viaje, todo lo que he tenido que hacer ha sido agarrarme! Él conocía rutas encantadoras, empinadas, caminos estrechos de las montañas y por valles profundos, con rocas y curvas, sendas que yo nunca hubiese escogido. Él se maneja por estos senderos con un talento increíble y, debo añadir, a una velocidad vertiginosa. Aunque a veces parecía dudoso, yo podía oír su voz alentándome por el sendero: «¡Sigue pedaleando; no pares, Diana; sólo confía en mí, yo conozco el camino!»

Muchas veces a través de nuestro viaje le he preguntado: «¿Adónde me estás llevando? Creo que cometiste un error. ¿Estás seguro de que este es el camino que quieres que tome? Sabes, no hay mucha gente en este camino. ¡Todos están yendo en la otra dirección! ¡Yo creo que debiste haber virado a la derecha, y no a la izquierda! ¿Me estás escuchando? ¿Me estás prestando atención?»

De alguna manera, yo puedo ver su sonrisa cuando se vuelve a mirarme. Entonces confío en Él aún más, porque no hacerlo me aterra más que el viaje mismo.

Había días en que mis ojos estaban tan llenos de lágrimas que no podía ver el camino, pero darme cuenta que Él estaba a cargo del timón me hacía sentir aliviada. Una vez me asusté tanto que pensé que iba a tener que saltar de la bicicleta pero Él se inclinó hacia atrás, tomó mi mano y me la retuvo hasta saber que me sentía segura otra vez. ¡Y seguíamos nuestro viaje!

Al principio, no estaba segura que Él tomaría el control de mi vida. Creo que de alguna manera pensaba que yo no le importaba quizás porque no valía mucho o porque no era lo suficientemente bonita o no tenía nada de especial. Que quizás Él estaba muy ocupado, o que estaría mirando hacia otro lado, y que de alguna manera iba a destruir la bicicleta y yo con ella. Pero estaba equivocada.

Él le conoce todos los secretos a la bicicleta; sabe cómo tomar las curvas cerradas en las esquinas que de repente aparecen en la ruta. Sabe esquivar las rocas grandes en la carretera de la vida y domina las condiciones de «resbaloso cuando está mojado". De algún modo, estos obstáculos no parecen molestarle. Sabe cómo pedalear en la oscuridad, ir por zonas que aterrorizan, avanzar suficientemente lento como para que no me caiga de la bicicleta, pero vencer esas bajadas en el camino con suficiente esperanza y confianza para enfrentar el siguiente obstáculo en nuestro sendero. Finalmente, me convencí que me amaba lo suficiente como para quedarse conmigo, no importando cuán dificultoso era el camino.

He aprendido a quedarme callada y a escuchar mientras voy sentada detrás de Él y pedaleo por la vida. Él me ha llevado a lugares maravillosos, lugares hermosos, lugares extraños, lugares solitarios, lugares aterradores y lugares divinos, pero nunca a lugares donde no haya estado antes. Ahora sí siento placer en el viaje que he dejado que Él dirija. Me preocupo menos. Tengo confianza en Él y me siento segura en cuanto a mi futuro porque el temor ya no controla mi dirección. Puedo sentir la brisa en el rostro y disfrutar el panorama.

Inclusive hay tiempos en que siento que no puedo hacer nada más o ir más lejos. Entonces mi Compañero y Guía simplemente se echa hacia atrás y susurra amorosamente: «Yo sé que puedes hacer más, Diana, y sé que puedes ir más lejos. Tengo confianza en ti; sé lo que he puesto en ti. Conozco tu destino. ¡Sigue pedaleando!»[17]

Recuerde que Dios es muy sabio como para cometer un error y muy amoroso como para ser cruel. Él conocía los senderos donde usted iba a viajar mucho antes de que empezara su viaje. Él sabe todo acerca de usted; conoce sus limitaciones y sus potenciales. Le sugiero que lea todo el Salmo 139 y que se imagine a usted en la bicicleta tándem con Él como guía. Él está volviéndose a mirarla, esperando que confíe en Él por el resto del viaje que están haciendo juntos.

Oh Jehová, tú me has examinado y conocido.
Tú has conocido mi sentarme y mi levantarme;
has entendido desde lejos mis pensamientos.
Has escudriñado mi andar y mi reposo,
y todos mis caminos te son conocidos.
Porque tú formaste mis entrañas;
tú me hiciste en el vientre de mi madre.
Te alabaré; porque formidables,
maravillosas son tus obras; estoy maravillado,
y mi alma lo sabe muy bien
(SALMO 139.1-3; 13-14).

Capítulo dieciocho

LA HISTORIA DE AMOR

Noemí les dijo adiós con las manos a sus amigas y, como era su costumbre, las envió con lo último de sus bizcochos de miel. Cerró la puerta y admiró la casa tan fina en la cual estaba. Sintió la bata de lino que tenía puesta, con colores tan brillantes. Eran los colores del espíritu que había entrado en ella.

¡Estaba tan feliz! Sus amigas les habían dado bendición tras bendición a su nuera Rut y a su nieto Obed y también la habían bendecido a ella. Muchas habían venido por la mañana y le habían pedido perdón por haberla juzgado y por haberse mostrado tan distantes hacia ella. La visita había sido más de lo que hubiese esperado o imaginado.

Por primera vez en años se sintió completa. Levantó sus manos y empezó a alabar a *Hashem* por las bendiciones y las profecías que las mujeres le habían dado a ella y a su nieto.

«¡Ay Señor, cuán maravillosas obras has hecho! Me has mostrado tu infinita misericordia y me has restaurado todo lo que había perdido cuando pequé contra ti y tu pueblo por irme de tu tierra prometida. Te alabo, porque estuviste conmigo en mis tiempos difíciles y ahora te alegras conmigo en mis tiempos de abundancia.

«Ay, Señor, tú eres grande y estás vestido de honor y majestuosidad. Mi nieto vivirá de acuerdo a su nombre. ¡Él va a servir a Dios! ¡Bendecido sea tu nombre, Jehová, porque eres bueno! ¡Levanto mi voz para alabarte, oh Señor, porque los hijos de tu pacto viven y sus descendientes serán establecidos delante de ti para siempre! ¡Bendecido sea tu poderoso nombre!»

Estos días, Noemí pasaba la mayor parte de su tiempo alabando al Señor; esto era algo que tenía un gran valor para ella. Se dirigió hasta donde estaba su nieto dormido, se sonrió y pronunció suavemente el nombre que sus amigas le habían dado: «Obed, ese nombre te queda bien. Siervo del Señor... Sí, es un nombre maravilloso».

Muchas preguntas se levantaron dentro de ella mientras lo miraba: «¿Cómo te vas a ver, mi pequeño Obed? ¿Quién va a ser tu esposa? *¿Qué descendientes van a venir de ti? ¿Será, mi angelito que, como mis amigas profetizaron, un día el Redentor de la humanidad vendrá a través de ti? ¿Será que tú vas a ser el padre de nuestro muy esperado Mesías?*»

Obed siguió durmiendo, ignorante de lo que su abuela estaba pensando. Pasarían años antes de que alguien se diera cuenta que la historia de amor que empezó en los campos de cebada de Belén, llevaría al nacimiento de un bebé en un pesebre solitario y que moldearía el destino del mundo.

ESTUDIO BÍBLICO

Y le dieron nombre las vecinas, diciendo: Le ha nacido un hijo a Noemí; y lo llamaron Obed. Este es padre de Isaí, padre de David. Estas son las generaciones de Fares: Fares engendró a Hezrón, Hezrón engendró a Ram, y Ram engendró a Aminadab, Aminadab engendró a Naasón, y Naasón engendró a Salmón, Salmón engendró a Booz, y Booz engendró a Obed, Obed engendró a Isaí, e Isaí engendró a David (RUT 4.17–22).

«Le ha nacido un hijo a Noemí». Las amigas de Noemí pudieron ver la mano de Dios en su restauración. Él había traído muchos milagros a la vida de Noemí, incluyendo criar al hijo de Rut y de Booz. Era como si el bebé hubiese sido de Noemí. Aun cuando había sido Rut la que lo dio a luz, fue Noemí la que lo crió.[1]

Y lo llamaron Obed. El nombre *Obed* significaba «el que sirve a Dios con todo el corazón». La línea de David se traza directamente a

Obed, el hijo de Rut, la moabita. Una historia hecha por hombre hubiese trazado el linaje de David a una madre israelita aristocrática, pero la divina profecía vinculaba a David con una gentil convertida, porque la voz de profecía habla sin temor al hombre.[2]

Estas son las generaciones de Fares. Fares fue el hijo de la relación entre Judá y su nuera, Tamar. Para evitar la vergüenza de este incidente, se evade el nombre de Judá en el texto y la genealogía empieza con su hijo Fares.[3]

Hezrón. Se menciona su nombre en Génesis 46.12.[4]

Ram. Ram fue el segundo hijo de Hezrón (1 CRÓNICAS 2.9). Sin embargo, los registros del Midrash, dicen que el primer hijo, Jerameel, se casó con una mujer cananea, y por lo tanto, era considerado como indigno de ser ancestro de la casa de David.[5]

Aminadab. Fue una de las más grandes personalidades de la tribu de Judá. Durante la esclavitud de Israel en Egipto, su hija se convirtió en la esposa de Aarón, el Kohen, y sumo sacerdote de Israel (ÉXODO 6.23).[6]

Naasón. Él era el líder de la tribu de Judá.[7]

Salmón. Era el padre de Booz y hermano de Elimelec y Tov.[8]

Booz engendró a Obed. Como se ha dicho anteriormente, el libro de Rut tiene ochenta y cinco versículos. El número ochenta y cinco corresponde al valor numérico del nombre de Booz. ¡Oh, cómo nuestro Dios todopoderoso planea cada detalle de la creación!

A Obed se le conoce como el hombre que sirvió al Maestro del Universo con un corazón perfecto, cumpliendo la petición esencial de un rey[9] ¿Podría ser por lo que su amada abuela, Noemí, plantó en su alma?

Los eruditos judíos dicen que el libro de Rut se escribió para Israel que circuncisa a sus infantes a los ocho días de nacidos. Porque la circuncisión judía empieza en Génesis 17, cuando el Señor le habla a Abraham y le da instrucciones de cómo practicársela él mismo y a los otros hombres miembros de su familia, como «pacto entre tú y yo y tu descendencia después de ti...». Según la tradición judía Obed nació circuncidado simbolizando el hecho de que había nacido obediente y parte del pacto.[10]

Isaí engendró a David. Los sabios escribieron: «Así dijo el Santo, bendecido sea Él a David: "¿Qué necesidad tengo yo de registrar la genealogía de Fares, Hezrón, Ram, Aminadab, Naasón, Salmón, Booz, Obed, e Isaí? Sólo un registro de ti: He encontrado a mi siervo David"».[11]

LAS CUATRO MUJERES GENTILES

La historia del linaje escogido es uno de los temas de la Escritura. La línea que va desde Adán a Cristo, es la línea que se sigue en la Palabra de Dios. Se la conoce como la «línea escogida» e Israel es la nación escogida.[12]

> *Porque eres pueblo santo a Jehová tu Dios, y Jehová te ha escogido para que le seas un pueblo único de entre todos los pueblos que están sobre la tierra* (DEUTERONOMIO 14.2).

El Antiguo Testamento hace una lista de las generaciones de la familia escogida. La mayoría de las generaciones están en la lista de Génesis, con la descendencia de la línea escogida, registrada y la línea rechazada, omitida. Por ejemplo, Abraham tuvo otro hijo además de Isaac, pero solo Isaac es seguido en la Escritura. Isaac tuvo otro hijo además de Jacob, pero sólo la línea de Jacob está en la lista.[13]

El libro de Rut provee una conexión entre la tribu de Judá y David y, consecuentemente, con Jesucristo, nuestro Redentor. Debido a esta conexión significativa, este hermoso libro se convierte en uno de los manuscritos más importantes de la Escritura.

De las catorce generaciones que aparecen numeradas en el Antiguo Testamento, once están en el libro de Génesis, las generaciones de Aarón y de Moisés aparecen en Números 3, y la última generación está en el libro de Rut.

En el Nuevo Testamento se dan dos tablas genealógicas que conectan a Jesús con el rey David. Una está en Mateo y la otra en Lucas. Vamos a seguir brevemente la conexión entre el libro de Rut y el relato genealógico en Mateo:

Libro de la genealogía de Jesucristo, hijo de David, hijo de Abraham (MATEO 1.1).

Créame, por favor. Yo sé que los «engendrados» son usualmente algo que la mayoría de nosotros ignoramos cuando leemos la Escritura. Parecen tener un efecto tranquilizante. Nos ponen a dormir. Pero hay algo muy inspirador sobre los relatos que estamos a punto de examinar.

Anteriormente en nuestro viaje, dije que el libro de Mateo tenía cuatro adiciones a la genealogía mencionada en el libro de Rut. Estas inclusiones son los nombres de cuatro mujeres. Pero éstas no son simplemente mujeres sino que son mujeres gentiles.

Surge la pregunta: ¿Por qué estas cuatro gentiles, las cuales estaban fuera del pacto, están incluidas en la genealogía de Cristo, cuando a las mujeres nunca se les incluía en la genealogía bíblica? Los incidentes que estaban ocurriendo alrededor de estas mujeres extraordinarias nos ayudan a contestar esta importante pregunta.

La Biblia no es un libro aburrido; en sus páginas encontramos adulterio, asesinato, decepción, amor, misericordia, gracia y redención. Por ejemplo, en Génesis 38, encontramos el primer incidente, la historia de una fornicación ilícita en la cual aparece involucrada la primera mujer gentil del árbol genealógico de la familia escogida en el Evangelio de Mateo. Era una cananea y se llamaba Tamar.

Tamar usó medios poco convencionales para asegurarse la sucesión de sus descendientes. Había enviudado dos veces de los dos hijos de Judá. Judá, su suegro le había prometido su tercer hijo para así continuar el linaje, pero nunca cumplió su palabra.

Después de esperar por años para casarse y tener un descendiente, Tamar tomó el asunto en sus propias manos. Se disfrazó como una prostituta y esperó a Judá en su viaje a Timnat. Tamar hizo un trato con Judá por sus servicios, y su suegro accedió a sus condiciones y tuvo relaciones sexuales con ella. Como consecuencia, Tamar concibió y dio a luz a gemelos.

Debido al pecado que cometió con su suegro Judá, Tamar fue incluida en la línea real del Mesías. De esa unión nació Fares, un antepasado directo de David. La primera mujer gentil fue incluida en el hilo escarlata que llega al Mesías por causa de un pecado.[14]

La segunda mujer fue Rahab, la madre de Booz. La historia de Rahab se puede encontrar en Josué 2. También era cananea y prostituta. Era una de los muchos cananeos que dieron su apoyo a los israelitas que salieron de Egipto y viajaron por el desierto hacia la Tierra Prometida.

Rahab creía fielmente en el poder sobrenatural del Dios de los israelitas. Escondió a los espías e hizo un trato con los mensajeros de Josué para asegurarse la supervivencia de su familia. Los actos de valentía de Rahab y su gran fe también aparecen registrados en la carta a los Hebreos (11.31) y en el libro de Santiago (2.25). La segunda mujer gentil en la genealogía de Cristo entró en el Pacto por fe.[15]

La tercera mujer fue Betsabé, la esposa de uno de los soldados de Joab. Su historia se puede leer en 2 Samuel 11—12 y en 1 Reyes 1—2. David vio a esta hermosa mujer mientras se bañaba en su balcón y la deseó. Mandó que se la trajeran, la tomó y la mandó para su casa sin mencionarle ni amor ni afecto. El rey había actuado bajo los impulsos de su poder, la lujuria y pura satisfacción personal. Betsabé quedó embarazada y, para tratar de esconder su pecado, David mató premeditadamente a Urías, el esposo de Betsabé, enviándolo a las líneas de vanguardia de la batalla y a una muerte segura.

El Señor estaba muy molesto por las acciones de David, así que expuso sus pecados a través del profeta Natán. Cuando este lo confrontó, David admitió su pecado; se arrepintió ante Dios y le suplicó que lo perdonara. David no quería que nada separara su alma del Dios que tanto amaba.

La transgresión fue de David, pero ambos, Betsabé y David, sufrieron las consecuencias de su pecado: la muerte de su primer hijo. Pero por el pacto de amor que tenía con David y por el reconocimiento de la inocencia de Betsabé, Dios les dio un segundo hijo: Salomón. Salomón fue amado del Señor y llegó a ser rey de Israel después de la muerte de David entrando en la línea del hilo escarlata.

Nuestro Redentor fue descendiente directo del rey David. Esto le dio el derecho a tener dominio sobre la tierra de David, *Eretz Israel*. Mientras Jesús estuvo aquí en la tierra, no había ningún otro pretendiente al trono de David, y Betsabé era parte de ese linaje. La tercera mujer gentil entró en la genealogía de Cristo andando por el camino llamado arrepentimiento.

La cuarta mujer en la genealogía de Cristo fue Rut. A estas alturas de nuestro viaje, todas la conocemos y hemos llegado a quererla. Dos de las cuatro mujeres eran grandes pecadoras, y la otra participó en un gran pecado, pero Rut no. Ella era una rosa entre las espinas. No tenía defectos, solo amor, devoción y fidelidad.

Era una moabita y la ley la mantuvo fuera de Israel. Necesitaba a un redentor, y Booz fue su redentor. Booz le dio gracia al poner su toga de justicia sobre ella permitiéndole así caminar por la senda de las promesas de Abraham, Isaac y Jacob. Rut entró en la genealogía de Cristo a través de la asombrosa gracia de Dios.[16]

Indudablemente, todos somos pecadores y necesitamos arrepentirnos porque estamos destituidos de la gloria de Dios. Recibimos la salvación a través de la fe y somos redimidos por gracia:

Siendo justificados gratuitamente por su gracia, mediante la redención que es en Cristo Jesús (ROMANOS 3.24).

LA HISTORIA DE AMOR DE LA GRACIA

Gracia es un regalo de Dios que puede fácilmente ser malinterpretada y a menudo abusada. Gracia no es un viaje al mundo de los sueños.

Gracia no es una magia que transforma la vida a nuestros deseos. Gracia no es el curalotodo para la enfermedad o una fórmula para la perfección. Gracia no es ni siquiera una euforia para el romance o una píldora milagrosa para el éxito. Definitivamente, gracia no es un boleto gratis para pecar. Gracia no es algo que lo arregle todo.

En lugar de eso, gracia es el valor que se tiene para vivir cada día mientras todo a nuestro alrededor se está derrumbando. Gracia es el poder que nos redime de nuestro pecado y nos pone en el camino correcto. Gracia nos inspira a creer. Gracia nos da la fuerza para tener esperanza para el mañana, aunque hayamos fracasado hoy. Gracia es nuestra libertad de la condenación. Gracia son los ojos a través de los cuales nos ve Dios:

> *Pero por la gracia de Dios soy lo que soy; y su gracia no ha sido en vano para conmigo, antes he trabajado más que todos ellos; pero no yo, sino la gracia de Dios conmigo* (1 CORINTIOS 15.10).

Gracia es el favor inmerecido de Dios.

LA HISTORIA DE AMOR DE LA REDENCIÓN

Dividí el libro de Rut en dieciocho secciones, que es el número de escenas que encontré al leer este hermoso manuscrito. En hebreo, el número dieciocho, *gemetria*, corresponde a la palabra *vida*. Esta palabra en hebreo es *chai*, y está compuesta de dos letras. La primera es *chet*, que es igual al número 8, y la segunda es *yud*, que es igual al número 10. Juntas, estas letras dan 18, que significa vida.

Este libro es acerca del amor y de la vida; el amor y la vida de una familia, el amor y la vida de una moabita convertida y de un juez justo. Este libro también es acerca de la vida eterna, que solo se puede obtener a través de la redención, redención que sólo se puede lograr a través del amor:

> *Pero cuando se manifestó la bondad de Dios nuestro Salvador, y su amor para con los hombres, nos salvó, no por obras de justicia que nosotros hubiéramos hecho, sino por su misericordia, por el lavamiento*

*de la regeneración y por la renovación en el Espíritu Santo, el cual
derramó en nosotros abundantemente por Jesucristo nuestro Salvador,
para que justificados por su gracia, viniésemos a ser herederos conforme
a la esperanza de la vida eterna* (TITO 3.4–7).

El libro de Rut es una historia de amor sobre la redención. La
redención se define como amor, la clase de amor que inspiró a nuestro
Pariente-Redentor a pagar el precio de su propia sangre preciosa para
que su amada esposa fuese liberada del azote del pecado. Este mismo
amor trae a la esposa a la casa del Redentor, y este mismo amor trae a
la esposa (usted y yo) a su corazón, ahora y para siempre:

*Redención ha enviado a su pueblo; para siempre ha ordenado su pacto;
santo y temible es su nombre* (SALMO 111.9).

La Palabra de Dios ya no me intimida —la acepto— es bien recibida
en mi vida. Soy enriquecida por su mensaje y soy cambiada continuamente por su poder. Por mi relación con la Palabra y su Autor, me he
dado cuenta del valor incomparable de mi herencia.

Estoy resuelta a pasarles este regalo inestimable a mis hijos y a mis
nietos. Porque si yo fuese a ganarme la fama de este mundo, y me
hiciera más rica que el más rico, no podría dejarle mayor legado a mis
hijos que el amor que tengo hacia mi Redentor, porque Él es la
promesa de mi herencia eterna.

LA HERENCIA

Algo pasó al viajar por el libro de Rut: Me enamoré de Noemí. Quizás
sea por la etapa de la vida que estoy viviendo. Estoy bendecida por
ser hija, nuera, madre, abuela, y suegra. A través de este estudio, me
di cuenta de la importancia del lugar que tuvo Noemí en la redención
de Rut en cuanto al tiempo, en la vida de su nieto y, más importante
aún, en el hilo escarlata que nos lleva al Mesías.

Quiero ser como Noemí: perdonada, restaurada y amada. Quiero
hacer lo que hizo Noemí: amar a mis hijos, a mis nueras, a mis nietos

y a los hijos espirituales que el Padre ponga en mi camino, con un amor que los dirija para siempre al que yo amo más, mi Redentor.

Un día, una joven madre puso su pie en el camino de la vida. ¿Es el camino largo? preguntó.

Y Dios le dijo: «Sí. Tu viaje va a ser largo y hermoso y gratificante, pero a veces el camino será difícil. Vas a envejecer antes que llegues al final. Pero el final será mejor que el comienzo, y te prometo que caminaré por este camino contigo».

La joven madre estaba feliz, y no podía creer que el final iba a ser mejor que el comienzo, porque nada podía ser mejor que los años cuando sus bebés eran pequeñitos y tan dispuestos a depender de ella.

Así que jugó con sus hijos en la claridad del día. Los instruyó en el camino correcto. Se rió con ellos en los tiempos de alegría y les secó las lágrimas cuando tropezaron y cayeron en el sendero de la vida. Recogió flores con ellos y dejó que sus hijos se bañaran en los riachuelos transparentes que estaban por el camino; el sol brilló sobre ellos y sus días fueron buenos. Y la madre joven lloró: «Nada puede ser mejor que esto».

Entonces anocheció y las tormentas llegaron. El sendero estaba lúgubre y los niños temblaban de frío y temor. La madre los acercó más a ella y los tapó con su sábana como un águila tapa a sus polluelos con sus alas. Y sus hijos dijeron: «Oh, mamá, no tenemos miedo porque tú estas cerca y nada nos puede hacer daño». Y la madre dijo: «Esto es mejor que la claridad del día, porque a través de las tormentas de la vida, yo estoy enseñando a mis hijos a tener seguridad, confianza, y valor».

Y llegó la mañana, y había una montaña empinada, y los niños la subieron y se empezaron a cansar. Aunque la madre también estaba cansada, animó a sus niños a lo largo de todo el camino: «Un poquito de paciencia y fortaleza», les decía. «No se desesperen porque ya casi estamos en la cima».

Así que los niños siguieron caminando, y cuando llegaron a la cima, dijeron: «No lo hubiésemos podido hacer sin ti, mamá, porque pusimos nuestros pies exactamente donde habías puesto los tuyos».

Y la madre se acostó esa noche y miró las estrellas en los cielos y dijo: «Señor, este día es mejor que el anterior, porque mis hijos aprendieron fortaleza frente a un desafío. Ayer, les di valor. Hoy les he enseñado fuerza, resistencia y paciencia».

Al día siguiente aparecieron nubes extrañas: Nubes de guerra, odio y maldad, nubes de sufrimiento y desesperación que oscurecieron la tierra. Los niños buscaron a tientas en la oscuridad y flaquearon en su fe, y la madre dijo: «Miren hacia arriba. Levanten sus ojos hacia la Luz y miren a su Redentor». Y los hijos miraron por encima de las nubes y vieron la Gloria Eterna, la Luz del mundo, y Él los guió y los llevó más allá de la oscuridad hacia su presencia radiante.

Esa noche, la madre dijo: «Este es el mejor día de todos, porque hoy les he mostrado a Dios a mis hijos».

Y pasaron los días, y las semanas, y los meses, y los años, y la madre envejeció y se puso frágil y encorvada. Pero sus hijos estaban altos y fuertes y caminaban con valentía, fe, paciencia, seguridad y esperanza.

Cuando el camino era difícil, se acordaban de todo lo que su madre les había infundido, y ellos ayudaban a su mamá. Cuando el camino se le hacía dificultoso para viajar, ellos la levantaban porque era liviana y nunca una carga. Porque la madre les había dado misericordia, recibió misericordia. Entonces llegó al final de su viaje, y sus hijos la escoltaron a un camino luminoso con una puerta de oro que se abrió totalmente.

La madre dijo: «He llegado al final de mi viaje. Y tal como me lo prometió Dios, el final es mejor que el comienzo, porque mis hijos pueden caminar sin mí y con ellos van sus hijos, porque les he enseñado a poner su mano en la mano de su Redentor. Yo sé que nunca caminaran solos después que yo me haya ido».

Y sus hijos dijeron: «Tú siempre caminarás con nosotros, mamá, aún después de que te hayas ido por esa puerta, porque nos has mostrado a Dios». Y se pararon y vieron como se fue sin ellos por voluntad propia. Las puertas se cerraron detrás de ella, porque en este día la madre plantó la última semilla en sus vidas al enseñarles a sus hijos cómo morir. Así como Dios hace bellas las hojas que se están muriendo en los árboles durante el otoño, así Él hace a una madre más bella que nunca cuando sus manos arrugadas toman la mano de su Creador y camina hacia la eternidad con Él.

Y sus hijos dijeron: «No podemos verla, pero ella está todavía con nosotros. Una mamá como la nuestra es más que un recuerdo, su nombre es como la compañía de Dios en los labios de sus hijos. Es una presencia viviente».[17]

Nosotras somos una presencia constante en la vida de nuestros hijos, sean nuestros hijos naturales o nuestros hijos espirituales. El regalo más grande que le dio Noemí a Rut no fue su amor incondicional y aceptación, aunque estos eran regalos preciosos. No, el regalo más grande de todos fue su amor por su Redentor. Lo que ponemos en nuestros hijos en el camino de la esperanza y la fe a través de este mismo Redentor, es como una fuente eterna de agua viva. Ellos podrán sacar de esta agua mucho después que nos hayamos ido de su presencia.

Una niña vio a su abuela envejecida plantando un pequeño árbol de manzana en el jardín y preguntó: «¿Tú no piensas comer las manzanas de este árbol, verdad abuela? La anciana descansó sobre sus rodillas y le dijo: «No, mi cielo, yo no, pero toda mi vida he disfrutado las manzanas —nunca de árboles que yo planté— siempre de árboles que otros plantaron antes que yo. Yo estoy plantando este árbol para ti y para tus hijos, y un día tu probarás del fruto mucho después que yo me haya ido».[18]

Nuestros hijos disfrutarán del fruto espiritual que hemos plantado en ellos, mucho después que nos hayamos ido. Todas debemos esforzarnos, con la ayuda de Dios, para mostrarles a nuestros hijos fuerza, valentía, gracia y misericordia. Un día ellos verán el rostro de Dios en nuestros ojos; ¡Sentirán su ternura cuando los toquemos y anhelarán su redención por su presencia en nosotras!

EL HILO ESCARLATA DE LA REDENCIÓN

Yo amo este libro. Amo a las personas en este libro, amo el propósito de este libro, pero amo más a mi Redentor. Él es mi amado en el cual mi alma tiene complacencia y, como su esposa, debo prepararme para su venida. Mis problemas y mis tribulaciones son insignificantes cuando concentro mis expectativas en su venida y en la bendición que tendré con Él en la eternidad.

Dios el Padre dio a su más preciada posesión para demostrar su amor por mí. Jesucristo es el esposo más dispuesto, su Hijo, que dio su vida para que su Palabra me pudiese santificar a mí, su esposa, con la purificación por el agua de la Palabra. Él me entretejió en el hilo escarlata con su sangre preciosa, y me adoptó en su línea escogida. Dios el Padre hizo su parte. Jesucristo su Hijo hizo la suya. Ahora me toca a mí hacer la mía:

En él también vosotros, habiendo oído la palabra de verdad, el evangelio de vuestra salvación, y habiendo creído en él, fuisteis sellados con el Espíritu Santo de la promesa, que es las arras de nuestra herencia hasta la redención de la posesión adquirida, para alabanza de su gloria (EFESIOS 1.13–14).

EL HILO ESCARLATA DE LA REDENCIÓN

JUDÁ — TAMARN
(Traídos por pecado)
|
FARES
|
HEZRÓN
|
RAM
|
AMINADAB
|
- -
| |
ELISABET   NAASÓN
|
SALMÓN — RAHAB
(Traídos por fe)
|
BOOZ — RUT
(Traídos por gracia)
|
OBED
|
ISAÍ
|
DAVID — BETSABÉ
(Traídos por arrepentimiento)

De manera que todas las generaciones desde Abraham hasta David son catorce; desde David hasta la deportación a Babilonia, catorce; y desde la deportación a Babilonia hasta Cristo, catorce (MATEO 1.17).

|

CRISTO — LA ESPOSA REDIMIDA
(Usted y yo: Traídos por redención)
ISAÍAS 61.10

El libro de Rut es un inestimable cuadro de la redención. Cada pincelada detalla las huellas de los clavos en las manos de Cristo, envolviéndolas tiernamente alrededor de mí siendo aún pecadora, injertándome en las bendiciones y los beneficios de Abraham. Por este sacrificio personal de amor, voy a estar con mi esposo por la eternidad, celebrando la vida eterna en un reino que no tiene fin y esto, mis amigas, es donde la historia de amor realmente empieza.

NOTAS

CAPÍTULO 1

1. J. Vernon McGee, *Ruth, The Romance of Redemption* (Wheaton, IL: Van Kampen Press Inc. 1954), 8.
2. Ibid., 9.
3. Ibid.
4. *The Spirit-Filled Life Bible* (Nashville, TN: Thomas Nelson, 1991), 389.
5. Yehoshua Bachrach, *Mother of Royalty* (Jerusalén/New York: Feldheim Editores, 1973), 1.
6. Ibid., 6
7. Ibid.
8. McGee, *Ruth*, 24.
9. Yehoshua Bachrach, *Mother of Royalty*, 6

CAPÍTULO 2

1. Rabbis Nosson Scherman/Meir Zlotowitz, The ArtScroll Tanach Series; *The Book of Ruth* (Brooklyn, NY: Mesorah Publications, 1989), 60.
2. Ibid., 61.
3. Elie Wiesel, *Sages and Dreamers* (New York: SummitBooks, 1991), 53.
4. McGee, *Ruth*, 15.
5. Ibid., 40.
6. Ibid., 42.
7. Bachrach, *Mother of Royalty*, 11.
8. Ibid., 15.
9. Rebbetzin Esther Jungreis, *The Committed Life* (San Francisco, CA: HarperSanFrancisco, 1998), 62.
10. Bachrach, *Mother of Royalty*, 15.
11. *The Spirit-Filled Life Bible*, 388.
12. Ibid.
13. McGee, *Ruth*, 38.
14. Ibid.
15. Bachrach, *Mother of Royalty*, 14.
16. George Robinson, *Essential Judaism* (New York: Pocket Books, 2000), 575.
17. Scherman/Zlotowitz, *The Book of Ruth*, 79.
18. *The Woman's Study Bible* (Nashville, TN, 1995), 433.

19. Ibid.
20. McGee, *Ruth*, 39.
21. Bachrach, *Mother of Royalty*, 23.
22. Ibid., 21.
23. http://womensissues.about.com/cs/abortionstats/a/aaabortionstats.htm
24. James S. Hewett, *Illustrations Unlimited*, (Wheaton, IL, Inc, 1988), 15.

CAPÍTULO 3
1. Scherman/Zlotowitz, The ArtScroll Tanach Series; *The Book of Ruth*, 69.
2. Ibid.
3. Bachrach, Mother of Royalty, 26.
4. Scherman/Zlotowitz, The ArtScroll Tanach Series; *The Book of Ruth*, 70.
5. Bachrach, *Mother of Royalty*, 28.
6. Ibid., 29.
7. Ibid., 31.
8. Derek Prince, *The End of Life's Journey* (Charlotte, NC: Derek Prince Ministries-International, 2004), 162.

CAPÍTULO 4
1. Scherman/Zlotowitz,,The ArtScroll Tanach Series; *The Book of Ruth*, 72.
2. Yehoshua Bachrach, *Mother of Royalty*, 35.
3. Scherman/Zlotowitz, The ArtScroll Tanach Series; *The Book of Ruth*, 79.
4. McGee, *Ruth*, 45.
5. Ibid.
6. Ibid.
7. Bachrach, *Mother of Royalty*, 143.
8. Ibid, 47.
9. *The Spirit-Filled Life Bible*, 386.
10. *The Living Nach* (New York/Jerusalem: Moznaim Publishing Corporation, 1998), 534.
11. Citado ampliamente de Hewett, *Illustrations Unlimited*, 19-20.
12. Hewett, *Illustrations Unlimited*, 20.
13. Adaptado de Hewett, *Illustrations Unlimited*, 186.
14. Ibid.

CAPÍTULO 5
1. Scherman/Zlotowitz,The ArtScroll Tanach Series; *The Book of Ruth*, 82.
2. Ibid.
3. Bachrach, *Mother of Royalty*, 57.
4. Scherman/Zlotowitz, *Book of Ruth*, 83.
5. Ibid., 85.
6. Ibid.
7. Hewett, *Illustrations Unlimited*, 51.
8. Shoney Alex Braun, *My Heart Is a Violin*, (1st Books Library, 2002) 38, 55–58.
9. Hewett, *Illustrations Unlimited*, 411.

CAPÍTULO 6

1. Scherman/Zlotowitz,,The ArtScroll Tanach Series; *The Book of Ruth*, 85.
2. Bachrach, *Mother of Royalty*, 63.
3. Scherman/Zlotowitz, *Book of Ruth*, 86.
4. Rabbi Yosef Ze'ev Lipowitz, *Ruth, The Scroll of Kindness* (Jerusalem/New York: Editorial Feldheim, 2001), 79.
5. McGee, *Ruth*, 90.
6. Bachrach, *Mother of Royalty*, 68.
7. Scherman/Zlotowitz, *Book of Ruth*, 88.
8. Ibid.
9. McGee, *Ruth*, 90.
10. Ibid., 92.
11. Ibid.
12. Migdal Ohr- Nourishing the Seeds of Israel's Future

CAPÍTULO 7

1. Scherman/Zlotowitz, The ArtScroll Tanach Series; *The Book of Ruth*, 89.
2. Ibid.
3. Ibid.
4. Bachrach, *Mother of Royalty*, 81.
5. McGee, *Ruth*, 57.
6. Scherman/Zlotowitz, *Book of Ruth*, 91.
7. Ibid.
8. *Webster's New World Dictionary of The American Language with Student Handbook* (Nashville, TN: The Southwestern Company, 1971) 187.
9. Derek Prince, *Blessing or Curse: You Can Choose* (Grand Rapids, MI: Chosen Books, 2000), 189–197.
10. *Webster's New World Dictionary of The American Language with Student Handbook*, 79.
11. Adaptado de Hewett, *Illustrations Unlimited*, 60.

CAPÍTULO 8

1. Scherman/Zlotowitz, The ArtScroll Tanach Series; *The Book of Ruth*, 94.
2. Ibid.
3. *The Spirit-Filled Life Bible*, 390.
4. Scherman/Zlotowitz, *Book of Ruth*, 95.
5. Lipowitz, *Ruth: The Scroll of Kindness*, 94.
6. Bachrach, *Mother of Royalty*, 88.
7. Scherman/Zlotowitz, *Book of Ruth*, 96.
8. Ibid., 98
9. Adaptado de McGee, *Ruth*, 59.

CAPÍTULO 9

1. Charles Haddon *Spurgeon, Spurgeons's Sermons on Old Testament Women Book Two* (Grand Rapids, MI: Kregel Publications 1995), 88.

2. Scherman/Zlotowitz, The ArtScroll Tanach Series; *The Book of Ruth*, 100.
3. Rabbi Shmuel Yerushalmi, The Torah Anthology, Yalkut ME'AM LO'EZ, *The Book of Ruth* (New York/Jerusalem: Moznaim Publishing Corp 1989), 81–82.
4. Ibid., 83.
5. *The Spirit-Filled Life Bible*, 391, nota de pie de página.
6. Extracto del servicio memorial de Derek Prince, 1 noviembre, 2003.
7. McGee, *Ruth*, 61.
8. Adaptado de McGee, *Ruth*, 62.
9. Citado ampliamente de Hewett, *Illustrations Unlimited*, 443.

CAPÍTULO 10
1. Yerushalmi, The Torah Anthology, *The Book of Ruth*, 83.
2. Scherman/Zlotowitz, The ArtScroll Tanach Series; *The Book of Ruth*, 102.
3. Ibid., 103.
4. George Robinson, *Essential Judaism* (New York: Pocket Books, 2000), 224.
5. http://www.aish.com/shavuotthemes/shavuotthemesdefault/Lively_Overview_The_Book_of_Ruth.aspShavuot – 7
6. McGee, *Ruth*, 67.
7. Bachrach, *Mother of Royalty*, 99.
8. Scherman/Zlotowitz, *Book of Ruth*, 106.
9. Yerushalmi, *Book of Ruth*, 89.
10. Wiesel, *Sages and Dreamers*, 50.
11. *Adaptado del Comparative Study Bible* (Grand Rapids, MI: Zondervan, 1999), 54 Amplificado.
12. Hewett, *Illustrations Unlimited*, 293.
13. Ibid., 290.

CAPÍTULO 11
1. Yerushalmi, The Torah Anthology, *The Book of Ruth*, 91.
2. Ibid.
3. Lipowitz, *Ruth The Scroll of Kindness*, 104.
4. Yerushalmi, *Book of Ruth*, 92.
5. The Living Nach, 539.
6. McGee, *Ruth*, 69.
7. Ibid., 109.
8. Scherman/Zlotowitz, The ArtScroll Tanach Series; *The Book of Ruth*, 109.
9. Robinson, *Essential Judaism*, 246–47.
10. Scherman/Zlotowitz, *Book of Ruth*, 109.
11. Ibid.
12. Yerushalmi, *Book of Ruth*, 95.
13. Scherman/Zlotowitz, *Book of Ruth*, 110.
14. Adaptado de Scherman/Zlotowitz, *The Book of Ruth*, 110.

15. Lipowitz, *Ruth The Scroll of Kindness*, 111.
16. Citado ampliamente de Hewett, *Illustrations Unlimited*, 74.
17. Derek Prince, *The Spirit-Filled Believer's Handbook* (Orlando, FL: Creation House, 1993) 87.
18. Ibid., 77–82.
19. Ibid., 83.
20. Ibid., 85.

CAPÍTULO 12

1. Scherman/Zlotowitz, *Book of Ruth*, 112.
2. Yerushalmi, *Book of Ruth*, 99.
3. Ibid.
4. Scherman/Zlotowitz, *Book of Ruth*, 113.
5. Yerushalmi, *Book of Ruth*, 103.
6. Derek Prince, *The Spirit-Filled Believer's Handbook* (Orlando, FL: Creation House, 1993), Capítulo 37.
7. William T. Ligon, Sr, *Imparting the Blessing to Your Children* (Brunswick, GA: Shalom, Inc., 1989), Capítulo 5.
8. Derek Prince, *The Power of Proclamation* (South Pacific: Derek Prince Ministries, 2002), 108.
9. Hewett, *Illustrations Unlimited*, 35.
10. Ibid., 35.

CAPÍTULO 13

1. Yerushalmi, The Torah Anthology, *The Book of Ruth*, 104.
2. Bachrach, *Mother of Royalty*, 116.
3. Yerushalmi, *Book of Ruth*, 105.
4. *The Living Nach*, 541.
5. Ibid.
6. Ibid.
7. Robinson, *Essential Judaism*, 33.

CAPÍTULO 14

1. Lipowitz, *Ruth: The Scroll of Kindness*, 121.
2. Bachrach, *Mother of Royalty*, 119.
3. Rabbi Shmuel Yerushalmi, The Torah Anthology, *The Book of Ruth*, 108.
4. Bachrach, *Mother of Royalty*, 119.
5. McGee, *Ruth*, 76.
6. Rebbetzin Esther Jungreis, *The Committed Life* (San Francisco, CA: HarperSanFrancisco, 1998), 245.
7. Bachrach, *Mother of Royalty*, 30.
8. McGee, *Ruth*, 31.
9. Ibid., 76.

CAPÍTULO 15

1. Lipowitz, *Ruth: The Scroll of Kindness*, 124.
2. Yerushalmi, The Torah Anthology, *The Book of Ruth*, 111.
3. Scherman/Zlotowitz, The ArtScroll Tanach Series; *The Book of Ruth*, 120.
4. Ibid.
5. Lipowitz, *Ruth*, 124.
6. Bachrach, *Mother of Royalty*, 123.
7. Yerushalmi, *Book of Ruth*,112.
8. Scherman/Zlotowitz, *Book of Ruth*, 124.
9. Yerushalmi, *Book of Ruth*, 122.
10. Scherman/Zlotowitz, *Book of Ruth*, 125.
11. Yerushalmi, *Book of Ruth*, 123.
12. Ibid., 124
13. Ibid.
14. Adaptado de McGee, *Ruth*, Capítulo 11.
15. Citado ampliamente de Hewett, *Illustrations Unlimited*, 250.
16. Adaptado de *Ruth*, J. Vernon McGee, Capítulo 12.
17. Citado ampliamente de Hewett, *Illustrations Unlimited*, 226.
18. Adaptado de McGee, *Ruth*, Capítulo 13.
19. Inspirado por Hewett, *Unlimited Illustrations*, 249.
20. Citado ampliamente de McGee, *Ruth*, Capítulo 14.
21. Adaptado de Hewett, *Illustrations Unlimited*, 34.
22. *The Spirit-Filled Life Bible*, 98.
23. Adaptado de McGee, *Ruth*, Capítulo 15.
24. Inspirado de Hewett, *Illustrations Unlimited*, 67.
25. Melodies of Praise (Springfield, MO: Gospel Publishing, 1985) *Nothing But The Blood* – Robert Lowry, (Public Domain), 270.

CAPÍTULO 16

1. Scherman/Zlotowitz, The ArtScroll Tanach Series; *The Book of Ruth*, 130.
2. Yerushalmi, The Torah Anthology, *The Book of Ruth*, 127.
3. Ibid., 128.
4. Ibid., 129.
5. Bachrach, *Mother of Royalty*, 130.
6. Scherman/Zlotowitz, *Book of Ruth*, 129.
7. Ibid., 130.
8. Ibid.
9. Yerushalmi, *Book of Ruth*, 130.
10. Bachrach, *Mother of Royalty*, 131.
11. Derek Prince, *God Is A Match-Maker* (Grand Rapids, MI: Chosen Books, 1986), 13.
12. Ibid., 17.
13. Ibid., 18.
14. Ibid., 20.
15. Ibid.
16. Ibid., 21.

17. Rebbetzin Esther Jungreis, *The Committed Life* (San Francisco, 1998), 250.

CAPÍTULO 17

1. Yerushalmi, The Torah Anthology, *The Book of Ruth*, 133.
2. Ibid.
3. Scherman/Zlotowitz, The ArtScroll Tanach Series; *The Book of Ruth*, 134.
4. Moshe Pinchas Weisblum, *Ruth Talk* (Middle Village, NY: Editorial Jonathan David, Inc, 2005), 201.
5. Ibid., 202.
6. Scherman/Zlotowitz, *Book of Ruth*, 132.
7. Yerushalmi, *The Book of Ruth*, 134.
8. Ibid.
9. Ibid., 135.
10. Ibid., 136.
11. Ibid., 135.
12. Ibid.
13. Ibid.
14. Derek Prince, *The Power of Proclamation*, 6.
15. McGee, *Ruth*, 148.
16. Ibid., 152.
17. Inspirado de Hewett, *Illustrations Unlimited*, 247.

CAPÍTULO 18

1. Scherman/Zlotowitz, The ArtScroll Tanach Series; *The Book of Ruth*, 133.
2. Ibid., 134.
3. Ibid.
4. Ibid., 135.
5. Ibid.
6. Ibid.
7. Ibid.
8. Ibid.
9. Ibid.
10. Yerushalmi, The Torah Anthology, *The Book of Ruth*, 140
11. Ibid.
12. McGee, *Ruth*, 19.
13. Ibid.
14. Adaptado de McGee, *Ruth*, Capítulo 4.
15. Ibid.
16. Ibid.
17. Adaptada de A Mother's Path por Temple Bailey, http://legacy.bluesky40.com/authors.html
18. Adaptado de Hewett, *Illustrations Unlimited*, 259.

ACERCA DE LA AUTORA

Diana Hagee es la esposa del Dr. John Hagee, fundador y pastor de «Cornerstone Church» en San Antonio, Texas. Es jefa del personal para el Ministerio de Televisión de John Hagee, coordinadora de eventos especiales y líder del Ministerio de Mujeres en «Cornerstone Church». Es autora de un libro de gran venta, titulado *La Hija del Rey*. Por el trabajo que ella y su esposo han venido haciendo en Israel, la Federación Judía del Gran Houston le otorgó el prestigioso galardón «León de Judá». Diana tiene una licenciatura en Biología de la Universidad «Trinity» en San Antonio, Texas. Ella y el pastor John Hagee tienen cinco hijos y cinco nietos.